KB274640

이것을 읽으면 북한이 보인다

김재두 외 지음 | 한국국방연구원(KIDA) 기획

한국경제신문

현재 지구촌의 가장 큰 안보 현안들을 꼽으라면 동북아의 북한, 중동의 이란과 이라크 문제가 거론될 것이다. 이 책의 제목이 말하듯 이란 사태는 북한 핵문제의 해결과 밀접하게 관련되어 있다. 또한 이미 내전 상황이라고 평가받는 이라크 문제의 해결과도 직접적인 연관이 있다. 만일 핵무장에 성공한 이란이 이라크 시아파와 연대하여 중동 지역의 패권국으로 등장할 경우 이스라엘의 미래뿐만 아니라 미국의 국익은 치명적 손상을 받을 것이다. 이란 문제가 세계정세에서 차지하는 중요성을 읽을 수 있는 대목이다.

21세기 들어 다원화된 국가 이익을 정확히 예측하고 사전에 준비하는 작업이 그 어느 때보다 중요해지고 있다. 이런 시점에서 한국국방연구원은 세계의 안보 흐름을 정확하고 신속하게 읽는 작업이 무척 중요하다는 인식 하에 이란문제를 다양한 측면에서 분석하는 작업을 시도했다. 핵개발 문제는 물론, 국가 경쟁력 강화를 위해 매우 중요한 비중을 지니는 에너지 안보의 관점에서, 또 세계 안보질서의 역학구도 속에서 이란을 둘러싸고 일어날 수 있는 예측 가능한 미래 상황을 하나하나 짚어보고자 노력했다.

모쪼록 이 책에 녹아 있는 여러 필자들의 진단과 대비책이 우리 대한민국이 급변하는 국제질서를 헤쳐나가는 데 유용한 항해지도 역할을 한다면 더없는 보람이 될 것이다.

한국국방연구원 원장 김 충 배

이란의 핵문제, 예측하고 대비해야

우리는 '지구촌'이라는 말을 많이 쓴다. 아무리 멀리 떨어져 있는 곳이라도 이제는 어느 한 곳에서 큰 변화가 발생하면 풍선을 누르듯 지구 반대편에서도 영향을 받게 된다. 이란은 그런 의미에서 우리에게 매우 독특한 국가다. 서울의 가장 번화한 곳에는 테헤란로가 가로지르고 있다. 테헤란 시내 중심의 서울대로 역시 이란이 발전하고 있다는 것을 피부로 느낄 수 있는 변화가다. 서로 이름을 교환해 사용한다는 사실부터 예사롭지 않다.

그런 이란이 지금 국제사회에서 가장 큰 주목을 받고 있다. 핵심은 과연 이란의 핵개발 상황을 미국이 어떤 방법으로 저지할 것이며 어떤 방향으로 상황이 전개될 것인가 하는 점이다. 이란이 핵개발을 포기하지 않는 한, 미국은 가능한 모든 수단을 사용할 수 있다는 입장을 굽히지 않고 있다. 이란 역시 평화적 목적의 원자력 에너지 개발이라는 권리를 포기할 수 없다는 입장에 큰 변화가 없다. 유럽 국가들이 중심이 되어 협상을 해왔지만 큰 성과는 없었다. 유엔의 제재 결의안이 통과되어 누가 어떤 방법으로 행동에 들어가느냐 하는 단계에 와 있는 것이다. 북한의 핵실험 때문에 해결 우선순위에서 다소 밀린 듯한 느낌은 들지만 여전히 지구촌의 가장 큰 관심사임에 분명하다. 당연히 한국의 안보와 경제에도 직접적인 영향을 미칠 것이다.

이런 상황에서 한국국방연구원을 중심으로 각계의 전문가 10명이 이란의 미래를 그려보는 작업에 도전했다. 김재두는 이란 문제의 중요성과 의미를 짚으면서 호르무즈 해협이 봉쇄될 경우의 유가를 예측했다. 김태우는 이란 핵 개발이 국제정치에 미치는 영향을 분석했으며, 류재수는 이란 핵기술을 공학적 관점에서 분석하면서 국제사회의 제재 과정을 정리했다. 백승주는 이란 핵문제와 북한 핵문제의 관계를 집중적으로 조명하고, 고정식은 한국의 해외자원 개발 현황을 분석했다. 심경욱은 중국과 러시아의 전략연대라는 관점에서 이란을 다루었다. 서정민과 이철희는 언론인의 관점에서 본 이란 문제를 분석하면서 이란이 중동정세와 미국의 유라시아 전략에 미칠 영향을 예측했다. 문광건은 미국이 이란을 공격할 경우 상정한 시나리오를 제시하고 있으며, 김종국은 전쟁 발발 시 사용될 각종 무기들을 소개한다.

미래를 조망하는 작업에는 항상 용기가 필요하다. 이미 발생한 결과에 대해 사후 대응하는 방식은 한 국가의 생존전략으로서 의미가 없다. 다소 불확실하더라도 미리 예측하고 대비한다는 것이 생명이다. 그러므로 이들의 작업은 우리 대한민국의 미래를 밝히는 한 자루 촛불과 같다. 희미한 촛불을 따라 한국호라는 거대한 배가 조금이라도 안전하게 항해할 수 있다면 그것으로 족하다. 이 책이 대한민국의 내일을 위해 고심하는 사람들에게 조금이라도 도움이 된다면 그 이상 바랄 것이 없다.

2007년 1월

김 재 두

차례
CONTENTS

01

전세계가 이란을
주목하는 이유

• • •

김재두 | 한국국방연구원 연구위원

이란문제의 본질

오늘날 이란 상황은 해결양상에 따라 다양한 분야에 큰 영향을 미칠 수 있는 메가톤급 폭발력을 가지고 있다.

우선 핵문제를 살펴보자. 북한 핵문제와 더불어 이란 핵개발 문제는 많은 국가들에게 골치가 아픈 사안이다. 그중에서도 미국에게는 제1순위로 해결해야 하는 문제다. 북한이 핵실험을 감행하고 핵보유국임을 천명한 상황에서 미국이 이란의 핵개발도 막지 못한다면 핵 도미노 현상은 더욱 가속화될 것이다. 당장 이스라엘은 이런 불상사를 막기 위해 생존권적 차원의 대응을 강조하며 강경노선을 밟을 것이고 그렇게 될 경우 중동 지역은 전쟁의 소용돌이에 직면하게 된다. 더욱 심각한 것은 미국의 입지다. '초강국 미국'이라는 호칭이 무색하게 동북아와 중동에서 국제경찰로서의 영향력을 상실한다면 앞으로 유럽과 아시아와의 패권경쟁에서 사사건건 곤욕을 치러야 할 것이 뻔하기 때문이다.

이란은 북한, 베네수엘라와 더불어 반미를 외치는 선봉장 역할을 하고 있다. 지역적으로도 동북아와 남미, 중동으로 이어지는 트라이앵글을 이루고 있다. 이른바 '불량국가(rogue states)'의 핵심골격을 이루고 있는 셈이다. 한편 중국과 러시아가 이런 이란에 대해 유엔 안보리 상임이사국으로서 보호막 역할을 하고 있는 것은 이란에겐 큰 힘이자 미국에겐 여간 골칫거리가 아니다.

안보만의 문제가 아니다. 이란은 국제경제를 쥐락펴락하는 석유산업의 중심에 있다. 국내에서는 '국제유가전문가협의회'라는 정기회의체에서 국제유가를 전망하는데, 요즘은 이란의 향배에 따라 유가가 폭등하거나 폭락하는 경우가 많다고 한다. 이란이 유가결정의 가장 큰 요인으로 자리잡은 지는 오래됐다. 통화 분야에서도 이란, 시리아, 베네수엘라 세 나라는 기축통화인 달러화의 지위를 위협하는 핵심국가다. 물론 매개수단은 유로화다. 석유대금을 유로화로 결제하는 국가들이 늘어나면 달러화가 폭락하게 되고 이와 함께 미국경제는 기반부터 흔들리기 시작한다.

그렇다고 해서 이란에 대해 어떤 명목으로든 금융제재나 해상봉쇄, 또는 군사적 공격을 가한다면 이라크전쟁, 이스라엘과 헤즈볼라 간의 갈등으로 얼룩진 중동은 또다시 혼란에 빠질 것이다. 이란문제는 강한 폭발성을 지닌 폭탄과 같아 다른 나라나 지역, 또는 정치, 경제, 문화를 불문하고 다양한 분야로 문제가 확산될 개연성이 높다. 따라서 엄청난 후폭풍이 예상된다.

미국과의 갈등이 부각되면 이라크 남부의 시아파는 이란과 공조해 반미노선으로 돌아설 가능성이 다분하다. 이란과 이라크가 종교적 연대로 결속되면 시아파 세력이 우세한 파키스탄 발루치스탄 주의 독립운동은 더욱 힘을 얻게 될 것이다. 개별 국가에게는 단순한 분리독립의 문제이지만 해결과정에서 미국, 중국 등 다른 나라의 이해관계와 충돌하면 종교문제와 인종문제가 뒤섞인 문명의 충돌로 비화될 것이다.

이런 복합적인 문제의 본질과 파생효과를 일컬어 '메두사의 얼굴'이라고 부르기도 한다. 메두사는 '지배하는 여자'라는 의미를 가진 그리스 신화의 괴물이지만 원래는 아름다운 소녀였다. 메두사는 여신 아테나의 신전에서 해신(海神) 포세이돈과 정을 통한 죄로 아테나의 저주를 받아 무서운 괴물로 변한 것이다. 이란문제를 생각할 때 메두사와 더불어 메카사를 떠올리게 된다. 필자는 중동(Middle East), 중앙아시아(Central Asia), 아프리카(Africa), 남미(South America)를 잇는 화석연료 분포 벨트를 메카사(ME-CA-A-SA)라고 약칭한다. 메카사는 향후 '에너지 질서를 지배하는 벨트'가 될 가능성이 높다. 하지만 '자원의 축복'은 언제나 '분쟁에 의한 갈등'을 동반한다는 점에서 사람의 얼굴에, 머리카락은 뱀의 형상을 한 메두사의 이미지와 일치한다.

헨리 키신저는 향후 지구촌에서 발생 가능성이 가장 큰 분쟁은 화석연료를 둘러싼 갈등이라고 주장한 바 있다. 당시 그는 미래를 예측했지민 지구촌은 이미 그 갈등의 너널에 들어와 있다. 이제 앞에서 언급한 다양한 길등요인을 하나하나 구제석으로 살펴보자.

패권경쟁의 최전선에 서 있는 이란

21세기 국제질서를 형성하는 가장 큰 축은 무엇일까? 대부분의 안보전문가들은 미국과 중국 관계를 첫손으로 꼽는다. 그러나 막상 미국과 중국의 경제력, 군사력, 문화적 흡인력을 하나하나 따져보면 아직은 미국이 초강국으로서 단연 독보적 지위를 확보하고 있다는 증거가 확연하게 드러난다. 필자는 2005년 한 해 동안 '미국의 초강국 지위존속에 관한 연구'라는 프로젝트를 진행했다. 연구 결과 여러 가지 측면에서 살펴볼 때 현 시점에서 중국은 미국의 상대가 되지 않는다. 미국은 중국에 비해 핵무기의 수가 압도적으로 많으며 질적인 면에서도 월등하다. 중국은 항공모함이 한 척도 없지만 미국은 대형 항공모함을 10척 넘게 보유하고 있다. 혹자는 인구가 많다는 것 하나만 빼고 중국이 미국에 비해 모든 면에서 뒤떨어진다고 혹평하기도 한다. 만일 그것이 사실이라면 왜 미국과 중국 관계가 국제패권을 결정짓는 가장 중요한 요인이 되는 것일까? 미국과 중국 간의 심한 불균형에도 불구하고 미국이 중국을 신경 쓸 수밖에 없는 다른 요인이 있는 것일까?

그 해답의 하나로 이란이라는 국가의 존재를 들 수 있다. 우선 미국의 전략을 살펴보자. 그래야 미국과 중국이 벌이는 패권경쟁이라는 시소게임에서 어느 쪽으로 기울지를 결정하는 중심에 이란이 서 있는 이유를 실감할 수 있을 것이다.

탈냉전 이후 미국의 각종 안보전략 문서에는 아시아 시대의 도래에 대비해 초강국 미국의 지위를 존속시키고 공고화하기 위한 대응책이 어김없이 강구되어 있다. 미국의 대전략에 숨겨진 가장 큰 목표가 '미국의 지위를 위협하는 잠재적 위협국가 출현의 저지'라고 한다면 아시아 세력권의 형성과 성장은 미국의 전략에 결정적 요인이 될 수밖에 없다. 중요한 것은 미국이 대전략을 실현하기 위해 테러, 에너지, 세계화 등 다양한 수단을 구사하고 있다는 사실이다. 이에 따라 냉전시대의 이념동맹이나 군사동맹보다 복합적인 목적이 개입된 새로운 형태의 동맹으로 재편되고 있으며 그 대표적인 지역이 앞에서 언급한 유라시아의 완충지역이다. 이란은 그 자체로 반미진영의 핵심을 이루지만 아시아와 결합함으로써 중국의 입지를 넓혀주는 연결고리 역할도 한다.

미국 중장기 안보전략의 제1순위는 아시아 시대가 개막되는 것을 지연시키거나 차단하는 것이다. 이를 위해서는 비교우위에 있는 군사력, 문화적 흡인력, 민주주의 이념 등을 최대한 활용하면서 비교 경쟁력에서 떨어지는 경제력 향상에 치중해야 하는 것이 미국의 현실이다. '아시아 시대의 개막' 이라는 전략적 위협은 중국 위협론, 또는 중국 – 러시아 전략연대를 견제하는 형태로 나타나고 있다. 중국은 미국과는 반대로 경제성장 엔진을 이용해 '에너지 협력 증진＋통상협력 증진＋군사협력 확대≒동맹 확대'라는 메커니즘을 적극적으로 활용함으로써 미국의 경제력을 약화시키는 쪽으로 몰고가는 형국이다. 대표적인 예로 달러화 대신 위안화, 루블, 유로화 등을 결제수단으로 사용하는 달러 약세화 정책, 중국의 핵심이익인 동남아 해양주권을 잠정적으로 유보하면서까지 시행하는 동남아국가연합(ASEAN) 국가와의 통상증진 강화 및 협력 강화를 들 수 있다.

이란을 둘러싼 미국과 중국 간의 중동 패권경쟁은 협력관계라기보다 갈등관계다. 미국이 중동질서를 재편하려는 것은 이라크 정책이 실패한 까닭도 있지만 이란에서 개혁파가 실종되고 반미성향이 강화된 정권이 수립된 것도 하나의 큰 원인이다. 애초에 미국이 이라크전을 계기로 중동질서 재편에 나선 것도 사실은 사우디아라비아를 교두보로 하던 내중동 정책을 대폭 변화시키겠다는 전략변화에 기초한 것이다.

그러나 현재 중동질서는 미국이 의도했던 바와는 다르게 진행되어 가고 있다. 의도와 결과가 다르게 나타난 것은 이라크 전후처리의 불확실성, 이란의 강경파 반미정권 수립, 사우디아라비아의 테러 및 정국혼미 가능성 등을 요인으로 꼽을 수 있다. 특히 이란은 미국이 악의 축으로 지목한 자국의 안전강화를 위해 미국에 가장 강력한 견제력을 가진 중국 – 러시아 전략연대와 유럽, 인도, 일본까지 끌어들이는 공격적인 외교전략을 구사하고 있다.

아시아와 중동이 결합하는 접점

이란은 아시아와 중동이라는 이질적 지역이 공동의 이익을 공유하는 연결고리로 작용한다. 물론 아직은 중국과 동남아에서만 가시적인 영향을 주고 있어 아시아 전체라고 보기는 어렵지만 동북아에게도 점차 강한 영향을 미치게 될 것이다. 로버트 매닝(Robert A. Manning)은 아시아와 중동이 에너지를 매개로 결합하는 연합세력(Islamic-Confucian Coalition)으로 등장할 가능성을 제시했다. 이 과정에서 중국이 핵심적인 역할을 하면서 중동과 아시아의 결합이 통상과 자본투자의 확대로 이어질 것으로 전망했다. 한마디로 서로를 연결하는 끈이 미약했던 중동과 아시아 두 지역이 에너지를 요인으로 하여 통상과 군사협력으로 점차 확대된다는 것이다.

이러한 분석은 21세기에 들어서면서 점차 가시화되기 시작했다. 중국이 FTA 협상을 통해 동남아를 하나의 시장으로 연결하는 구상을 추진할 때 미국 역시 해상수송로 확보와 테러전쟁 등 다양한 수단을 통해 이 지역 국가들과의 통상확대와 군사교류 강화에 심혈을 기울여왔다. 동남아 국가들은 어느 사이엔가 경제적인 면에서는 중국과의 신경망을 강화하면서 안보 면에서 미국에 의존하는 등거리외교를 통해 이익을 챙기는 상태에 이르렀다. 동남아시아는 그 자체가 하나의 시장으로서 큰 가치를 지니지만 중동에서 동북아에 이르는 해상수송로를 형성하고 있다는 점에서도 그에 못지않은 큰 의미를 지닌다. 그리고 그 출발점인 호르무즈 해협 입구에 바로 이란이 버티고 있다.

그렇다면 이란과 파키스탄, 중국을 연결하는 관계형성 사례를 통해 이란이 패권경쟁 차원에서 중요하다는 사실을 설명해 보자. 2006년 10월 중국 언론은 파키스탄과 중국이 히말라야 산맥을 넘는 송유관 건설에 합의했다고 보도했으며 실제로 이 사안은 추진될 것으로 확인되고 있다. 2006년 2월 무샤라프 파키스탄 대통령이 중국을 방문했을 당시 제안한 내용을 중국이 8개월 간 검토한 끝에 적극적 참여의사를 표명한 것이다. 합의된 사안은 파키스탄 과다르(Gwadar) 항에서 중국 신장성 카스까지 송유관을 연결하고 다시 중국 내륙 수송로를 통해 중국경제의 엔진 격인 동부 해안지역으로 원유를 직송한다는 내용이다.

여기서 우리는 몇 가지 중요한 사실을 발견할 수 있다. 첫째, 어마어마한 비용이 소요되는 난공사를 중국이 감행하려는 목적이다. 파키스탄은 이런 대형 프로젝트에 걸맞은 송유능력이 없다. 그렇다면 원유는 이란에서 조달될 가능성이 매우 높다. 실제로 중국은 과다르 항 건설단계에서부터 깊이 개입해 왔다. 항구뿐 아니라 항구에서 중국으로 이어지는 도로와 철도까지 건설 중이다. 과다르 항은 세계 3대 심해항이라 불릴 정도로 대형선박의 접안이 용이하며, 군사기지로서도 매우 적합한 위치와 여건을 가지고 있다. 만일 송유관 공사가 완성되면 이란-파키스탄-중국으로 이어지는 원유수출 경로는 중국 연안이라는 거대 수요처에 걸맞게 엄청난 비중을 차지하게 된다. 중국은 원유 운송료를 대폭 절감할 수 있을 뿐 아니라 말라카 해협에 의존하던 취약점을 보완할 수 있다. 이는 곧 중동에서 동북아까지 이르는 세계 최대 수송로를 관장하던 미국 7함대의 위력이 반감된디는 것을 의미한다. 한편 파키스탄은 막대한 통과비를 거둬들여 큰 수익을 창출힐 수 있을 뿐 아니라 안징직이고 저렴하게 원유를 공급받게 될 것이다. 또한 이란은 거대시장을 안정적으로 보장받는다. 즉, 에너지 측면에서 견고한 공생관계가 형성되는 것이다.

둘째, 이 사안이 에너지 분야에 한정되는 것이 아니라는 점이다. 이란과 파키스탄은 인도, 몽골과 더불어 중국이 주도하는 상하이협력기구(Shanghai Cooperation Organization : SCO)의 옵서버 국가다. 두 나라 모두 러시아와 중앙아시아 국가들의 반대에도 불구하고 중국 주도 하에 옵서버 국가로 참여하기에 이르렀다. 또한 상하이협력기구는 군사동맹체로도 발전하고 있다. 만일 이란과 파키스탄이 정회원국으로 가입하게 되면 중국이 주도하는 상하이협력기구는 미국에게 가장 결정적인 이익이 걸려 있는 중동의 입구를 봉쇄하게 되는 셈이다. 파키스탄은 미국이 인도에게 유리한 핵협정을 체결해 준 것에 대해 무척 서운한 감정을 가지고 있다. 아프간전쟁 때만 해도 중요한 동맹국이라고 치켜세우던 미국이 불과 2~3년 만에 자신들을 버렸다는 인식을 가지고 있는 것이다. 중국, 이란, 파키스탄이 호르무즈 해협 입구에서 본격적인 연합 해상훈련을 실시한다고 가정한다면, 친미 국가로 분류되는 중동의 몇몇 국가들도 미국과 등거리외교를 하겠다고 나서지 말라는 법은 없다.

앞에서 거론한 두 가지 사실은 경제와 안보라는 양대 기둥을 형성하고 있으므로 동맹관계로 발전할 수 있는 기반이 된다. 국제질서의 기본 구도에 변화를 줄 수 있는 현상의 중심에 이란이 자리 잡고 있는 것이다.

미 · 중 유라시아 전략의 접점

이란은 미국과 중국의 안보전략에 있어 다른 어느 나라 못지않게 큰 영향을 미친다. 특히 이란과 중국이 서로 떨어질 수 없는 밀접한 순망치한(脣亡齒寒)의 관계에 있다는 점이 핵심이다. 중국이 없다면 이란은 고립될 가능성이 크며, 이란 없는 중국의 전략은 힘을 발휘하지 못하기 때문이다.

미국, 중국, 이란 간의 삼각관계를 살펴보자. 미국이 유라시아 내륙과 해양을 통해 이중포위 전략을 구사한다면 중국은 그물망을 뚫고 해양으로 진출하는 양상을 보인다. 세계적 컨설팅 기업인 부즈 알렌 해밀턴(Booz Allen Hamilton) 사가 주도해서 럼스펠드 국방장관에 보고된 미 국방부 내부 보고서 '아시아의 에너지 전망(Energy Futures in Asia)'에서는 중국이 진주 목걸이(String of Pearls) 전략을 구사하고 있다고 분석하고 있다. 이 전략은 중국이 파키스탄 과다르 항을 포함해서 중동부터 남중국해에 이르기까지 해군기지 확보와 외교관계 증진을 병행하면서 친중국 동맹권을 형성하는 것을 의미한다.

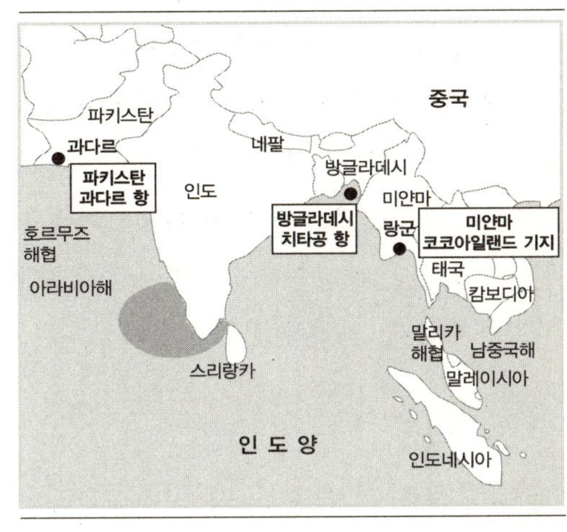

그림 1-1 ● 중국의 해외 군사기지

중국은 파키스탄과 미얀마, 방글라데시에 전략적 비중이 큰 항구를 건설하면서 군사기지로 사용할 기반을 확보했다. 파키스탄의 과다르 항 외에 방글라데시의 치타공(Chittagong) 항구도 현재 중국의 지원 하에 컨테이너 하역항구로 건설 중이다. 중국은 군항과 상업항으로 모두 사용할 수 있도록 대대적인 확장작업을 위한 협상을 진행했으며 이미 합의가 된 것으로 알려지고 있다. 아울러 중국이 미얀마 정부로부터 장기임차한 것으로 일러진 대코코아일랜드와 소코코아일랜드 기지, 랑군 기지는 중국 서남부와 인도양을 직접 연결, 중국에게 새로운 바다를 열어주는 전략적 거점이란 점에서 비상한 관심을 끌고 있다. 이 외에도 중국은 2003년 11월 캄보디아와의 훈련 및 장비지원에 대한 군사조약을 체결했으며 캄보디아는 자국 연안으로부터 중국 남부지역까지 철도를 연결하는 데 동의했다. 또한 중국은 태국의 크라(Kra) 운하 건설에 소요되는 200억 달러의 재원마련을 적극 검토하고 있다. 이 운하 건설이 시행되면 중국은 이 항구시설을 이용할 수 있으며, 이렇게 될 경우 말라카 해협을 통과하지 않고 유조선을 항해할 수 있다.

중국 쿤밍에서 미얀마 앞 바다를 잇는 도로와 철도의 복합 수송망 체계가 완비되면 중국은 말라카 해협과 동중국해를 잇는 하나의 바다에 의존하는 구도에서 벗어나 이양전략(二洋戰略)을 구사하는 안전망을 갖추게 된다. 중국이 확보한 항구들은 중화경제권을 형성하는 관문으로서도 의미가 있지만 해상수송로의 지배권과 해양주권을 확보하는 데 있어 큰 의미를 갖는다. 그 출발점에 이란이 있다.

상하이협력기구 확대와 이란의 역할

이란은 상하이협력기구 확대과정에서 중국에게 큰 힘을 실어주는 역할을 하게 될 것이다. 물론 이란이 옵서버 국가로 가입한 것은 2005년으로 이미 상하이협력기구가 틀을 갖춘 이후다. 상하이협력기구 내에서는 에너지 협력, 군사외교 강화, 방산협력의 확대, 통상증진 등이 동시에 진행되고 있다. 중국 – 러시아 전략연대를 중심으로 이루어진다고 하지만 엄밀히 말해 중국의 비중이 훨씬 크다. 큰 틀에서 보면 미국의 전략에 대한 중국의 비대칭적 전략구사라는 성격이 짙다. 미국의 전략구사에 대한 유라시아 국가들의 대응이라는 구조는 이미 1990년대부터 태동됐으며 에너지 안보가 부상하는 지정학적 원인으로 작용했다.

앞에서 언급한 중국의 해외 군사기지 구축은 지역적으로나 성격상으로 볼 때 상하이협력기구 확대와 별개의 사안으로 보이지만 하나의 그림으로 종합해 보면 중국의 해양주권, 더 나아가 미국과 중국의 패권경쟁에 결정적인 영향을 미치는 요인으로 작용할 가능성이 높다. 중국이 러시아와 중앙아시아 국가들의 반대에도 불구하고 이란과 파키스탄을 끌어들인 것도 이 국가들이 앞으로 중요한 역할을 할 것이라고 판단했기 때문이다.

상하이협력기구는 현재 '유라시아의 북대서양조약기구(NATO)'로 발전 중이다. 파키스탄을 기준으로 그 발전과정을 살펴보면 재미있는 현상을 발견할 수 있다. 1993년에 러시아, 카자흐스탄, 키르기스스탄, 타지키스탄 등 4개국과 중국 간에 두 개의 위원회가 구성됐다. 하나는 신뢰구축과 군비감축에 관한 위원회이고 다른 하나는 국경선 확정에 관한 위원회였다. 하지만 바로 이 양대 위원회를 기반으로 1996년 '상하이 5(Shanghai Five)'가 결성됐다는 사실은 흔히 간과되고 있다. 1996년 상하이 정상회담에서는 5개국 간에 '국경지대 군사부문 신뢰강화에 관한 협정'이 체결됐으며, 1997년 모스크바 정상회담에서는 '국경지역 군대감축에 관한 협정'이 체결됐다. 1998년 알마아타(Alma Ata)와 1999년 비슈케크(Bishkek) 정상회담에서 구축된 신뢰를 바탕으로 2001년 6월 15일 우즈베키스탄에서 5개국이 서명하면서 상하이협력기구가 발족했다. 상하이협력기구의 결성을 통해 러시아, 카자흐스탄, 키르기스스탄, 타지키스탄과 긴 국경선을 맞대고 있는 중국은 국경선 수비의 부담이 경감됐고 해양영토로 관심을 돌릴 수 있는 기틀을 마련했다. 다시 말해 상하이협력기구의 결성과정을 보면 중국이 내륙국경에서의 부담을 경감시키기 위해 의도적으로 꾸준히 노력해 온 흔적이 엿보인다.

파키스탄은 옵서버 4개 국가 중 가장 먼저 가입의사를 밝혔지만 중앙아시아 국가들은 물론 러시아도 이에 반대했다. 유라시아의 북부동맹이라는 지역적 성격에도 맞지 않고 심지어는 인종적으로도 다르다는 깃이 반대 이유였다. 파키스탄이 옵서버 국가로 참여할 수 있었던 것은 파키스탄이 적극적으로 노력한 결과이기도 했지만 중국의 지속적인 중재도 크게 작용했다. 미국을 중심으로 유엔의 대이란 제재결의가 본격화되자 이란과 파키스탄은 서서히 손을 잡기 시작했다. 특히 이란의 석유수출이 봉쇄됐을 때 육로를 통해 파키스탄으로 운송하는 방안이 합의되고 구체적인 작업에 들어간 사실을 고려할 때 옵서버 국가들의 상하이협력기구 정회원국 가입은 거의 기정사실로 굳어지고 있는 셈이다.

석유시장에서 이란의 비중

석유시장에서 이란이 차지하는 비중은 지금도 크지만 앞으로는 더 커질 것이다. 따라서 이란은 미래의 강국이라 할 수 있다. 영국의 석유회사 브리티시 페트롤리움(British Petroleum)이 2005년 6월에 발표한 '세계 에너지 통계'에 따르면 2004년 말 기준 전세계 석유 확인 매장량은 1조 1,886억 배럴이다. 미확인 매장량도 1조 배럴 정도로 추정되므로 합하면 2조 배럴을 조금 상회한다. 이 중 중동 지역의 확인 매장량은 7,339억 배럴로 전체의 61.7%에 달한다. 반면 2005년 말 기준 전세계 석유 1일 생산량은 총 8,026만 배럴인데, 이 중 중동 지역의 1일 생산량은 2,457만 배럴로 전체의 30.7%를 점유하고 있다. 확인된 매장량은 61.7%인데 현재 생산하는 양은 30.7%에 불과한 셈이다.

국가별 매장량은 중동 지역의 사우디아라비아가 2,627억 배럴로 가장 많고(전세계 매장량의 22.1%), 이란 1,325억 배럴(11.1%), 이라크 1,150억 배럴(9.7%), 쿠웨이트 990억 배럴(8.3%), 아랍에미리트 978억 배럴(8.2%) 등이다. 이어 베네수엘라 772억 배럴, 러시아 723억 배럴로 각각 6.5%, 6.1% 점유율을 기록하고 있다. 원유의 확인 매장량을 연간 생산량으로 나눈 지표인 가채연수는 대륙별로 봤을 때 중동이 81.6년으로 가장 길었고, 중남미 40.9년, 아프리카 33.1년, 유럽과 유라시아 21.6년, 아시아와 오세아니아 14.2년, 북미 11.8년 순이었다. 하지만 생산량의 경우 사우디아라비아가 매장량보다 훨씬 적은 세계시장의 13.1%를 점유하고 있고 이라크, 아랍에미리트, 쿠웨이트는 각각 2.6%, 3.3%,

3.1%에 그치고 있다. 이는 향후 개발할 수 있는 원유가 그만큼 풍부하다는 것을 의미한다.

한편 산유국들의 가채연수는 전세계 평균이 40.5년이었는데, 이 중 석유수출국기구(OPEC)의 평균은 73.9년으로 나타났다. 가채연수는 앞으로 얼마나 오랫동안 자원을 채굴할 수 있는지 보여주는 지표다. 한국석유공사는 이 통계를 통해 "원유의 장·단기적인 공급능력이 중동이라는 특정지역에 편중돼 있으며 현재 30% 수준인 중동의 원유공급 비중이 2030년쯤에는 43.6%까지 늘어날 것"이라고 분석했다.

이란의 석유 매장량 비중은 11%로 세계 2위다. 그러나 이란 북부의 카스피 해와 남부 해안 해상유전 등 아직 본격적인 탐사가 덜 이루어진 곳이 많아 이라크와 더불어 그 비중은 날이 갈수록 커질 전망이다. 사우디아라비아가 현저하게 많은 매장량을 보유하고 있음에도 불구하고 생산량은 러시아가 더 많은 것과 같은 이치다. 특히 생산시설이나 정유시설이 확충됨에 따라 입김은 더욱 세질 것이다. 지구상에서 가장 싸게 원유를 공급하는 이란은 아이러니컬하게도 정제된 원유를 수입하고 있는 처지다. 그만큼 이란-이라크전쟁과 경제봉쇄가 길어지면서 본격적인 개발이 늦어졌다. 그러나 이는 뒤집어 말해 이라크와 더불어 질 좋고 채굴비용이 낮은 육상유전의 마지막 보고(寶庫)라는 의미이기도 하다.

이란은 2003년 기준으로 중국이 수입한 원유 가운데 14%를 제공했으며 이 비율은 매년 증가하고 있다. 미국은 잘 알려진 대로 어떤 국가보다 먼저 지원 확보전에 뛰어든 나라다. 이라크전쟁에 대한 뒷얘기를 세삼 언급할 필요도 없이 테러전쟁이라는 깃발 아래 원유확보에 대한 강한 집념을 보였다. 그러나 이라크전쟁의 뒤처리와 이란 핵개발, 북핵문제 등에 발목을 잡히는 사이 반미연대의 결속력과 영향력은 급속히 강화되기 시작했다. 미국은 국제 에너지 시장의 구조적 변화가 냉전 이후 미국의 패권지위에 도전하는 가장 심각한 요인이 되고 있다고 인식하기에 이르렸다. 이러한 인식은 이란, 중국, 베네수엘라 등을 중심으로 한 위협세력을 '석유의 축(Axis of Oil)' 이라고 여기게 만들었다. '석유의 축' 은 새로운 용어가 아니며 이미 플린트 레버릿(Flynt Leverett), 어윈 스텔저(Irwin Stelzer)와 같은 몇몇 학자들이 사용해 왔다. 그들은 중국에 비중을 두고 있지만 필자는 이란이 그 핵심이라고 판단한다.

중국 SINOPEC은 2004년 10월 이란과 1,000억 달러에 달하는 액화천연가스(LNG)를 25년 동안 장기공급 받는 데 대한 양해각서를 교환했으며 2006년 정식으로 계약을 체결했다. 이는 중국의 해외 에너지 도입에 있어 가장 중요한 사항이며 두 나라의 전략적 연계성을 반영하는 조치다. 이란은 2005년 1월 인도의 인도가스공사(GAIL)와 액화천연가스를 1일 750만 톤씩 매년 30년 간 공급하는 계약을 체결했으며 이는 500억 달러 규모에 해당한다. 더욱 중요한 것은 이란－파키스탄－인도로 이어지는 30억 달러 규모의 천연가스 파이프라인 건설에 이미 합의했다는 사실이다. 이 파이프라인이 완성되면 이란과 인도에만 이익이 큰 것이 아니라 파키스탄도 매년 2억~5억 달러의 통과료를 손에 넣게 된다.

2003년 초 일본의 3개 기업 컨소시엄은 소로쉬－노뤼즈(Soroush－Nowruz) 해상유전의 지분 20%를 획득했는데, 이는 10억 배럴 규모였다. 2004년에는 이란 해상석유공사가 일본의 JGC그룹에 12억 6,000만 배럴에 달하는 추가계약을 안겨주었다. 또한 최근 발견된 아자데간 유전에 대해 일본은 매우 강한 집념을 보였으나 미국의 압력 때문에 75%까지 확보했던 지분을 10%만 남기고 포기하고 말았다.

이란이 공격적인 외교전략을 구사할 수 있는 배경에는 지정학적 여건과 이란 자체의 능력 두 가지 측면이 있다. 이란은 사우디아라비아, 쿠웨이트, 이라크, 카타르, 아랍에미리트 등을 위협할 수 있는 위치에 자리하고 있는데 이들 국가의 원유 생산량은 전세계 생산량의 절반을 상회한다. 이에 못지않게 중요한 것은 이란의 생산능력이 앞으로 크게 향상될 것이라는 사실이다. 사우디아라비아의 원유 생산량은 1일 1,000만 배럴 정도로 원유 생산에 있어 가장 중요한 국가이기는 하지만 앞으로 더 이상 증산할 여력이 남아 있지 않다. 그러나 이란은 현재 1일 400만 배럴을 생산하지만 향후 적어도 1일 300만 배럴을 더 생산할 수 있다. 이것이 에너지 시장에서 이란의 잠재가치를 높이 평가하는 요인이다. 원유뿐만 아니라 가스도 세계 생산량의 16%를 차지하고 있어 러시아에 이어 2위다. 이란의 천연가스 생산을 원유로 환산하면 1일 생산량은 무려 280만 배럴에 달해 가스 생산량과 합산할 경우 사우디아라비아에 육박하는 수준이다.

따라서 미국 기업들이 이란의 가스와 원유개발에 군침을 흘리고 있는 것은 당연한 일이다. 그러나 현재 미국 기업들은 1995년 클린턴 대통령이 서명한 행정명령으로 인해 이란에 대한 진출이 금지되어 있다. 조지 부시 대통령은 2004년 3월 이 행정명령을 새로 갱신한 바 있다. 또한 미국은 1996년 발효된 이란 리비아 제재 법안(ILSA)을 통해 이미 오랫동안 이란에 대한 제재를 시행 중이다. 이에 현재 이란은 가스생산을 극도로 자제하고 있다.

이란 남부의 사우스 파(South Pars) 해상유전도 재미있는 현상을 보여주고 있다. 공해상에 있는 천연가스 신해유전에서 이란과 카타르가 경쟁적으로 파이프를 설치해 뽑아 쓰고 있다. 먼저 개발하는 국가가 임자이기 때문에 속도경쟁이 치열할 수밖에 없다. 만일 유엔이나 미국의 봉쇄가 이뤄져 이 지역에 대한 이란 쪽 개발이 중지된다면 이란은 눈뜨고 당하는 격이다. 그러다 보니 이란 남부 해안 아쌀루예 석유화학 단지는 개발열기와 더불어 엄중한 경비 때문에 항상 긴장상태다.

이란은 북쪽으로 카스피 해를 끼고 북카프카즈 3국 및 중앙아시아 국가들과 이어지고 있다. 즉, 중동과 중앙아시아 지역을 잇는 가교 역할을 하는 셈이다. 북카프카즈 3국과 중앙아시아 지역은 에너지 관점에서 볼 때 그 자체가 중요한 원유 생산국인 동시에 파이프라인의 교통로다. 따라서 이 지역의 동맹정책이 어디로 기우는지는 중국 및 러시아가 해당 세력권에 진출하는 것을 봉쇄할 수 있는가에 영향을 미치는 내륙봉쇄선 성격도 강하게 내포하고 있다. 또한 동맹이나 유대의 강도에 따라 이슬람 극단주의자들에 대한 대처선택 영역이 확대되거나 축소되는 파장은 미국의 입장에서는 매우 심각한 일이다.

이란의 핵개발과 군사적 위협

최근 국제사회의 긴장은 중동의 이란과 동북아, 북한의 핵개발 문제로 인해 시계추와 같이 왔다 갔다 하는 양상을 보이고 있다. 그러나 핵개발에 관한 한 북한과 이란의 핵문제는 같은 선상에서 다룰 수준이 아니다. 북한은 이미 핵실험에 성공해서 핵보유국임을 선언한 상태이지만 이란은 겨우 3.6% 우라늄 농축에 성공한 수준이다. 물론 이란이 발표한 바와는 다르게 36% 농축 우라늄 입자가 발견되기도 했고, 현재의 이스파한(Esfahan) 핵 기술센터나 테헤란의 핵시설 외에도 건설 중인 10여 개소의 핵시설이 완공되면 핵개발에 가속도가 붙을 것이다. 건설 중인 상용농축공장이 완공되고 군사적 용도로 전용된다면 2009~2010년경에는 핵무기를 만들 수 있는 고농축우라늄 생산이 가능하다는 평가도 나오고 있다. 이란을 방문했을 때 만난 대부분의 이란인들은 조만간 자신들이 핵무기를 가지게 될 것이라고 믿고 있었다. 그러나 이 모든 가정은 앞으로 몇 년간 현재 상황이 순조롭게 진행된다는 전제 하의 이야기다. 지금 시점에서 북한 핵문제와 이란 핵문제의 현 주소를 비교하면 한마디로 헤비급과 핀급의 차이다. 의견 차이는 있지만 개발기간에 있어서도 최소 5년 이상은 차이가 난다는 관측이 지배적이다.

그러나 미국이나 국제사회의 움직임을 보면 이란 핵문제에 더 큰 비중을 두는 기색이 역력하다. 지역의 차이일까? 아니면 동북아가 중요하지 않아서 그런 것일까?

해답은 경제에 영향을 주는 충격의 차이다. 북한 핵문제도 긴장이 고조될 경우 국제증시를 비롯한 시장에 충격을 줄 수밖에 없다. 그러나 북한 핵문제의 파장은 증권시장이나 한국의 자금이탈 등 일부 지역이나 분야에 단기간 한정된다. 하지만 이란에서 군사적 긴장이 발생할 경우 그 파급효과는 유가급등과 이에 따른 기업 채산성 악화 등으로 인해 거의 전세계에 영향을 미친다. 이라크, 레바논, 아프가니스탄이 아직 혼란에서 수습되지 않은 상황인데 이란까지 가세하면 유라시아 내륙지역의 혼란이 급속도로 확산될 소지가 있다.

또 한 가지 이유는 핵에 가려 제대로 인식되지 않는 이란의 재래식 군사력의 급속한 신장이다. 특히 러시아에서 도입되는 신무기의 성능신장 속도는 매우 빠르며 그 내용은 베일에 가려져 있다. 러시아 국방부는 토르(Tor)-M1 미사일 시스템 29기를 7억 달러에 이란에 판매하기로 했다고 밝힌 바 있으며, AP통신은 2006년 11월 24일 이 미사일 시스템들이 이란에 인도되기 시작했다고 보도했다. 미국이 이란에 대해 군사제재를 주저하는 가장 큰 이유는 석유시장에 미치는 충격과 국제사회의 비난이겠지만 그에 못지않게 이라크와 달리 개전 초기부터 미군의 피해가 발생할 가능성이 크기 때문이다. 예를 들어 함대함 미사일 야혼트 같은 경우 목표물 전방에서 저고도에서 고고도로 솟구쳤다가 떨어지는 속도가 워낙 빨라 현재의 함정 방어체계로는 대응책이 없는 실정이다. 따라서 이란 함정을 완전하게 무력화시키지 않는 다음에야 대형함 한두 척 이상의 피해가 날 가능성이 크다. 러시아제 무기에 의해 미국 함정이 격침되고 수많은 인명손실이 발생한다면 배 한두 척이 문제가 아니라 국가 대 국가 간의 초긴장 상태가 촉발될 것이 자명하다. 미국이나 유럽, 중국, 러시아가 이란문제 해결에 선뜻 나서지 못하는 것은 고비마다 쉽게 확산될 수 있는 폭발성이 강하기 때문이다.

이란에 대한 유엔의 제재논의 과정을 보더라도 매우 신중하게 행동으로 옮기려는 흔적이 역력히 드러난다. 유엔 안보리는 2006년 8월 31일까지 이란에게 우라늄 농축활동 중단을 포함한 시한을 설정했지만 이란은 이에 불응하고 지속적으로 농축을 강행했다. 그럼에도 불구하고 유엔 안보리는 즉각적인 제재보다 협상을 통한 해결을 추구하면서 하비에르 솔라나 유럽연합 외교정책 대표에게 협상권을 부여했다.

영국, 프랑스, 독일 3개국이 중심이 되어 이란제재 결의안 초안을 작성했지만 기본적으로 외교적 해법에 비중이 실려 있으며 상임이사국들의 이해조정 때문에 실질적인 효과를 거둘지는 미지수다. 한 가지 예로 러시아가 지원하고 있는 부셰르 원자로는 대상에서 누락됐고 2007년 가동을 목표로 건설되고 있다. 중국은 원칙론적으로는 찬성하면서도 고강도 군사제재에는 반대하는 기존 입장을 반복하고 있다. 이런 가운데 이란은 핵개발 의지를 계속 천명하고 있다. 기존 구도의 큰 변화 없이 시간만 흘러가는 셈이다. 물론 아직 이란의 핵개발 단계가 그다지 위험하지 않기 때문에 섣불리 건드리지 않고 북한 핵문제 해결을 우선시하는 차원도 있다.

2006년 10월 30일에는 걸프 만에서 바레인까지 참여하는 대량살상무기 확산방지구상(PSI) 훈련이 실시됐다. 한국도 3명의 옵서버를 참가시켰다. 이미 24차에 걸쳐 실시된 훈련임에도 불구하고 민감한 시기에 20개국 이상이 참가한다는 점에서 주목을 받았다. 이런 류의 훈련은 '핵물질이나 무기를 실은 선박' 대신 '유조선'으로 대상만 바꾸면 즉각 호르무즈 해협을 봉쇄할 수 있다. 선별적으로 이란이 수출하는 원유를 실은 유조선만 대상으로 한다면 이란에 대한 석유봉쇄가 가능한 것이다. PSI에 대한 오해가 있다고 미국이 주장하지만 상황전개에 따라 이름만 달리하면 실질적인 경제봉쇄로 전환할 수 있으며 참가국들이 우려하는 대목도 바로 이 점이다. 상황이 전개되는 과정에서 충돌이 발생하면 예기치 않은 시간이나 장소에서 군사적 충돌로 이어질 빌미가 제공된다는 것이다.

강화되는 글로벌 반미연대

이란의 가장 큰 재래시장인 바자레에서 "당신들의 가장 강력한 동맹국이 어느 나라입니까?"라는 질문을 여러 사람에게 던졌다. 남녀노소 할 것 없이 "베네수엘라"라고 답했다. 그러나 이란에 베네수엘라 사람은 별로 없으며 정권차원의 연대감 외에 실질적 교류도 그리 많지 않다. 결국 심리적 연대가 그만큼 강한 셈이다. 그 실체는 무엇일까? 바로 '군사력을 앞세워 내정에 개입하는 미국에 함께 대항할 것'이라는 반미진영 선봉국가로서의 동질성과 동지의식이다. 실제로 이 두 나라의 대미정책은 유사한 점이 많다. 에너지를 매개체로 군사력을 보강하면서 중동과 남미의 중심 국가로 서려는 의지까지 유사하다. 아마도 이들은 동북아의 북한까지 연결하는 트라이앵글을 염두에 두고 있을 것이다. 미국의 세계경영 전략에는 이 트라이앵글이 진작 포함돼 있다고 해도 과언이 아니다. 베네수엘라가 쿠바에게 원유지원을 통해 후견국가로 사리매김을 했듯이 이 두 나라는 북한에 대해서도 유사한 역할을 하나의 카드로 쥐고 있다. 북한 지도부 역시 6자회담의 테이블을 박차고 나오거나 중국의 원유공급에 대한 압박감을 해소하는 카드로 이 두 나라의 지원을 유력하게 검토하고 있을 것이다.

다만 반미를 표방하는 트라이앵글을 부상시킬지, 아니면 서로 연계하지 않은 채 어느 한 곳이 막다른 골목으로 몰릴 때 타개해 주는 연막전술을 밀고 나갈지는 두고 봐야 할 일이다. 이란은 앞에서 언급한 바와 같이 원유, 핵문제, 동맹재편 등 다양한 분야에서 접점에 서 있는 나라다. 어쩌면 북한이 포함된 글로벌 반미연대를 부상시킬지도 모른다. 그 어떤 경우에도 우리의 선택은 미국이라는 동맹국가와 이해관계를 조정해야 하는 숙제를 안고 있다.

많은 사람들이 이란에 대한 군사적 제재는 현실적으로 가능성이 희박하다고 전망한다. 여러 가지 난제가 너무 많기 때문이다. 필자도 수많은 제약에는 공감한다. 그러나 단 한 가지 이유 때문에 전쟁은 벌어질 것이라고 전망한다. 외교적으로는 이란의 핵보유 의지를 절대 꺾을 수 없기 때문이다. 지난 몇십 년 간의 역사를 돌이켜볼 때 지금같이 핵보유국으로 올라설 수 있는 좋은 기회를 다시 만나기 어렵다는 것을 이란은 잘 알고 있을 것이다.

문제는 그 시점이 언제인가라는 것인데 미국 역시 시간을 너무 오래 끌 만한 여유가 없다. 2007년에는 어떻게 해서든지 해결을 지어야 하는 것이 미국의 입장이다. 2008년으로 넘어가면 미국 역시 선거 때문에 군사제재 카드를 사용하기 부담스러울 것이다. 새로 들어설 정권이 집권 첫 카드로 군사력 사용을 감행한다는 것은 큰 부담이다. 비록 럼스펠드(D. Rumsfeld) 미 국방장관이 사임하고 후임인 게이츠 신임 장관이 외교적 해결을 강조하고 있지만 뾰족한 수단은 없다는 사실을 인정하고 있다. 그 시기를 놓치면 이란은 핵무기 실험과 보유에 한걸음 더 다가서게 될 것이고 중동과 동북아에 반미성향의 핵보유국을 인정하면서 공존해야 하는 최악의 시나리오가 현실로 다가오게 된다. 설사 이라크와 같이 전쟁이 재연되더라도 그것만큼은 막아야 한다는 목소리가 힘을 얻을 수밖에 없는 상황이다. 게다가 남미에서 유사한 움직임이 나오지 말라는 법이 어디 있는가? 중국이나 러시아, 유럽 역시 전쟁은 막고 싶겠지만 미국이나 영국같이 막다른 골목으로 몰리는 것은 아니다.

한편에서는 조정자로서의 역할이 증가하고 실질적인 이익을 취할 수 있다는 손익 계산서가 나올 수도 있다. 이란에 대한 견제가 정치적 수사만큼 강하지 않을 수도 있다는 뜻이다. 미국과 이란이 강력한 정치적 수사를 동원하면서도 실제 행동 면에서는 상황악화를 방지할 제동장치를 항상 점검하면서 신중하게 접근하는 것은 바로 이런 점들 때문이다. 지구촌이 이란을 주목하는 이유는 여기에 있다.

02

이란 핵문제와 국제정치

김태우 | 안보전략연구센터 책임연구위원

이란 핵문제가 미궁으로 빠져들고 있다. 2004년 11월 말 시작된 이란과 유럽연합 간의 협상은 결렬되고 2006년 4월 국제원자력기구(IAEA)가 이 문제를 유엔 안보리에 보고함에 따라 이란 핵문제는 조만간 유엔무대로 옮겨질 전망이다.

세계 대량살상무기 비확산 체제의 건강성, 중동평화, 세계 석유수급 체계, 미국의 중동정책 등에 적지 않은 파장을 미칠 수 있는 폭발력을 내포한 이란 핵문제는 해결의 실마리를 보이지 않고 있다.

이란은 핵확산금지조약(NPT)이 체결되던 1968년에 IAEA의 회원국으로 가입했으나 1970년대 팔레비 국왕 시절 비밀리에 핵무기 개발에 착수했다. 핵개발은 1979년 팔레비의 실각과 함께 중단됐지만 1980~1988년 이란-이라크전쟁 동안 재개됐다.

이란 핵문제는 2002년 중반 이란저항국민회의(National Council of Resis-tance of Iran : NCRI)가 나탄즈(Natanz)의 농축활동, 아락(Arak)의 중수공장 건설 등을 폭로함으로써 국제문제로 부상했다. 그 후 IAEA 조사를 통해 이란이 20년 이상 비밀리에 핵활동을 해온 사실이 확인됐다. 문제의 핵심은 신고하지 않은 농축활동이었다. 이후 이란의 핵문제는 이란의 핵투명성 약속과 위배 그리고 유럽연합과의 협상이 반복되면서 오늘에 이르고 있다.

2003년 10월 영국, 프랑스, 독일 등 유럽연합 3개국 외무장관이 테헤란을 방문했을 때 이란은 '농축중단 및 IAEA 조사와 사찰 수용'을 약속했지만 지켜지지 않았다. 2004년 11월 유럽연합과의 협상을 시작하면서도 이란은 협상 동안 농축활동을 동결할 것이라고 약속했지만, 2005년 8월 반서방 정서를 가진 이슬람 원리주의자인 아흐마디네자드(Mahmoud Ahmadinejad) 대통령이 취임하면서 회담은 결렬됐고 이란은 핵활동을 재개했다. 이후 미국이 전면에 등장했지만 이란 핵문제는 여전히 불확실한 이슈들로 둘러싸여 있다.

미국이 모색하는 유엔을 통한 제재는 중국과 러시아의 반대에 부딪쳐 있는 상태다. 또한 이란의 핵보유를 지지하는 강경 이슬람 지도자들과 이란 내부의 강력한 반미·반서방 정서는 향후 협상전망을 어둡게 하고 있다. 그 와중에 또다른 악재가 등장했다. 반미적인 아흐마디네자드 대통령이 등장한 것도 그렇지만 2006년 3월 2일 미국과 인도가 서명한 핵합의로 미국정책의 이중기준 문제가 부각된 것이다. 이는 향후 핵협상에 걸림돌이 될 수 있다.

이란 핵문제의 향방은 협상을 통한 해결, 이란 핵보유의 기정사실화, 이란에 대한 미국 또는 이스라엘의 군사행동 등 세 가지 시나리오가 가능하지만 전망은 대체로 비관적이다. 협상을 통한 타결전망이 불투명하기 때문이다. 이란 핵문제는 북핵문제와도 무관하지 않다. 이러한 때에 한국은 이란 핵문제가 국제정세와 북핵문제에 미칠 영향을 전망하면서 책임 있는 국제사회의 일원으로서 취해야 할 조치와 행보를 예비하고 있어야 한다.

이란 핵문제의 전개과정

핵개발 동기

통상 핵무기는 '안보(security)'라는 군사적 동기와 '국제위상(prestige)'이라는 정치적 동기에 의해 추구되는데, 이란의 경우 정치적 동기로 핵개발을 시작해 시간이 지나면서 군사적 동기가 추가되는 과정을 보이고 있다.

1970년대 비밀리에 핵개발에 착수했던 시절에는 미국이나 이스라엘과의 관계가 양호했기 때문에 이들로부터 심각한 안보위협을 느낄 이유가 없었다. 이 시기에 이란은 이슬람 맹주자리를 둘러싼 이라크와의 경쟁을 의식하면서 중동의 강자로 부상하고자 했다.

하지만 팔레비가 실각하고 이슬람 정통주의 정부가 수립된 이후부터 미국의 대이란정책은 적대적이었다. 한편 이란은 1981년 이스라엘이 이라크의 오시라크(Osirak) 원자로를 공격한 이후 이스라엘을 견제해야 한다는 생각도 가졌을 것이다.

또한 1991년 걸프전은 미국이 이란을 선제공격할 수도 있음을 상기시켰고, 이란은 헤즈볼라(Hezbolla) 등 테러세력들을 지원하면서 미국의 군사적 보복 가능성도 염두에 뒀을 것으로 추측된다. 특히 1996년 코바르타워(Khobar Tower) 사건 당시 이란은 미국의 선제공격 가능성을 우려했다.[1] 2003년 이라크전쟁도 이란의 핵보유 의지를 강화시키는 데 기여한 것으로 보인다.

현재 이란은 평화적 핵이용을 내세우고 있으나 미국 – 이슬람 간 적대
감이 높아진 지금 미국의 군사개입이나 내정간섭을 불식시키는 수단으
로 핵무기 보유를 원하고 있을 가능성이 높다.

이란의 핵의혹

2002년 9월 이란에 대한 조사에 착수한 이래 IAEA는 다양한 의혹을 제
기해 왔다.

첫째, 테헤란의 칼라예 전기회사, 나탄즈 등의 농축시설에서 농축우
라늄 입자들이 발견된 것이다. 이란은 저농축 실험만 수행했다고 주장
했으나 발견된 장소와 입자의 종류가 이란이 주장하는 것보다 더 다양하
고 광범위하다. 예를 들어 외국에서 구매한 원심분리기에서 농축도가
36%에 이르는 우라늄 입자가 발견된 사실에 대해 이란은 "파키스탄으
로부터 구입한 원심분리기 부품에서 묻어 온 것으로 추정된다"고 설명
하지만 설득력이 부족하다.[2] 이란에서 생산된 원심분리기에도 문제의
우라늄 입자들이 발견됐다.

둘째, 신고 없이 우라늄 변환실험을 진행한 것이다. 테헤란의 연구로
의 저장소에서 발견된 6불화우라늄(UF_6)은 "이스파한(Isfahan)의 우라늄
전환시설에서 2004년 5~6월 동안 30~35kg의 6불화우라늄을 생산했
다"는 이란의 설명과 일치하지 않는다.[3]

셋째, P-2 타입 원심분리기와 관련한 의혹이다. 이란은 2003년 10월
농축활동 중단을 약속했을 때 P-2 원심분리기에 대한 언급은 하지 않았
다. 이란은 단순한 연구개발용이고 순수한 국산이라는 이유로 언급하지
않았다고 해명했으나 나중에 P-2 원심분리기의 자석부품들은 수입된 것
이라고 시인했다. 수천 개의 자석부품들을 구입하려 했던 증거가 드러
난 것으로 볼 때 기존의 P-1 원심분리기에 P-2 원심분리기를 추가해 대
규모 농축시설을 건설하고자 계획했을 가능성이 높다. 이란은 P-2 원심

분리기의 설계도를 1995년 외국에서 입수했으며 2002년까지는 부품실험을 하지 않았다고 밝히고 있지만, IAEA는 2002년 이전에 P-2 원심분리기 부품들을 농축실험에 사용했을 것으로 의심하고 있다.

넷째, 플루토늄 실험과 관련한 의문도 남아 있다. 이란은 테헤란 연구용 원자로에서 사용된 조사후 연료봉에서 밀리그램 미만의 플루토늄을 추출한 적이 있다고 밝혔으나 IAEA는 이보다 더 많을 것으로 의심하고 있다.

다섯째, IAEA는 1989년 라비잔 시얀(Lavizan Shian)에 설립된 물리학연구센터의 활동에 대해서도 의문을 가지고 있다. IAEA 조사팀은 이 시설이 중수소 등 수소폭탄의 원료와 관련한 실험활동을 했을 가능성을 조사하고 있다.

국제사회의 노력과 핵동결 합의

유럽연합이 이란을 설득하는 동안에도 미국은 이란이 러시아와의 기술협력으로 건설 중인 부셰르 원전에 대해 여러 차례 우려를 표명했다. 하지만 러시아의 푸틴 대통령은 폐연료봉을 전량 회수하는 등 러시아가 철저한 핵투명성을 확보할 것이라면서 원전건설을 계속했다. NCRI의 폭로에 따라 2002년 9월 IAEA가 조사에 착수했을 때에도 이란은 조사관의 핵시설 방문허가 지연, 사진촬영 불허, 담당관 면담 연기 등으로 사찰을 방해했다.

2003년 이후 러시아가 일방적으로 이란을 두둔하는 자세에서 탈피해 부셰르 원전 완공 이후 사용후 핵연료의 전량 회수가 보장되지 않으면 핵연료를 공급하지 않겠다고 경고하자 이란은 반발했다.

2003년 2월 모하메드 하타미(Mohammed Khatami) 대통령은 "부셰르 원전용 핵연료를 국산화하고 폐연료봉을 러시아에 반납하지 않으며 여타 핵시설의 건설도 계획대로 추진하겠다"고 밝힘으로써 국제사회를 긴장시켰다.

이란을 설득하려는 유럽연합의 노력은 번번이 좌절됐으나 2003년 10월 21일 영국, 프랑스, 독일의 외무장관이 이란을 방문해 마침내 이란 정부로부터 최초의 '핵활동 중단' 선언을 얻어냈다. 이 선언에서 이란은 'IAEA 조사수용' '농축 및 재처리 활동 중단' '핵확산방지조약 추가의정서 서명' 등을 약속했다. 이어서 2003년 12월 추가의정서에 서명했다. 하지만 이란은 이 선언 이후에도 농축부품 생산 및 농축시설 조립을 계속했다.

이 무렵 IAEA는 그동안의 조사를 토대로 "이란이 20년 이상 신고 없이 농축실험 등 핵활동을 해왔다"고 발표했다. 이로써 이란이 NPT 회원국으로서의 의무를 저버리고 IAEA와 맺은 핵안전조치협정(Safeguards Agreement)을 위배했다는 사실이 세계에 알려지기에 이르렀다. 이란은 2004년 2월에도 '원심분리기 건설 및 관련부품 생산중단'을 약속했지만 이후에도 원심분리기 부품을 계속해서 생산했다.

이란이 약속과 불이행을 반복하는 동안 유럽연합과 IAEA의 설득노력도 배가됐고, 그 결과 2004년 11월 14일 이란으로부터 농축 관련한 모든 활동을 중단한다는 '핵동결' 합의를 받아냈다. 합의의 주요 내용은 다음과 같다.[4]

첫째, 이란은 농축활동을 즉시 동결하며, 농축활동에는 원심분리기 부품생산, 우라늄 전환[5] 등이 포함된다. 둘째, IAEA는 NPT 추가의정서에 의거해 사찰을 더욱 강화한다. 셋째, 이란은 IAEA 사찰관들이 핵동결을 확인하기 위해 원심분리기와 기타 핵관련 부품들에 인식표를 붙이거나 봉인하는 것을 허용한다.

미국의 핵외교

IAEA와 유럽연합에 비해 미국은 더욱 강경한 입장을 견지하고 있다.

IAEA와 유럽연합이 너무 유순하다는 불만을 가지고 있던 미국은 직접 이란을 압박하면서[6] IAEA에게는 이란에게 더 많은 시간을 주기보다는 조속히 유엔 안보리에 회부해 강압조치를 취하도록 요구했다.

한편 미국은 이란에 대해 독자적인 제재를 취하기도 했다. 2004년 4월 1일 미국은 이란의 대량살상무기 개발에 이용될 수 있는 민감물질을 수출한 혐의로 13개의 외국회사에 대해 2년 간 미국 정부와의 거래를 금지시킨 것이다.[7]

미국은 테헤란 파르친에 있는 군사시설에 대한 IAEA의 조치에 대해서도 너무 미온적이라는 불만을 토로했다. 미국은 이 시설이 고폭실험장으로 활용됐을 가능성이 있다고 보고 IAEA에 현장조사를 요청했으나 조사가 지연되자 IAEA의 의지가 부족하다고 질타했다.

미국 – 이란 간의 비난전이 이어졌다. 2004년 6월 국무부의 리처드 바우처(Richard Boucher) 대변인은 이란이 파르친의 군사시설을 핵관련 실험장으로 사용한 후 변형해 실험사실을 은폐하려 한다고 비난했다. 이란의 IAEA 수석대표인 호세인 무사비안(Hossein Moussavian)은 9월 19일 방송을 통해 "미국이 거짓말로 파르친 군사시설을 핵관련 실험장으로 몰아가고 있다"고 반박했다.[8]

미국의 강경자세는 유럽연합나 IAEA에 그대로 반영되지 않았다. 유럽연합은 이란에게 추가기회를 주어야 한다는 입장을 견지했다. 유럽연합은 이란이 2003년 10월의 '농축중단' 약속을 충실히 지키지는 않았지만 나탄즈 농축시설의 실험활동과 대형 농축시설의 건설을 동결했고 6불화우라늄의 반입도 자제하고 있음을 상기시켰다. IAEA도 이란 핵문제의 유엔 안보리 회부를 지연하는 방식으로 유럽연합의 입장을 지지했으며, 이러한 입장은 이란이 '핵활동 중단' 약속을 이행하지 않고 있던 2004년에도 지속됐다.

이렇듯 미국과 IAEA 간의 접근방식의 차이는 2004년 말 미국이 모하

메드 엘바라데이(Mohamed ElBaradei) IAEA 사무총장의 경질을 시도한다
는 소문의 배경이 되기도 했다. 그러나 2006년 1월 31일 미국은 유럽연
합 3개국, 러시아, 중국 등 6개국 외무장관 회담에서 이란 핵문제를 유
엔 안보리에 보고한다는 합의를 끌어냈으며, 이후 이란 핵문제에 대한
국제사회의 강경기류를 주도하고 있다.

이란-유럽연합 협상결렬 이후의 핵문제

2004년 11월 이후 지루하게 진행되던 이란-유럽연합 협상은 2005년 7
월 선거에서 아흐마디네자드 대통령이 당선되고 2005년 8월 이란이 우
라늄 변환을 재개한다고 통보함으로써 결렬수순에 돌입했다. 8월 6일
취임한 아흐마디네자드 대통령은 유럽연합의 제안을 거부하고 우라늄
변환시설을 재가동했으며, 이어서 9월 17일 유엔총회 연설에서는 원자
력의 평화적 이용권에 대한 단호한 입장을 재천명했다. IAEA 이사회가
이란의 농축 및 재처리 활동의 중단을 요구하는 결의서를 채택했지만 이
란은 오히려 NPT 추가의정서를 중지하는 법안을 승인했다. 이란은
2006년 1월 나탄즈의 실험용 농축공장에 대한 봉인을 제거하고 농축활
동을 재개했다.

　결국 미국, 유럽연합 3개국, 러시아, 중국 등 6개국 외무장관은 이란
핵문제를 유엔 안보리에 보고하기로 합의했고, 이란은 원자력의 평화적
이용권을 인정하지 않을 경우 NPT 탈퇴를 검토할 것이라고 반박했다.
2006년 4월 11일 아흐마디네자드 대통령은 "나탄즈의 실험용 우라늄 농
축공장에서 164기 원심분리기로 경수로용 3.5% 농축우라늄을 생산했
다"고 발표함으로써 농축활동을 기정사실화했다.[9]
　결국 이란 핵문제는 2006년 4월 28일 IAEA 사무총장에 의해 유엔 안
보리에 제출됐다.

표 2-1 ● 이란 핵문제 일지

1968년	이란, NPT 가입
1970년대	팔레비, 핵에너지 · 핵무기 프로그램 추진
1979년	팔레비 축출로 핵무기 프로그램 중단
1984년	이란-이라크전쟁 중 핵무기 프로그램 재가동
1989년	이란-러시아 핵기술협력협정 체결
1992년	이란-러시아 부셰르 원전건설협약 체결
1992년	카자흐스탄으로부터 고농축 우라늄 구입 시도 이란-러시아 원심분리기 구입계약 체결 ➡ 미국의 압력으로 취소(1994)
2000년	라시카르 압바드 레이저 농축시설(실험용급) 완공
2002년 중반	NCRI의 핵개발 폭로 ➡ 이란 핵문제가 국제 이슈로 부상
2002년 9월	IAEA 조사 시작
2003년 2월	하타미 이란 대통령, '부셰르 원전 핵연료주기 통제권 및 핵연료 국산화 능력 확보' '폐연료봉 러시아 회수 반대' '우라늄 광산 개발' '농축시설 · 핵연료 가공공장 건설' '우라늄 변환공장(옐로케이크→이산화우라늄) 설립계획' 등 발표
2003년 9월	IAEA 결의문, 모든 농축활동(원심분리기 부품 수입 및 제조, 원심분리기 조립 및 실험, 6불화우라늄 생산 등) 중단 요구 ➡ 미국은 유엔 안보리 회부 경고. 영국, 프랑스, 독일은 이란 설득 착수
2003년 10월 21일	유럽연합 3개국 외무장관 이란 방문 및 협상 이란 핵포기 발표 'IAEA 조사수용, 농축 및 재처리 포기, 추가부속서 서명' ➡ 이후에도 농축부품 생산 및 농축시설 조립 지속
2003년 11월 10일	IAEA 사찰단 보고서 '20년 이상 미보고 핵활동' 확인
2003년 12월	이란, 추가의정서에 서명
2004년 2월	이란, 농축부품 생산 및 농축시설 조립 중단 약속
2004년 3월	IAEA 결의문, 농축 흔적에 대한 답변 촉구
2004년 4월 6일	엘바라데이 IAEA 사무총장 이란 방문, 행동지침(IAEA 조사수용 및 자료제공)에 합의
2004년 4월	미국, 대이란 대량살상무기 관련물품 수출혐의로 13개 외국회사 제재 (2년 간 미국 정부와 거래중단)
2004년 6월 18일	IAEA 이사회, 농축, 재처리, 농축부품 생산 및 조립, 불화우라늄 생산 등의 중단과 중수로 건설 포기 촉구 결의문 채택
2004년 9월 18일	IAEA 9월 이사회, 11월 이사회 이전에 농축 관련 미결사안 해결, 농축 및 재처리 중단 촉구 결의문 채택

2004년 11월 14일	이란과 유럽연합 3개국, 파리협정 체결 → 유럽연합은 2005년 8월 초까지 장기간 공급 약정안 제출 합의, 이란은 '모든 농축활동 동결' 합의. 이란–유럽연합 핵협상 시작
2004년 11월 29일	IAEA 이사회, 이란이 은폐정책을 통해 안전조치협정을 다수 위반했음에 우려를 표명하고 해결을 촉구하는 결의문 채택
2005년 2월 9일	라이스 미 국무장관, 이란이 유럽연합의 제안 불수용시 유엔 안보리 회부 경고, 유럽연합의 유순한 협상태도 비난
2005년 2월 10일	하티미 이란 대통령, "이 땅을 밟는 침략자들에게 불타는 지옥의 맛을 보여줄 것" "이란 과학자들이 각고의 노력 끝에 독자적인 핵기술을 개발했으며, 다른 나라의 불법적인 요구로 이를 중단하지 않을 것"(이슬람혁명 기념식 연설)
2005년 2월 23일	카말 카라지 이란 외무장관, "어느 누구도 이란의 우라늄 농축활동을 막을 수 없다"(국영 뉴스통신 NRNA) 하타미 이란 대통령, "미국이 침략을 선택하면 이란보다 훨씬 더 혹독한 대가를 치르게 될 것"(각료회의 후 기자회견)
2005년 2월 27일	러시아와 이란, 대이란 핵연료 공급을 골자로 하는 부셰르 원전건설 관련 3개 협력협정에 서명
2005년 8월 1일	이란, IAEA에 유럽연합의 장기간 공급약정안의 제출시기가 경과했음을 통보, 우라늄 변환활동 재개착수 결정 통보
2005년 8월 5일	유럽연합, 이란에 장기간 공급약정 및 경제적 인센티브를 골자로 하는 포괄적 제안서 제시
2005년 8월 6일	이란 아흐마디네자드 대통령 취임, 유럽연합 제안서 수용 거부의사 공표, "NPT가 인정하는 원자력의 평화적 이용권 포기 불가" 발언
2005년 8월 8일	이란, 우라늄 변환시설 가동 재개
2005년 8월 11일	IAEA 특별이사회, 이란의 우라늄 변환 즉각 중지 촉구 결의안
2005년 8월 23일	유럽연합 3개국, 이란이 농축활동 중지 약속을 위반했다는 이유로 8월 31일 예정된 이란과의 협상을 일방적으로 취소
2005년 8월 25일	이란, 핵협상 참가국의 확대 요구
2005년 9월 17일	이란 대통령, 유엔총회 연설에서 원자력의 평화적 이용권에 대한 단호한 입장 재천명
2005년 9월 24일	IAEA 이사회, 이란의 농축 및 재처리 즉각 중단을 요구하는 결의안 투표 채택
2005년 10월 17일	이란 의회, NPT 추가의정서를 중지하는 법안 승인 이란 상무부, IAEA 9월 이사회의 결의안 찬성국 중 한국, 아르헨티나, 체코 등에 대해 수입허가 확인 거부
2005년 11월 26일	IAEA 11월 이사회, 러시아 중재안(이란 내 우라늄 변환 허용, 농축은 합작회사를 만들어 러시아에서 실시)을 포함한 의장성명 채택

2006년 1월 10일	이란, 나탄즈 실험용 우라늄 농축공장 봉인 제거, 농축활동 재개
	유럽연합 3개국, 이란 핵 유엔 안보리 회부 위한 IAEA 2월 특별이사회 요구
2006년 1월 20일	중국, 이란 핵문제의 유엔 안보리 회부 반대입장 표명, 국제사회의 제재와
	위협수단 사용 반대
2006년 1월 31일	미국, 유럽연합 3개국, 러시아, 중국 등 6개국 외무장관 회담
	➡ 이란 핵문제 유엔 안보리 보고 합의(미국과 유럽연합 3개국은 공식회부를
	추진했으나 러시아의 제안으로 보고로 합의)
2006년 2월 4일	IAEA 특별이사회, 이란 핵문제 유엔 안보리 보고 결의안 채택
	➡ 이란 대통령, 농축 재가동 및 추가의정서 이행 중지 명령
	이란-러시아 중재협상 무기한 연기 발표
	이란 대변인, "원자력의 평화적 이용권을 인정하지 않을 경우 NPT 탈퇴" 위협
2006년 2월 13일	이란, 나탄즈 실험용 우라늄 농축공장에 6불화우라늄 투입 착수
2006년 2월 17일	프랑스주재 이란대사관 성명, IAEA 핵사찰 조건부 수용 용의,
	제한된 수준 농축 허용시 NPT 추가의정서 비준안 제출 용의
2006년 3월 8일	IAEA 사무총장, 유엔 안보리에 이란의 핵 프로그램 보고
2006년 3월 29일	유엔 안보리, 이란에 30일 내 모든 농축 및 재처리 활동 중단, 미결사안 해결 요구
2006년 4월	이란 이스파한의 우라늄 전환시설 가동계획 발표
2006년 4월 11일	아흐마디네자드 이란 대통령, "나탄즈 실험용 우라늄 농축공장에서
	164기 원심분리기로 경수로용 3.5% 농축우라늄 생산 성공"
2006년 4월 28일	IAEA 사무총장, 이란에 대한 보고서 유엔 안보리 제출
	➡ 유엔헌장 7조가 포함된 결의문을 채택하려는 미국, 영국, 프랑스의 노력은
	중국, 러시아의 반대에 봉착[10]
2006년 7월	유엔 안보리 "8월 말까지 농축활동 중단" 결의문 채택
2006년 8월 29일	이란, 중수공장 준공

이란 핵문제의 국제정치적 함의

미국 국익에 대한 위협

이란 핵문제는 다양한 국제정치적 함의를 가진다. 첫째, 북핵문제와 더불어 이란 핵문제는 미국의 세계전략을 위협하고 미국 주도의 세계질서 구축에 '쌍둥이 위협(twin threats)'이 되고 있다. 9·11 테러 이후 미국은

‘테러와의 전쟁’과 ‘대량살상무기 비확산’을 최대 목표로 내걸고 공세적인 세계전략을 새롭게 수립했다. 신전략은 테러를 지원하는 나라, 대량살상무기를 개발하는 나라, 민주화와 시장경제를 거부하는 나라 등 ‘불량국가’를 주적으로 지목하고 있으며, ‘통제와 억제’를 근간으로 했던 과거의 세계전략과는 달리 필요하다면 선제공격도 마다하지 않는 공격적 개념을 채택했다.

2003년 이라크전쟁은 공세적 신전략의 첫 시험무대였다. 이러한 신전략이 추구하는 궁극적인 목표는 미국 주도의 국제질서를 정착하는 것이다. 이러한 목표는 미국이 소련연방 와해와 걸프전 승리 이후 유일 초강국으로 등장한 이래 변함없는 국가목표였다. 미국입장에서 이란이나 북한의 핵보유는 예측 불가능하고 불안정하며 공격적인 정권이 대량살상무기를 가지는 것이다. 미국이 이란과 북한을 ‘악의 축’으로 지목한 것은 이런 이유에서였다.

특히 미국이 이란을 ‘악의 축’으로 지목한 배경에는 이란의 테러 지원활동에 대한 뿌리 깊은 경계심이 자리 잡고 있다. 이란은 오랜 기간에 걸쳐 레바논의 헤즈볼라와 팔레스타인의 하마스에 대한 재정지원을 해왔으며, 이란의 정보기관인 이란혁명수비대(IRGC)는 자금지원, 군사훈련, 무기제공, 은닉처 제공 등을 통해 테러 활동을 지원했다. 미국은 이란이 최근까지도 헤즈볼라에게 무기를 제공하고 IRGC가 헤즈볼라 요원의 모집과 훈련에 관여하고 있는 것으로 믿고 있다.[11] 미국은 과거 이란 또는 이라크가 중동의 패권국으로 부상하는 것을 막기 위해 이란을 지원하기도 하고 이라크를 지원하기도 했지만 이라크의 후세인 정권이 붕괴된 현 시점에서 최대의 경계대상은 이란일 수밖에 없다.

비확산 체제의 시험대

북한 핵문제와 함께 이란 핵문제는 비확산 체제의 건강성을 가늠하는 시험대이자 부시 대통령의 대량살상무기 비확산 정책의 성패를 결정짓는 분수령이 되고 있다. 부시 대통령의 강력한 대량살상무기 비확산 정책의 결과는 대체로 두 가지로 나타나고 있다. 2003년 말 리비다의 카다피 대통령은 핵포기 선언을 통해 대량살상무기 개발을 포기했는데 시리아 역시 이와 비슷한 입장을 보이고 있다. 이처럼 굴복을 택하는 경우가 있는가 하면, "미국의 핵위협에 대처하기 위한 핵억제력이 필요하다"는 논리를 앞세우고 핵실험을 강행한 북한과 같이 저항을 택하는 경우도 있다.

북한에 이어 이란마저 저항을 택한다면 기존의 비확산 체제를 뒤흔드는 한편 부시 대통령의 비확산 정책에도 심각한 타격을 주게 될 것이다. 이들은 NPT 회원국 자격을 유지하는 가운데 핵무기 보유를 추진한 전례가 되어 NPT의 핵확산 방지 기능은 훼손될 것이며, 화생무기, 미사일 등 여타 종류의 대량살상무기 비확산 체제에도 악영향을 미칠 것이 분명하다. 부시 대통령은 타협과 협상보다는 강압에 의존한 비확산 정책으로 오히려 해당국들의 불안을 유발해 핵보유에 더욱 집착하게 만들었다는 비난을 면하기 어려울 것이다.

중동평화의 분수령

이란 핵문제는 기존의 힘의 균형을 무너뜨릴 수 있는 파괴력으로 말미암아 중동평화의 분수령이 되고 있다. 그동안 중동에는 이스라엘 군사력의 질적 우위와 이슬람 제국의 양적 우위 간의 균형이 지켜져 왔고, 이스라엘의 질적 우위에는 '불확실 전략(strategic ambiguity)'을 통한 핵억제력도 포함되어 있었다.[12] 이슬람국 사이에서는 미국의 이라크 침공으로 인해 이라크–이란 간에 유지됐던 힘의 균형은 소멸됐다. 외부 견제가 없다면 이란이 지역 맹주로 등장할 수 있는 여건이 조성된 상태이지만 이란의 부상은 미국에 의해 견제되고 있다. 넓은 의미에서는 미국의 대이란 견제에 사우디아라비아, 쿠웨이트 등 현지의 동맹국들과 유럽연합, 일본 등 역외 동맹국들도 동참하고 있다.

이란 핵문제가 외교적으로 해결되지 못하고 이란의 핵보유가 기정사실로 굳어지거나 이란에 대한 미국이나 이스라엘의 군사적 공격이 감행된다면 어떤 방식으로든 중동에서의 힘의 균형은 흔들리게 될 것이다. 이란의 핵보유가 주변국이나 이스라엘에게 중대한 위협으로 간주될 경우 이스라엘은 이를 바로잡기 위한 시도를 하게 될 것인데, 그것은 이란 핵시설에 대한 이스라엘의 선제공격일 수도 있고 핵보유 공개 정책으로의 전환일 수도 있다. 이러한 상황은 중동에서의 군비경쟁을 불러일으켜 전체적인 정세를 악화시킬 것이 분명하다.

국제 핵확산 네트워크 규명

이란 핵문제의 향방은 국제 핵확산 네트워크를 규명하는 문제와도 연관이 있다. 이란은 핵개발을 위해 여러 나라 또는 다양한 거래선과 은밀한 거래를 해왔다. 파키스탄과의 거래는 상당 부분 드러난 상태이며, 독일, 중국[13] 등도 의혹을 받고 있다. 2002년 후반 조사에 착수한 이래 IAEA는 이란이 위장회사와 중개인들을 앞세워 세계 각지로부터 농축 관련 부품들을 구입했다는 사실을 밝혀냈다.

이란의 핵개발에 있어 파키스탄의 역할을 정확히 규명하는 것은 엄청난 국제정치적 함의를 가진다. 이란의 농축시설이 주로 파키스탄이 제공한 P-1 원심분리기 기술을 비탕으로 하고 있음은 이미 밝혀진 사실이며, 그 과정에서 '파키스탄 핵의 아버지'라 불리는 압둘 카디르 칸(Abdul Qadeer Khan) 박사의 역할이 주목받고 있다. 칸 박사는 우라늄 농축회사인 유렌코(URENCO)사에서 일했던 금속공학자로 1976년 귀국해 유렌코에서 훔친 기술로 카후타(Kahuta)에 농축시설을 건설하는 등 파키스탄에서 핵무기 및 미사일 개발의 주역으로 활동했다.[14] 칸 박사는 2004년 2

월 4일 리비아, 이란, 북한 등에 핵기술을 유출한 사실을 증언해 주목을 받았으며, 그가 제공한 P-1 원심분리기 기술 및 부품이 이란의 농축활동에 크게 기여했다는 것도 의심할 여지없는 사실이다. 파키스탄 정부는 이러한 핵기술 유출사건이 칸 박사 개인 차원에서 이루어진 것으로 주장하고 있으나 칸 박사의 국가적 위상과 전세계에 걸친 거래망을 감안할 때 파키스탄 정부와 무관한 것으로 보기는 어렵다.

칸 박사의 역할을 명확하게 규명할 수 있다면 파키스탄-이란-북한을 잇는 '농축 삼각형(enrichment triangle)'과 북한-이란-파키스탄을 연결하는 '미사일 삼각형(missile triangle)'의 내막을 파헤치는 결정적인 계기가 될 것이다. 이란과 북한은 파키스탄의 농축기술을 바탕으로 해서 우라늄 농축을 시도한 것으로, 그리고 이란과 파키스탄은 북한으로부터 미사일 기술을 전수받은 것으로 추정되기 때문이다. 이란은 북한의 스커드-B, 스커드-C, 로동미사일 등을 토대로 샤하브-1, 샤하브-2, 샤하브-3 미사일을 개발해 왔고, 파키스탄의 액체연료 미사일인 가우리 역시 북한의 로동미사일을 토대로 하고 있음은 익히 알려진 사실이다. 현재 북한은 농축 프로그램의 존재를 부인하고 있으나 칸 박사는 이미 증언을 통해 "파키스탄-북한 간의 농축장비 판매와 관련한 거래는 1980년대 후반에 시작되어 1990년대 후반부터 본격적인 선적이 시작됐다"고 실토했다. 또한 칸 박사는 "원심분리기 설계도와 함께 소수의 완성된 원심분리기를 팔았으며, 북한이 수천 개 이상의 원심분리기를 갖춘 농축시설을 세우기 위해 구입해야 할 장비들의 목록도 제공했다"고 고백했다.[15] 칸 박사는 2004년 〈뉴욕타임스〉와의 인터뷰에서 "5년 전인 1999년 방북시 평양 인근의 비밀 지하 핵시설에서 3개의 핵장치를 목격했다"고 증언하기도 했다.[16]

세계 핵확산에 있어 파키스탄의 역할은 미국의 비확산 정책과 복잡한 함수관계를 가진다. 미국은 기존의 핵확산방지법(NNPA)에 추가해 시밍

턴 수정안(Symington Amendment, 1976), 글렌 수정안(Glenn Amendment, 1977), 솔라즈 – 프레슬러 수정안(Solarz and Pressler Amendment, 1985) 등 민감한 핵시설을 추구하는 나라에 대한 군사적·경제적 원조를 금지하는 입법을 통해 핵확산 억제정책을 펼쳐 왔지만, 이 법들은 파키스탄에 대해서는 발동되지 않았다. 1979년 소련이 아프가니스탄을 침공한 이후 파키스탄은 미국지원 하에 대소 항전을 벌이고 있던 아프가니스탄 반군에게 기지를 제공했기 때문에 미국에게는 파키스탄의 계속적인 협력이 긴요했다. 이 기간 동안 파키스탄은 핵무기 개발을 지속했다. 파키스탄은 인도의 핵실험 직후인 1998년 5월 28일과 30일에 도합 다섯 차례의 핵실험을 강행함으로써 핵보유국 대열에 올랐지만 9·11 테러 이후 미국이 파키스탄에 반테러 전쟁을 위한 협력을 요청하면서 양국은 동맹국 관계를 회복했다. 파키스탄은 이런 과정을 거치면서 핵보유국 대열에 합류했고 미국의 조치는 솜방망이에 그치기 일쑤였다.

2004년 칸 박사의 고백, 파키스탄 정부의 사면, 미국의 미지근한 대응 등은 국제 핵정치의 단면을 드러낸다. 칸 박사는 파키스탄 정부가 주도한 조사에 응하면서 2004년 2월 4일 핵유출 사실을 고백했지만 파키스탄 정부는 '정부와 무관한 칸 박사 개인 차원의 핵기술 유출'로 발표하고 2월 9일 칸 박사를 사면했다. 2003년 이라크전쟁을 앞두고 파키스탄이 미국에 협력하면서부터 이러한 수순은 예고되어 있었다. 미국으로서는 후세인 제거와 이슬람 테러세력 제압을 위해 파키스탄의 협력이 필수적이었고, 자국의 핵보유를 기정사실로 인정받기를 원하는 파키스탄도 미국과의 전략적 제휴가 필요했다. 그렇다면 미국이 '파키스탄 정부와 무관한 칸 박사 개인 차원의 일'이라는 파키스탄의 설명을 수용한 것, 지극히 제한적인 칸 박사의 증언, 파키스탄 정부의 사면 등은 결국 미국, 파키스탄 정부, 칸 박사 등 3자 간의 이해 일치를 대변하는 사건이다. 이런 시각에서 보면 칸 박사의 역할을 규명하는 것은 결코 쉬운 일이 아니다.

이란 핵문제에 대한 협상전망

현재로서 협상전망은 불투명하다. 2004년 말 시작된 협상에서 유럽연합은 경수로 제공, 핵연료 공급, 이란-유럽연합 간 무역 및 경제협력 확대, 이란의 세계무역기구(WTO) 가입지원 등을 제시하면서 이란의 핵활동 포기를 종용했지만 이란은 이를 거부했다. 향후 협상이 재개되더라도 타결을 어렵게 만드는 요인들은 산재해 있다.

이란의 핵 야망

이미 오랫동안 군사적 야심을 품고 핵개발 프로그램을 진행시켜 온 이란이 핵무기에 대한 미련을 떨쳐버리기는 쉽지 않으며, 이미 이러한 증거는 도처에서 나타나고 있다. 이란은 2003년 이후 수차례 핵활동 중단을 약속했지만 언제나 '잠정적'이라는 단서를 달았으며, 평화적 핵이용은 NPT에 위배되지 않는다는 주장을 계속하고 있다. 2004년 11월 14일 핵동결 합의 직후에도 '농축활동의 잠정적 중단'을 발표하고 협상 결렬과 동시에 농축활동을 재개했다. 이란은 2004년 11월 14일 핵동결에 합의하면서도 20개의 연구용 원심분리기를 동결에서 제외하겠다고 고집했다. 결국 이 문제는 이란이 한발 물러나 동결에 포함시키되 감시카메라만 부착하고 봉인은 하지 않는 것으로 낙착됐다. 이란은 11월 14일 핵동결 합의와 함께 "합의는 일주일 이후부터 발효한다"는 단서를 발표했으며, 그 일주일 동안 수톤의 우라늄 변환을 서둘러 완료했다. 이런 사례들은 농축활동에 대한 이란의 집착을 나타낸다.

이란은 평화적 핵이용을 주장하지만 핵무기 보유가 궁극적 목표임을 나타내는 정황적 증거는 많다. 첫째, 풍부한 석유와 천연가스를 보유한 이란이 원자력 에너지를 추구한다는 것 자체가 의아한 일이다. 전력생산만을 목적으로 한다면 한국의 경우처럼 국제사회가 민감하게 생각하는 농축과 재처리를 포기하고 핵연료를 수입해 원전을 운용하는 방식을 택하면 될 것이다. 둘째, 전력생산만이 목적이라면 유럽연합이 제시한 '경수로 제공' 제안을 거부하지 않았어야 했다. 셋째, 농축 및 재처리가 경제 및 기술발전에 미치는 파급효과는 막대하지만 이는 농축 및 재처리가 다른 긴장을 유발하지 않는 상태를 전제한 것이다. 미국과 국제사회의 대응을 유발하고 중동전체의 정세를 악화시키면서까지 농축활동을 고수하는 것을 두고 파급효과를 논하는 것은 설득력이 떨어진다. 무엇보다도 2002년 반정부단체가 폭로할 때까지 20년 동안이나 이란이 IAEA에 신고하지 않고 비밀 핵활동을 해왔다는 점에서 이란이 궁극적으로 군사적 목적을 가진 것으로 보는 데 이견이 없다.

평화적 핵이용권의 합법성

국제법적으로 어떤 나라든 농축이나 재처리를 평화적으로 이용할 권리는 보장되어 있다. NPT에서도 당연히 평화적 이용을 허용하고 있다. 다만 핵무기 제조에 이용하는 것을 막기 위한 조치로 전면적 핵사찰을 의무화하고 있을 뿐이다. 따라서 이란이 NPT의 회원국으로서 IAEA에 신고하지 않고 수행해 온 핵활동은 불법이지만 IAEA의 전면적 핵사찰을 수용하는 경우 농축이나 재처리 활동은 불법이 아니다. 이러한 맥락에서 이란의 IAEA 대표 호세인 무사비안이 "유럽이 이란의 농축권리를 인정한다면 이란은 일정 수준 이상의 고농축을 하지 않을 용의가 있다"고 밝힌 것을 비롯해[17] 적어도 공식적으로는 반복해서 평화적 핵이용권을 주장하고 있다. 2004년 11월 유럽연합과의 협상을 시작하면서도 하산 로하니(Hassan Rohani) 이란 수석대표는 "이란은 유럽연합과의 협상을 위해 당분간 농축활동을 동결하지만 어떠한 경우에도 핵에너지 개발권을 포기하지 않을 것"임을 강조했다.[18] 이란이 평화적 핵이용을 앞세우는 한 국제사회가 이란에게 농축 및 재처리 포기를 요구하는 데는 구속력의 한계가 있다.

경제 · 외교적 제재에 대한 인식

이란은 자신에 대한 국제제재가 쉽지 않다는 점을 인식하고 있다. 핵포기를 수용하지 않을 경우 가해질 외교적 · 경제적 · 군사적 제재에 스스로 취약하다고 판단한다면 협상을 통해 문제를 해결할 가능성이 높겠지만, 이란이 스스로 취약하지 않은 것으로 판단할 이유는 많다.

산유국인 이란은 경제제재에 대한 취약성이 낮다. 현재와 같은 고유가 시대에 이란은 세계 석유 매장량 5위, 석유 생산량 4위로 OPEC 내에서 막강한 영향력을 가지고 있다. 따라서 이란 석유에 대한 의존도가 높은 유럽, 일본, 중국 등이 경제제재에 찬성하기 어렵다는 것은 주지의 사실이다.

이란은 자국에서 생산되는 1일 250만 배럴의 석유수출이 중단되는 경우 미국을 포함한 서방국에도 타격이 크다는 사실을 충분히 감안하고 있을 것이다. 아울러 이란은 걸프전과 이라크전쟁 이후 이슬람권의 대미 정서가 악화된 상황에서 대표적인 이슬람 강국으로 등장했다. 이란을 외교적으로 제재하는 경우 이란 국민을 더욱 단합시켜 오히려 더 노골적인 핵무기 개발을 촉발할 수 있으며, 중동 지역 전반에 반미 · 반서방 정서가 확산될 가능성이 높다.

군사적 제재의 비현실성

미군이 이라크와 아프가니스탄에서 평정작전을 전개하고 있는 상황에서 미국이 이란에 대해 군사행동을 취하는 것은 현실적으로 어렵다. 부셰르 원전에 수백 명의 러시아 기술자가 일하고 있다는 사실도 선제공격을 어렵게 하는 요인이다. 이스라엘이 군사공격을 감행하는 것도 1981년 오시라크 원전 공격에 비해 어려운 점이 많을 것으로 전망된다. 이란이 이런 사정을 모를 리 없다.

1981년 당시 이라크는 미국과 이스라엘의 경고를 무시하고 오시라크에 프랑스가 제공하는 40MW급 연구로를 건설 중이었다. 이스라엘은 이 원자로가 고농축 우라늄을 연료로 사용하는 것이어서 핵폭탄 제조에 곧바로 이용될 수 있다는 점을 경계했고, 1981년 6월 7일 이스라엘 공군은 F-15 및 F-16 전폭기를 동원해 사우디아라비아와 요르단 영토를 가로질러 원자로를 폭격했다. 이로 인해 완공을 눈앞에 둔 오시라크 원자로는 완파됐다. 핵연료를 장전하지 않은 단계여서 방사능 유출은 없었지만 이라크인 두 명이 사망했다.

이란의 핵시설 중 이스라엘이 우선적 타깃으로 삼을 수 있는 부셰르의 원전, 나탄즈의 우라늄 농축시설, 아스파한의 우라늄 전환시설 등은 모두 이스라엘로부터 1,600km 정도 떨어져 있다. 이 곳을 공격하기 위해서는 요르단, 사우디아라비아, 이라크 등의 영토를 가로질러야 하는데 이들이 영공통과를 허가해 줄 리 없다. 무단으로 통과한다 하더라도 F-16기의 경우 전투반경이 800~900km 정도이며, 전투반경이 1,300km인 F-15기도 공중급유를 받아야 한다.[19] 물론 사정거리가 1,500~2,000km에 달하는 제리코-2 미사일을 동원할 수 있지만 미사일을 사용하게 되면 국제적 파장이 크고 고도의 정확성을 기하기도 어렵다. 게다가 이란은 오시라크 사건을 거울삼아 핵시설들을 여러 곳에 산재시키고 있다. 남한의 16배에 이르는 광대한 국토에 산재한 핵시설들과 지하에 숨겨져 있을 시설들을 모두 파괴한다는 것은 불가능하며, 농축실험을 위해 설립한 위장 회사인 칼라예 전기회사의 경우 테헤란의 인구밀집 지역에 위치해 국부적 공격이 어렵다. 또한 이란은 반드시 이스라엘에 대해 보복공격을 감행할 것이다. 이란은 이스라엘이 이런 사정들을 알고 있으리라 믿고 있을 것이다.

모든 것을 떠나 이란에는 이슬람 원리주의 통치에 불만을 가진 국민이 적지 않은데, 미국이 이들을 포함한 모든 이란인을 단합시킬 군사공격을 감행하는 것은 현명한 대안이 되지 않는다. 물론 이스라엘이 이란의 핵개발로 인해 생존의 위협을 느낀다면 또다시 극단적인 대응을 할 가능성을 배제할 수 없으나 문제는 이란이 그러한 가능성을 높게 보지 않는다는 데 있다.

이란 내 반미·반서방 정서

강경파들이 부추기는 이란 내의 반미·반서방 정서도 협상의 장애물이다. 이란 내에서 핵문제는 강온파 간의 쟁점으로 부상한 상태다. 강경파의 선봉에는 이란수호평의회(Iranian Guardians Council)의 종교지도자들이 있으며,[20] 그 아래 아흐마디네자드 대통령 역시 강경인사다. 강경 종교지도자들은 "NPT에서 금지하지 않는 농축활동을 중단해야 하느냐" "이란도 NPT를 탈퇴하고 핵무기를 개발하고 있는 북한 모델을 따라야 한다" 등의 애국논리로 국민의 반미·반서방 정서를 자극하고 있다. 2004년 11월 14일 이란 정부의 농축중단 합의 직후에도 이란 각지에서는 이에 반대하는 데모가 발생했으며,[21] 이란의 최고지도자 아야톨라 알리 하메네이(Ayatolla Ali Khamenei)는 텔레비전 방송을 통해 "이란은 어떤 경우에도 핵활동을 중단하지 않을 것"이라고 강조했다. 2005년 2월 9일 미국의 콘돌리자 라이스 국무장관이 "이란이 유럽연합의 제안을 수용하지 않으면 이란 핵문제의 유엔 안보리 회부를 논의할 것"이라는 발언을 하자 그 다음날 이란의 하타미 대통령은 이슬람혁명 기념식에서 반미구호를 외치는 가운데 "외국의 불법적 요구에 의해 핵기술을 포기하는 일은 없을 것"이라고 못박았다.

이렇듯 이란 내에서는 미국을 함부로 남의 일에 개입하고 제멋대로 행동하는 패권세력으로 규정하고 이에 대항해야 한다는 강경세력이 핵투명성 보장을 통한 국제사회 참여를 주장하는 개혁세력을 압도하고 있다.

중-러의 역할

중국과 러시아가 이란을 두둔하고 있는 것도 향후 협상전망을 어둡게 하는 요인이다. 중국과 러시아는 '미국패권 견제'라는 공동목표 하에 상하이협력기구 등을 통해 결속을 다져 왔으며, NATO의 동진(東進)정책, 이란 핵문제 등에 공동으로 대응하고 있다. 양국 간 밀월 관계는 2005년 8월 합동군사훈련, 2006년 1월 러시아의 이란 핵문제 공동보조 제안, 2006년 3월 러시아의 대만독립 반대 성명, 2006년 3월 정상회담 등을 통해 강화되고 있으며, 중국은 2006년을 '러시아의 해'로, 러시아는 '중국의 해'로 지정했다. 이렇듯 중국과 러시아는 신밀월 관계를 즐기면서 이란 핵문제에 대한 유엔 안보리 제재에 반대를 표명해 미국을 궁색하게 만들고 있다.

특히 러시아는 부셰르 원전을 제공하고 있는 직접 이해당사국이다. 지금까지도 러시아는 대이란 원자로 제공을 자제하라는 미국의 요구를 거부하고 "사용후 핵연료를 전량 회수할 것이므로 문제가 없다"는 자세를 견지해 왔으며, 2005년 2월 27일 이란과 핵연료 공급협정을 서명함으로써[22] 유럽연합과 미국을 실망시켰다. 8억 달러가 투자된 부셰르 원전은 러시아가 쉽게 포기할 수 없는 상업적 이익을 담보하고 있다.

미-인도 핵합의

2006년 3월 2일 미국과 인도가 서명한 핵합의도 이란 핵문제 해결에 악재로 등장할 수 있다. 이 합의는 인도가 2014년까지 자신의 핵시설들을 '평화용'과 '군사용'으로 분류하고 평화용 시설에 대해 IAEA 사찰을 수용하는 대가로 미국이 인도에게 정상적인 민간 핵협력을 제공하는 것을 골자로 하고 있다. 이는 인도의 군사적 핵시설에 대한 비밀성을 인정하는 것으로써 사실상 인도의 핵보유를 기정사실로 인정하는 파격적인 내용이며, 인도를 지렛대로 중국과 러시아를 견제하려는 미국의 세계전략을 반영한다.

미국-인도 핵합의가 가지는 국제정치적 함의 역시 다양하지만,[23] 우선은 미국 비확산 정책의 차별성 또는 이중기준 문제가 부각되는 내용을 내포하고 있다는 점이 두드러진다. 지금까지 이스라엘, 인도, 파키스탄, 북한 등 4개국은 NPT를 외면하고 핵보유를 강행했거나 핵무기를 개발한 사실이 드러나면서 NPT를 탈퇴한 핵세계의 '사생아'로 인식돼 왔다. 따라서 인도를 '적자(嫡子)' 핵보유국으로 인정하는 것은 핵보유를 포기하고 NPT에 가입한 비핵국들의 반발을 사기에 충분하며, 그 연장선에서 북한과 이란도 불평등성을 제기하고 나설 수 있다. 미-인도 핵합의가 추후 세계 핵질서와 핵비확산 체제에 미칠 파장은 좀더 두고 봐야 하겠지만 이란과의 협상을 더욱 어렵게 만드는 구실이 될 가능성이 크다.

예상 시나리오별 파장

이렇듯 이란 핵문제의 평화적 해결 앞에는 여러 가지 난제들이 놓여 있어 향후 전망은 대체로 비관적이다. 대이란 군사행동의 가능성이 희박하고 국제사회의 경제제재에 대해 이란이 그다지 취약하지 않은 상태에서 이란의 핵보유 의지를 포기시킬 만큼 큰 반대급부를 제시하는 일이 쉽지 않기 때문이다. 이러한 반대급부에는 안보보장은 물론 경제적 지원과 정치적 인정이 포함돼야 하는데, 북핵의 경우에서 보듯 미국이 이런 포괄적 보장을 약속할 것인지는 불확실하다.[24]

그렇다면 향후 이란 핵문제는 다음 세 가지 시나리오로 진행될 가능성이 있다. 첫째, 협상을 통해 이란이 만족할 만한 반대급부를 받고 핵무기 잠재력이 될 수 있는 농축과 재처리를 포기한 채 원전 운용에 만족하는 경우, 둘째, 협상이 생산성을 발휘하지 못하는 가운데 이란이 경제·

외교적 제재를 무릅쓰고 평화적 핵이용권을 고수하면서 끝내 핵무기 보유를 강행하는 경우, 셋째, 미국 또는 이스라엘이 선제공격을 감행하는 경우다. 당연히 첫번째 시나리오가 가장 바람직하지만 이란의 여건을 감안할 때 실현될 가능성은 높지 않으며, 세번째 시나리오 역시 현실성 부족으로 개연성이 높지 않다. 어쨌든 첫번째 시나리오를 제외하면 모두 최악의 경우일 수밖에 없다.

이란의 핵보유

이란이 끝내 핵보유를 강행하는 경우 심각한 파장을 불러일으킬 것으로 예상된다. 첫째, 당장 국제 핵비확산 체제가 위기에 처할 것이다. 게다가 2006년 10월 9일 핵실험으로 북한의 핵보유가 기정사실화된 마당이다. NPT, 핵공급그룹(NSG) 등으로 대변되는 비확산 레짐의 실효성은 국제여론의 도마 위에 오르게 될 것이다. 미―인도 핵합의가 부각시킨 미국의 이중기준을 이란이 핵활동 불포기의 이유로 내세운다면 미국의 비확산 정책도 국내외적으로 논란의 대상이 될 것이다. 미국의 신전략이 '불량국가에 의한 대량살상무기 확산 방지'를 주요 목표를 내세우고 있음을 감안할 때 이란의 핵보유는 미국 비확산 정책의 참담한 실패를 나타냄과 동시에 미국의 국제적 위상을 실추시킬 것이다.

둘째, 6,600만 명의 인구에 160만km²의 국도를 가진 중동 최대의 이슬람국인 이란이 공개적인 핵보유국이 되는 경우 중동의 안보지도는 근본적으로 바뀔 것이다. 우선, 중동에서의 핵확산 회오리를 유발해 중동의 안보환경을 크게 악화시킬 것으로 우려된다.[25] 이란의 핵보유는 이스라엘이 '불확실 전략'을 포기하고 핵보유 선언 또는 핵실험을 통한 공개 핵보유 정책으로 선회하도록 만들 것이 확실하며, 이것은 이스라엘―이집트 간의 전략균형을 붕괴시켜 이집트의 핵무장을 촉발할 수 있다. 이란의 핵무기로부터 위협을 느낄 수 있는 사우디아라비아, 알제리 등도 핵보유를 검토할 가능성이 있다. 중동을 비핵지대로 선포하려는 노력도 무산될 것이다. 현실성 여부를 떠나 그동안 중동을 비핵지대로 만들려는 국제적 노력은 지속돼 왔다. 이집트는 유엔에서 거의 매년 중동 비핵지대 창설을 제안하고 있으며, 중동을 비핵지대로 선포해야 한다는 전문가들도 많다.[26] 이란도 1974년 12월 9일 이집트와 공동으로 중동 비핵지대의 창설을 권고하는 유엔총회 결의안을 주도한 적이 있다.

셋째, 이란이 외부세력의 보복을 억제할 수단을 확보한 것으로 믿고 더욱 자유롭게 테러세력을 지원할 가능성을 배제할 수 없다. 이란은 과거 오랫동안 레바논의 시아파 과격세력인 헤즈볼라와 팔레스타인 이슬람 지하드(PIJ), 하마스 등을 지원했으며, 쿠르드 노동당(PKK), 안사르 알 이슬람(Ansar al-Islam) 등과도 연계를 맺어온 것으로 알려져 있다. 헤즈볼라는 이란의 지시를 충실히 따르는 조직으로 알려져 있으며, 2000년 이스라엘의 레바논 철수 이후부터는 이스라엘에 대한 직접적인 공격을 줄이고 하마스와 PIJ를 지원하는 경향을 보이고 있다. 이란의 핵보유는 1996년 코바르 타워 사건 이후 자제해 온 테러세력 지원을 재개하도록 하는 요인이 될 수 있다.

지금도 이란은 미국의 이라크 재건을 방해할 수 있는 능력을 보유하고 있다. 2003년 이라크전쟁 이후 이란은 이라크 내에서 상당한 정보망을 구축했으며, 현재 이라크의 주도세력이 된 시아파 그룹이나 주요 인물 중 상당수는 직·간접적으로 이란의 도움을 받은 전력을 가지고 있다. 이란은 이들과 이라크 내에 구축한 정보망을 통해 시아파 집권을 지원해 왔다. 이라크에서 시아파가 주도권을 잡는 것은 시아파 이슬람 국가인 이란이 원하는 것이며, 따라서 지금까지 이란의 역할은 수니파인 후세인 세력을 제거하는 미국의 역할과 상충되지 않았다. 하지만 이란은 시아파 그룹에 반미정서를 불어넣거나 수니파와의 분쟁을 야기하는 방법으로 미국을 곤경에 빠뜨릴 수 있다.

세계경제에 미칠 파급력도 만만치 않다. 이란은 1일 400만 배럴의 석유를 생산해 250만 배럴을 수출하고 있는데 대이란 제제로 이란 스스로 석유수출을 중단하거나 수출을 금지당한다면 하루 250만 배럴의 석유가 시장에서 사라지게 된다. 이 경우 유가가 급등하는 것은 당연한 일이다. 보복으로 인해 이란의 호르무즈 해협이 봉쇄될 경우 그 영향은 더욱 클 것이다. 이러한 상황은 미국에도 타격이 된다. 미국은 현재 이란으로부터 직접 석유를 수입하고 있지 않으나 전세계 석유 수출량이 감소된다면 미국의 석유구입도 어려워질 것이다.[27] 다만 석유수출은 이란의 경제에 있어서도 결정적으로 중요하고 세계 석유수급 시장이 불안정해지는 것은 테러세력이 원하는 결과이므로 석유위기가 장기간 지속되는 것은 모두가 바라지 않는 상황일 것이다.

이란 핵시설에 대한 군사공격

개연성이 높지 않지만 미국이나 아스라엘이 이란의 핵시설을 공격한다면 우선적인 목표는 부셰르 원전, 나탄즈의 농축시설, 아락에 건설 중인 중수공장과 연구용 중수로가 될 것이다. 이 중에서 가장 민감한 곳은 연간 수킬로그램의 고농축 우라늄을 생산할 수 있는 나탄즈다. 이 곳에는 완공시 1,000대의 P-1 원심분리기가 설치될 실험용 농축공장(Pilot Fuel Enrichment Plant : PFEP)과 완공시 5만 대의 원심분리기가 설치될 대형 농축시설이 건설되고 있다. 아락의 중수공장과 연구용 중수로도 가동시 핵무기 보유에 직접 기여하는 민감시설이 될 것이다. 이 중수로는 고순도 무기급 플루토늄(Weapon Grade Plutonium : WGPu)을 생산하는 데 적합하며 연 8~10kg의 고순도 플루토늄을 생산할 수 있는 것으로 보인다. 여기에 비해 부셰르 원전은 IAEA의 사찰을 받는 한, 그리고 사용후 핵연료를 러시아에 반환하는 조건으로 운영되는 한 핵무기 제조에 기여할 가능성은 없다. 특히 경수로 타입인 이 원자로에서 배출되는 플루토늄은

순도가 떨어진다는 점에서 핵확산성은 떨어진다. 그러나 경수로에서 생산된 플루토늄도 특수한 처리과정을 통해 고순도로 변환될 수 있기 때문에 이 원자로도 언젠가는 무기생산에 기여할 가능성은 있다.

이란 핵시설을 공격할 경우 예상되는 파장은 다음과 같다.

첫째, 군사공격이 일시적으로 이란의 핵 프로그램들을 중단시킬 수는 있지만 앞으로 더 큰 후유증을 불러올 가능성이 높다. 이라크의 경우에도 1981년 오시라크 공격으로 핵개발이 지연된 것은 사실이지만, 이 공격은 이라크가 플루토늄 경로를 포기하고 농축을 통한 핵무기 보유를 추구하게 만들면서 더욱 방대한 핵 프로그램을 추진하게 만드는 요인이 됐다.[28] 이란의 경우도 마찬가지일 것이다. 이미 오랫동안 핵보유 의지를 가졌던 이란으로서는 추후 공격을 막기 위해 핵보유의 필요성을 더욱 절감하게 될 것이다.

둘째, 군사공격은 이란의 반격을 수반할 것이 확실하기 때문에 확전으로 이어질 가능성이 높다. 오시라크의 경우 이란 – 이라크전쟁 중이었기 때문에 이라크가 군사적 대응조치를 취하지 못했지만 이란의 경우 군사대응을 할 것이 거의 확실하다.[29] 이스라엘 공군기가 요르단, 사우디아라비아, 이라크 등의 영공을 가로지르는 동안 공격을 받을 가능성도 있지만 이란 영공에 들어서는 순간 이란의 강력한 방공망이 작동할 것이다. 이란은 1993년 이래 러시아에서 구입한 S-300 PMU-1 미사일을 도입하고 있으며, 2003~2004년에도 S-300 및 S-300V 미사일을 도입한 것으로 알려져 있다.[30] 물론 이란이 보유한 사정거리 1,300km의 샤하브-3 미사일을 이용해 이스라엘에 보복공격을 가할 가능성도 높으며, 현재 개발 중인 샤하브-4 미사일이 배치되면 보복력은 더욱 증강될 것이다.[31] 미국이 원격발사 수단들을 이용해 이란의 핵시설을 파괴하는 것은 이보다 쉽겠지만 효과는 여전히 미지수이며, 대규모 지상군이 이란에 진주해 전역을 장악하고 통제하는 일은 현 여건상 불가능해 보인다.[32] 이러

미사일	연료	사정거리	탄두중량	실험발사 시기	비고
젤잘-1	고체	150km		80~90년대	
젤잘-2	고체	200km		80~90년대	
파테-110	고체	200km	500kg	2002년 이후	유도장치 추가
샤하브-1	액체	300km			북한 스커드-B 변형
샤하브-2	액체	500km	770kg		북한 스커드-C 변형
샤하브-3	액체	1000~1300km	700~1000kg	2002~2003년	북한 로동미사일 변형

한 공격은 이란의 핵야망을 지연시키는 역할만 하게 될 것이다.

셋째, 미국이나 이스라엘의 군사공격은 이슬람 세계를 반미 또는 반이스라엘 정서로 단결시킬 것이며, 이란 역시 내부적으로 단결하게 될 것이다. 이와 함께 수니파와 시아파는 이슬람의 이름 하에 단결할 것이며, 러시아, 중국 등이 아랍 편을 들면서 미국의 중동정책은 근간부터 흔들릴 것이다.

북핵문제에 미치는 영향

어떤 시나리오이든 이란 핵문제는 북핵문제에도 영향을 미치게 되어 있다. 우선 이란 핵문제가 협상을 통해 합리적으로 해결된다면 북핵 해결을 위한 소중한 선례가 될 수 있다. 예를 들어, 국제사회는 이란의 원자력 발전을 존중하고 이란은 핵무기 잠재력이 될 수 있는 농축과 재처리를 포기하는 경우 북핵문제에 대해서도 동일한 방식을 제시할 수 있다. 즉, 북한이 핵무기와 함께 농축과 재처리를 포기하고 전면 핵사찰을 수용하는 대신 국제사회가 북한에 경수로를 제공하고 안정적인 연료공급을 보장하는 방식이다. 여기에 더해 파키스탄과 이란 간의 비밀스러운 거래를 파헤칠 수 있다면 파키스탄과 북한 간의 농축거래를 규명할 수 있어 금상첨화가 될 것이다. 이를 계기로 '농축 삼각형'과 '미사일 삼각형'의 진상을 파헤칠 수 있다면 인류의 대량살상무기 비확산 노력에 있어 하나의 쾌거로 기록될 것이다.

이란이 경제·외교적 제재를 무릅쓰고 끝내 핵무기 보유를 강행할 경우 북핵 해결에는 악재가 될 것이 뻔하다. 버티기가 통한다는 선례가 되기 때문이다. 이와 함께 북핵에 대한 미국과 국제사회의 집중도가 희석되면서 북한이 운신할 수 있는 폭도 넓어질 것이다. 이런 것들은 모두 6자회담의 조기타결을 가로막는 악재가 되기 쉽다. 미국이 이란에 대해 군사행동을 감행하는 것은 이론적으로는 북한이 '핵억제력 강화' 또는 '굴복' 중 하나를 선택하도록 강요하게 될 것이다. 하지만 체제에 대한 북한당국의 집착이나 지금까지 북한의 핵행보를 종합할 때 후자를 택할 가능성은 적다. 이보다는 미국의 선제공격을 불식하기 위해 강력한 핵억제력을 천명하고 추가 핵실험 등을 통해 핵능력을 과시하는 방안을 선택할 가능성이 높다.[33]

평화적 해결을 위한 과제

국제 핵정치의 역사를 살펴볼 때 비밀스럽게 핵무기를 추구하는 나라치고 초기에 '평화용 원자력'을 강조하지 않은 나라는 없다. 1980년대 남아프리카 공화국도 그랬고 1990년대 초반 북한도 전력생산용임을 강조했다. 이란의 경우에도 공식적으로는 '농축활동은 순전히 평화용이며 핵연료 제조를 위한 저농축에 국한할 것'을 여러 차례 강조했다. 하지만 굴지의 산유국에다 막대한 천연가스 자원을 보유한 이란이 에너지 생산을 위한 핵개발을 주장하는 것은 석연치 못하다. 따라서 이란이 군사적 동기를 가지고 있을 것이라는 점에 이견을 제시하는 전문가는 없다. 그럼에도 이란이 산유국으로서의 위치나 이슬람권에서 차지하는 비중이 만만치 않아 제재가 쉽지 않다. 이런 이유들로 아직 핵무기 제조단계에 이르지 못한 이란의 핵문제가 국제적 조명을 받고 있다.

유럽연합이 이란을 설득하는 데 한계를 노출한 이상 지금 이란 핵문제를 해결하기 위한 열쇠는 국제 핵질서의 관리자 역할을 담당하고 있는 미국에 넘어간 상태다. 미국은 두 단계의 선택적 기로를 통과해야 한다. 첫번째 단계에서는 '어느 선까지 허용할 것인가'라는 목표를 설정해야 한다. 이란이 군사적 목적을 가진 것이 분명하므로 어떤 경우에도 농축과 재처리를 허용하지 않을 것인지, 전면적인 IAEA 사찰과 투명성을 조건으로 이 시설들을 허용할 것인지, 아니면 궁극적으로 이란의 모든 핵활동을 허용하도록 검토할 것인지 등을 결정해야 한다.

두번째 단계에서 미국은 설정한 목표를 위해 어떤 방법을 택할 것인지를 결정해야 한다. 현실성이 떨어지고 엄청난 위험부담을 안아야 하는 군사공격을 배제한다고 하더라도 힘을 바탕으로 하는 하드웨어적 압박을 택할 것인가 아니면 신뢰구축과 상호이해를 중시하는 소프트웨어적 타협을 택할 것인가를 선택해야 한다. 미 의회에서 증언하는 전문가들 역시 강경론자와 유화론자로 대별되고 있는 현실도 이러한 당위성을 상기시키고 있다. 이들은 이란의 원전운용은 허용하되 농축 및 재처리 활동을 막아야 한다는 데는 한목소리를 내고 있으나 방법에 있어서는 확연한 차이를 보이고 있다.

예를 들어, 브루킹스연구소의 케네스 폴락(Kenneth M. Pollack)은 "미국, 유럽, 일본 간의 3자 공조를 통해 강력한 제재카드를 제시함으로써 원전 운용 이외 이란의 모든 핵활동을 봉쇄하고 최후의 선택으로 선제공격도 검토해야 한다"고 주장하고 있다.[34] 이에 비해 카네기국제평화재단의 조지 페르코비치(George Perkovich)는 "이란은 통제와 봉쇄만으로 다스리기에는 이미 너무 큰 나라"라고 전제하면서 "이란 내부의 온건세력을 활용한다는 원칙 하에 미국, 유럽, 러시아 간의 3자 협력을 통해 인센티브를 제시하고 이란의 안보이익을 존중함으로써 이란을 설득해야 한다”고 주장하고 있다.[35] 즉, 페르코비치는 미국이 강압책을 펼칠수록 이란은 더욱 반발하면서 핵보유 야망을 불태우게 될 것이라고 지적한다.

인구, 국토, 석유 생산량, 경제적 영향력 등을 감안할 때 중동에서의 이란의 비중은 만만치 않으며, ‘통제와 거부’ 만으로 다루기에는 이미 너무 큰 나라다. 그래서 미국도 난처한 입장이다. 이미 이라크에서 전쟁을 치르고 있는 마당에 또 다시 중동의 강자인 이란과 군사적 충돌을 감행할 처지가 아니며, 이란은 북한과 같이 인권문제가 심각한 국가가 아니기 때문에 그럴 만한 명분도 부족하다. 게다가 이란은 아직 핵무기를 제조하는 단계에 이르지 못한 상태다. 그렇다면 적어도 상당 기간 동안 소프트웨어적인 접근을 시도하는 것이 타당할 것이다.

당분간은 이란-유럽연합 간의 협상재개를 촉구하면서 강경 일변도의 선택을 회피하는 것이 바람직하다. 현 여건에서 강경 일변도의 정책은 이란의 핵개발을 막지도 못하면서 이란 내부의 단결, 이슬람 세계의 반미정서 확산, 미국-중국 및 미국-러시아 관계를 악화시켜 미국의 대외정책 목표를 침식할 것이며, 이에 더해 중동 및 세계 안보환경을 악화시켜 각 나라에 더 많은 안보비용을 지불하게 만들 소지가 높기 때문이다. 이란 핵문제가 대량살상무기 비확산 체제, 중동평화, 세계 안보환경 등에 미칠 수 있는 파급력을 두루 감안할 때 미국의 책임은 결코 가볍지 않다.

이란 핵문제는 한국에도 막중한 과제들을 부여하고 있다. 이란 핵문제가 가지는 국제정치적 함의를 소홀히 해서는 안 됨은 물론, 이란 핵문제와 관련한 협상전망이 지극히 불투명한 상황에서 시나리오별로 달라질 파급효과에 대해서도 예의 주시하는 자세를 견지해야 할 것이다. 한편 이란 핵문제의 표류가 한반도에 대한 미국 군사행동의 가능성에 미칠 영향도 분석해 볼 필요가 있다. 현재로서는 미국이 대북 군사행동을 심각하게 고려할 가능성은 희박하다. 미국 랜드(RAND)연구소 등에서 대북 군사공격을 위한 각종 시나리오를 연구하고 있으나 유엔 안보리 회부, PSI 등 비군사적 방법들을 소진하지 않은 데다 중국 및 러시아의 반발이 예상되는 상황에서 미국이 군사공격을 감행할 가능성은 사실상 희박하다. 그럼에도 만약 미국이 이란 핵문제의 좌초로 강박감을 느끼고 이란과 북한 둘 중 하나에 대해 군사행동을 결심한다면 그 대상은 이란이 아닌 북한이 될 가능성이 높다. 이런저런 이유로 이란 핵문제는 한국에게 있어서도 결코 '강 건너 불'이 아니다.

1   사우디아라비아 자란(Dhahran)에 위치한 미군숙소에 테러로 인한 폭발사건이
    발생해 미군 19명이 사망하고 400여 명이 부상당한 사건. 미국은 이란의 연계
    를 의심하고 군사보복을 시사했다.

2   농축도가 54%인 우라늄 입자들이 발견됐다는 주장도 제기됐다. 자세한 내용은
    "ElBaradei Cites Progress by Iran, But Investigation Continues", *Arms Con-
    trol today*, October 2004, pp. 29~30 참조.

3   6불화우라늄은 농축을 하기 위해 기화상태로 만들어진 우라늄으로 매우 민감
    한 물질로 취급된다.

4   "IRAN: Nuclear Negotiation", Council on Foreign Relations.
    www.cfr.org/background/Iran_nucneg.php.

5   농축을 하기 위해 우라늄은 산화우라늄(U_3O_8) 상태에서 4불화우라늄, 6불화우
    라늄 등 기체상태로 변환된 후 원심분리기에 들어간다.

6   예를 들어 2002년 12월 13일 CNN은 나탄즈와 아락의 핵시설들을 공개하면서
    "미국은 이란이 비밀리에 핵시설을 건설해 왔다는 증거를 가지고 있다"고 보도
    했다.

7   중국회사 5개를 포함해 마케도니아, 러시아, 벨로루시, 북한, 대만, 아랍에미리
    트와 같은 국가의 회사가 제재를 받았다. "U.S. Punishes 13 Companies for
    Iran Deals", *Arms control today*, May 2004, p. 27.

8   "U.S. Pushes IAEA to Probe Suspected Iranian Nuclear Site", *Arms Control
    Today*, October 2004, p. 30.

9   4월 28일자 IAEA 사무총장 보고서는 3.6%로 기재하고 있다.

10 유엔헌장 7조는 유엔 안보리에게 국제평화와 안전을 위해 군사제재를 포함한
    제재조치들을 취할 수 있도록 허용하고 있다.

11 Matthew Levitt, "Foremost State Sponsor of Terror", 2005년 2월 16일 미 하
    원 '중동－중앙아시아소위' 및 '국제테러－비확산소위' 청문회 증언자료 참조.

12 공식적으로는 핵보유를 부인하면서 비공식적으로는 핵보유를 시인함으로써 국

제제재를 피하면서도 소기의 핵억제력을 누리는 방식의 핵전략을 말한다.

13 중국은 6불화우라늄을 제공함으로써 이란의 농축실험에 기여했다는 의혹을 받고 있다.

14 1971년 인도-파키스탄전쟁에서 파키스탄이 패배하고 1974년 인도가 핵실험에 성공한 이후 파키스탄의 알리 부토(Zulfikar Ali Bhutto) 수상은 칸 박사를 통해 핵무기 개발을 본격 추진했다. 칸 박사는 카후타에 공학연구실험실(ERL)과 농축시설을 건설했으며, 독일로부터 농축 관련 부품을, 중국으로부터 불화우라늄을 구입해 무기급 고농축우라늄 생산을 연구했으며, 유렌코 모델에 기초해 P-1 및 P-2 타입의 원심분리기를 개발한 것으로 알려져 있다. ERL은 1981년 칸연구소(KRL)로 개칭됐으며, 이후부터 파키스탄원자력위원회(PAEC)와 함께 파키스탄 핵개발의 주역기관으로 활약했다. Zia Mian, "Pakistan's Nuclear Descent", Int'l Network of Engineers and Scientists Against Proliferation. www.inesap.org/bulletin16/bul16art.htm; David Albright and Mark Hibbs, "Pakistan's Bomb: Out of the Closet", *Bulletin of the Atomic Scientists*, July/August 1992, pp. 38~43.

15 북한-파키스탄 간 농축거래에 관한 자세한 분석은 김태우·이호령, '칸 박사 북핵 증언의 의미', 한국국방연구원, 《주간 국방논단》 제994호(04-19), 2004년 5월 10일자 참조.

16 *New York Times*, April 13, 2004.

17 2003년 9월 25일 학생통신(ISNA)과의 인터뷰. "In the News: IAEA Puts Off Showdown With Iran", *Arms Control Today*, October 2004, pp. 27~28.

18 Interview with BBC News, November 30, 2004.

19 현재 이스라엘 공군은 약 400대의 전폭기를 보유하고 있는데 F-15와 F-16기가 주종이다.

20 이란의 정치제도는 최고지도자가 군 최고통수권을 장악하고 군사령관 임명권, 대통령 인준권을 가지는 등 절대 권력을 행사하며 그 이래에 대통령을 중심으로 하는 행정, 입법, 사법의 삼권분리제를 채택하고 있다. 제1대 최고지도자 호메이니의 사망 이후 제2대 하메네이가 1989년 이래 종신직 최고지도자로 집권 중이다.

21 2004년 11월 1일 테헤란에서는 농축중단을 위한 협상을 중지하도록 요구하는 테헤란 시민들이 인간띠를 형성해 IAEA 건물을 둘러싸는 시위가 발생했으며, 29일에는 영국 대사관 앞에서 영국 국기를 불태우는 과격한 시위가 벌어졌다.

22 협정은 알렉산드르 루미얀체프 러시아 원자력부 장관과 이란의 골람레자 아가
자데 부통령 사이에 서명됐으며, 러시아의 핵연료 공급, 사용후 핵연료의 반환,
핵연료 공급 일정 등을 골자로 하고 있다.

23 미－인도 핵합의의 자세한 분석과 함의에 대해서는 김태우, '미－인도 핵협정
: 국제 핵질서 흔들 인도 핵', 《자유공론》 No. 469, 2006년 4월호, 106~109쪽
참조.

24 북한은 핵포기의 대가로 '경제지원과 정치적 인정은 물론 불가침 조약과 체제
및 정권의 존립 보장' 이라는 포괄적 보장을 원하고 있다. 포괄적 보장을 제공하
는 것은 곧 미사일, 화생무기, 인권문제, 부자세습 독재체제 등을 인정하는 것
이기 때문에 미국은 이에 반대하고 있다. 북한이 원하는 반대급부와 미국이 제
공할 용의가 있는 반대급부 사이의 괴리는 6자회담의 타결을 가로막는 최대의
장애물이다.

25 Henry Sokolski, "If Iran goes nuclear", *Christian Science Monitor*, November 23, 2004.

26 예를 들어, 베넷 램버그(Benett Ramberg)는 이스라엘을 NATO에 가입시켜 안
보위협을 불식시키고 이스라엘이 팔레스타인에 영토를 양보함으로써 양자간
감정을 해소하는 조건으로 아랍연맹(Arab League) 회원국 22개국에 이란과 이
스라엘을 더한 24개국으로 구성되는 중동 비핵지대를 선포하자는 안을 제안하
고 있다. Bennett Ramberg, "Defusing the Nuclear Middle East", *Bulletin of
the Atomic Scientists*, May/June 2004, pp. 45~51.

27 대중동 석유의존 때문에 미국이 중동에 대해 강력한 비확산 정책을 추구할 수
없다는 점을 들어 미국의 중동석유 의존을 미국안보의 취약점으로 보는 시각도
있다. Writes David Wood, "Oil Struggle behind Iran WMD showdown: Ana-
lysts/World War 4 Report", Newhouse News Service, www.ww4report.com/
node/1887. 2006. 5. 4.

28 이라크 핵과학자인 키디르 함자(Khidir Hamza)는 2003년 2월 7일 CNN과의 인
터뷰를 통해 "후세인은 원래 400명 정도였던 핵 프로그램 과학자를 7,000명으
로 늘려 농축을 통한 핵무기 개발을 위한 100억 달러 프로젝트를 지시했다"고
증언한 바 있다. 그는 "이스라엘이 파괴한 원자로는 매년 폭탄 1개 분량의 플루
토늄을 생산할 수 있었지만, 새로운 농축 프로그램은 연 6개 분량의 고농축 우
라늄 생산을 목표로 했다"고 증언했다.

29 2004년 7월 5일 하타미 대통령은 군중연설에서 "누구든 우리를 침공하면 침략

국의 이익은 세계 도처에서 위협받게 될 것이다"라고 발언했다. 2003년 12월에
는 이란의 레자 파르디스(Seyed Reza Pardis) 공군사령관도 "이스라엘이 이란
을 공격한다면 스스로 무덤을 파는 것이 될 것"이라고 천명한 바 있다. 이 외에
도 군사공격시 응징을 가하겠다는 의지는 이란 지도자들에 의해 반복적으로 천
명되고 있다.

30 "A Preemptive Attack on Iran's Nuclear Facilities : Possible Consequences",
Center for Nonproliferation Studies Research Story. http://cns.edu/pubs/
week/040812.htm. 2006. 5. 7.

31 이스라엘 국방부의 아르예 헤어조크(Arye Herzog) 미사일방공사령관은 2003
년 7월 8일 이스라엘이 보유한 애로 요격미사일을 지칭하면서 "이스라엘은 이
란의 샤하브-3 미사일을 완벽하게 막아낼 수 있다"고 말했다. 이런 이유로 이
스라엘 내부에서는 이란이 샤하브-4 미사일을 개발하기 전에 이란 핵시설을
공격해야 한다는 주장도 있다. "A Preemptive Attack on Iran's Nuclear Facili-
ties : Possible Consequences", p. 13.

32 미국은 이라크전쟁을 위해 6개월 동안 사우디아라비아 등지에 군사력과 장비
를 집결시켰으며, 42일에 걸쳐 80만 톤의 폭탄을 사용했다. 이라크 평정 이후에
도 매달 100억 달러의 비용을 지출하면서 15만 명의 미군을 이라크에 주둔시키
고 있다. 이러한 상황에서 이란과의 대규모 지상전은 사실상 불가능한 것으로
판단된다.

33 미국의 이라크 침공 직후인 2003년 4월 베이징 4자회담에서 북한은 최초로 핵
보유를 시인했는데, 이는 북한이 다음 타깃일 수 있다는 불안감에서 비롯된 것
으로 판단된다.

34 Kenneth M. Pollack, "The Threat from Iran", 2005년 9월 29일 하원 군사위원
회 증언.

35 George Perkovich, "Testimony on Iran Nuclear Ambition", 2005년 5월 19일
상원 국제관계위원회 증언.

03

이란의 핵기술과 국제사회의 제재

류재수 | 한국원자력연구소 정책연구부

이란의 핵시설 현황

이란의 핵개발 의혹은 2002년 8월 이란저항국민회의가 핵개발과 연계된 두 개의 미신고 시설의 존재와 세부 관련 정보를 폭로함으로써 국제사회에 알려지기에 이르렀다. 또한 2002년 12월 미국 과학국제안보연구소(ISIS)가 관련 시설들에 대한 인공위성 사진을 제시하고 이란이 비밀리에 핵개발 프로그램을 추진하고 있다고 주장하면서 이란 핵문제는 국제사회의 주요 현안으로 대두됐다. 특히 이란이 러시아, 중국, 핵 밀거래 네트워크 등으로부터 우라늄 농축기술 도입, 우라늄 구입, 중수 생산시설의 도입을 추진한 사실이 밝혀짐에 따라 이란의 핵개발에 대한 의혹과 우려가 증가했다.[1]

이란은 자국에서의 완벽한 핵연료주기 완성을 위해 노력해 왔다. 2006년 2월 현재 이란은 우라늄 광산, 채광, 정련, 변환, 농축, 재처리 시설과 이와 관련된 연구개발 센터들을 보유하고 있다. 또한 이란은 부셰르 원자력발전소를 2006년 12월 중에 가동할 예정이며, 아락 지역에 중수로 및 관련 시설도 건실 또는 가동 준비 중에 있다(〈그림 3-1〉, 〈표 3-1〉 참조).

이란원자력기구

이란원자력기구(AEOI)는 원자력 연구, 원자력 발전, 핵연료 생산, 원자력 규제 등 원자력 프로그램을 총괄하는 정부기관으로 대통령에게 업무를 직접 보고한다. 이란원자력기구는 핵연료주기 관련 연구개발에 중점을 두고 있으며, 이를 원자력연구국과 핵연료생산국이 담당하고 있다.

원자력연구국은 원자력과 관련한 모든 연구 프로젝트와 원자력 기술

표 3-1 ● 이란의 핵시설 현황(2006년 2월 현재)*

위 치	원자력 시설 명	현 황
야즈드	사간드(Saghand) 우라늄 광산	건설 중
	아르다칸(Ardakan) 우라늄 정련공장	건설 중
	객친(Gchine) 우라늄 광산	가동 중
테헤란원자력연구센터	테헤란 연구용 원자로(TRR)	운전 중
	몰데브덴, 요오드, 제논 등 동위원소 생산시설	건설완료
	JHL(Jabr Ibn Hayan) 다목적실험실**	운전 중
	폐기물 취급시설**	운전 중
테헤란	칼라예 전기공사**	실험용 농축시설 해체, 원심분리 부품생산
부셰르	부셰르 원자력발전소(BNPP)	건설 중
이스파한원자력기술센터	소형중성자 원자로(MNSR)	운전 중
	미임계경수로(LWSCR)	운전 중
	영출력 중수로(HWZPR)	운전 중
	핵연료 제조실험실(FFL)	운전 중
	우라늄 화학실험실(UCL)	폐쇄
	우라늄 변환시설(UCF)	운전 중
	미임계흑연로(GSCR)	해체
	핵연료 제조공장(FMP)**	건설 중
	지르코늄 생산공장(ZPP)**	건설 중
나탄즈	실험용 핵연료 농축공장(PFEP)**	운전 중
	핵연료 농축공장(FEP)**	건설 중
카라이	방사성폐기물 저장시설**	부분 운전 중
라시카르 압바드	실험용 우라늄 레이저 농축공장**	해체
아락	이란 연구용 원자로(IR-40)**	건설 중
	방사성동위원소 생산용 핫셀시설**	더 이상 건설하지 않는 것으로 신고
	중수 생산공장(HWPP)**	건설 중
아나락	폐기물 저장부지**	JHL로 이전될 폐기물

* 2004년 11월 IAEA 사무총장의 보고서(GOV/2004/83)를 참고로 일부 시설의 현황을 갱신했음

** 이란은 이들 대부분의 민감시설에 대해 2003년 2월 이후에 IAEA에 신고했음

개발을 담당하고 있다. 원자력연구국은 산하에 테헤란원자력연구센터 (TNRC)와 이스파한원자력기술센터(ENTC)를 두고 있는데, 이 센터들은 연구로 운영, 우라늄 변환, 농축 및 재처리 등의 연구개발을 담당하고 있다.

핵연료생산국은 우라늄 탐사, 채광, 정련, 변환, 핵연료 생산 및 폐기물 관리와 관련한 연구개발을 책임지고 있다. 또한 핵연료생산국은 우라늄을 탐사하기 위한 야즈드 지역의 시설들과 이스파한의 핵연료 연구 및 생산 센터를 소유하고 있다. 또한 이란원자력기구는 이란의 여러 대학교와도 밀접한 협력관계를 맺고 있다. 특히 테헤란에 소재한 아미르 카비르 대학은 레이저연구센터, 테헤란원자력연구센터에 소재한 JHL 다목적 실험실, 원자력발전국 등과 밀접한 협력을 추진해 오고 있다.[3]

이란의 핵연료주기 관련 시설

이란의 선행 핵연료주기 시설로는 사간드 및 객친의 우라늄 광산과 채광 시설, 야즈드 지역의 아다칸 우라늄 정련공장, 이스파한원자력기술센터의 우라늄 변환시설 및 핵연료 제조실험실, 나탄즈의 우라늄 농축시설 등이 있다.[4]

우라늄 광산 및 채광

우라늄 핵연료를 제조하기 위해서는 먼저 우라늄 원광이 필요하다. 이를 위해 이란은 두 개의 우라늄 광산을 개발했다. 이란의 중부 야즈드 지역에 위치하고 있는 사간드 우라늄 광산은 연간 약 50톤의 우라늄을 채광할 수 있으며, 2006년 말에 채광작업이 착수될 예정이다. 객친 우라늄 광산의 생산용량은 연간 21톤이며, 2004년 7월부터 채광이 시작됐다. 이란은 여기서 채광된 우라늄 원광으로부터 실험을 통해 우라늄 정광 40~50kg을 생산한 바 있다.

우라늄 정련 및 변환

채광된 우라늄 원광으로부터 우라늄 정광(U_3O_8, 옐로케이크)을 얻기 위해서는 분쇄, 침출, 추출, 침전의 정련과정을 거친다. 사간드 우라늄 광산에서 채광된 우라늄은 야즈드 지역의 아다칸 옐로케이크 생산공장에서 우라늄 정광으로 변환·처리될 예정이며, 아다칸 공장의 연간 용량은 50톤이다. 이 공장은 사간드 우라늄 광산의 원광 생산과 동시에 가동될 예정이다.

우라늄 변환시설

우라늄 변환시설은 우라늄 정광으로부터 변환활동을 통해 농축 전 단계인 6불화우라늄을 얻기 위한 것으로, 이란은 테헤란원자력연구센터의 JHL 다목적실험실 내에 실험실 규모의 우라늄 변환시설과 이스파한원자력기술센터에 상용 규모의 우라늄 변환시설을 갖추고 있다.

이스파한원자력기술센터의 우라늄 변환시설은 5~6개의 변환공정 라인을 구성하고 있으며, 이 시설의 연간 변환용량은 6불화우라늄으로 약 200톤이다. 우라늄 변환시설에서 생산된 6불화우라늄은 나탄즈 농축시설로 보내져 농축될 예정이며, 여기서 생산된 농축우라늄과 감손우라늄(Depleted Uranium)[5]은 핵연료로 사용하기 위해 다시 우라늄 변환시설에서 이산화우라늄(UO_2)으로 재변환된다.

우라늄 농축시설

경수로용 핵연료를 제조하기 위해서는 우라늄 농축단계를 거쳐야 한다. 이란은 과거에는 레이저를 이용한 실험용 우라늄 레이저 농축공장을 보유했으나,[6] 지금은 원심분리를 이용한 농축시설을 보유하고 있다. 이란의 원심분리 우라늄 농축시설로는 칼라예 전기회사, 나탄즈의 실험용 우라늄 농축공장 및 우라늄 농축공장이 있다.

그림 3-2 ● 원심분리기 개략도[8]

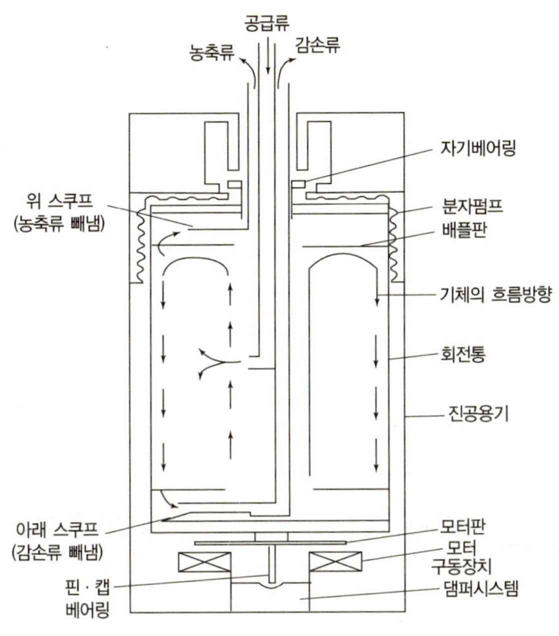

공급류
농축류
감손류
자기베어링
위 스쿠프
(농축류 빼냄)
분자펌프
배플판
기체의 흐름방향
회전통
진공용기
아래 스쿠프
(감손류 빼냄)
모터판
모터
구동장치
핀·캡
베어링
댐퍼시스템

그림 3-3 ● 일반적인 기체 원심분리법 공장 구성도[9]

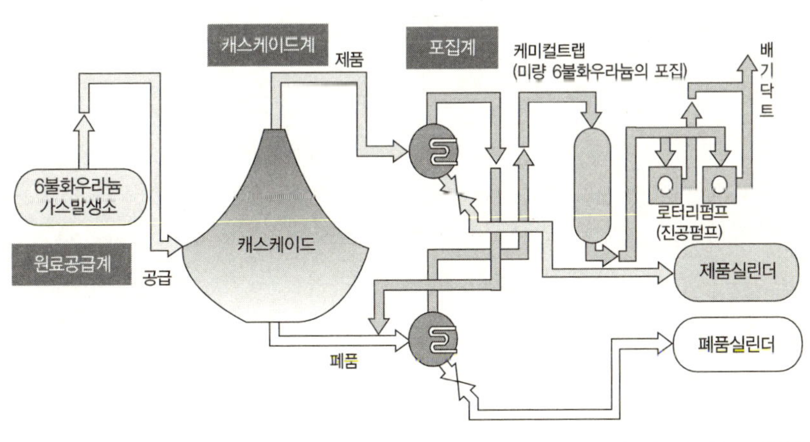

캐스케이드계
제품
포집계
케미컬트랩
(미량 6불화우라늄의 포집)
배기닥트
6불화우라늄
가스발생소
로터리펌프
(진공펌프)
원료공급계
캐스케이드
제품실린더
공급
폐품
폐품실린더

● 칼라예 전기회사 | 이란은 2002년까지 칼라예 전기회사에서 농축에 필요한 소규모 P-1형 원심분리기(〈그림 3-2〉 참조)로 구성된 캐스케이드(cascade)[7](〈그림 3-3〉 참조)를 갖추고 2002년까지 농축실험을 수행해 왔다. 그러나 현재는 나탄즈에 있는 실험용 우라늄 농축공장에 이 시설들을 이전하고 칼라예 전기회사는 원심분리 부품 생산에 전념하고 있다.

● 나탄즈의 우라늄 농축 시설 | 이란은 부셰르 원자력발전소에 사용될 저농축우라늄 생산을 위해 우라늄 농축 프로그램을 추진하고 있다. 이란은 현재 나탄즈 실험용 우라늄 농축공장에 P-1형 200개를 운전할 수 있는 원심분리기를 보유하고 있으며, 164개의 원심분리기로 구성된 하나의 캐스케이드를 갖추고 있다. 이란은 향후 이 실험용 공장에 2년 이내 1,000개 이상의 원심분리기를 설치할 계획이다.

이란은 현재 나탄즈의 지하[10]에 상용 규모의 우라늄 농축공장을 건설하고 있다. 이란은 우라늄 농축공장에 우선적으로 3,000개의 원심분리기로 구성된 우라늄 농축설비를 갖출 예정이며, 그 첫번째 원심분리기를 2006년 4분기에 설치할 예정이다. 이란은 우라늄 농축공장에 궁극적으로 약 5만 개의 원심분리기를 갖춘 상용 규모의 우라늄 농축설비를 설치 · 운영할 계획이다.[11]

핵연료제조시설

농축된 우라늄을 원자로에 사용하기 위해서는 이산화우라늄 분말을 압축 · 성형하고, 이를 소결 · 처리해 핵연료로 제조해야 한다. 이란은 1985년부터 이스파한원자력기술센터에 핵연료 제조실험실을 가동해 왔다. 이스파한원자력기술센터의 핵연료 제조실험실은 소규모로 핵연료 소자(펠렛)를 제조할 수 있다. 또한 이스파한원자력기술센터에서 현재 건설 중인 핵연료 제조공장은 2007년에 가동될 예정이다. 예비설계 정보에 따르면 이 핵연료 제조공장은 연구로 및 발전로용 이산화우라늄 핵연료를 연간 40톤 생산할 수 있으며, 향후 부셰르 원자력발전소와 IR-40 중수로용 핵연료를 공급할 것이다. 또한 핵연료를 원자로에 장전하기 위해서는 피복관이 필요한데, 원자력발전소에는 대개 지르코늄 피복관이 사용된다. 이란은 핵연료 제조용 지르코늄을 생산하기 위해 이스파한원자력기술센터에 지르코늄 생산공장을 건설 중이며, 지르코늄 생산용량은 연간 10톤이다.

이란의 원자력발전소 및 연구용 원자로 현황

부셰르 원자력발전소

1974년 이란은 독일과 협력을 통해 부셰르 원전 1, 2호기의 건설을 추진했으나 1979년 이란혁명과 함께 건설이 중단됐다. 이란은 1980년대 들어 다시 부셰르 원전 1호기의 완공을 위해 유럽과 중국 등에 협력을 요청했으나 미국의 반대로 무산됐다.

결국 이란은 1992년 8월 러시아와 원자력협력협정을 체결하고, 1995년 러시아에 1,000MW급 가압경수로로 변경해 중단됐던 부셰르 원전 1호기를 턴키방식으로 발주했다. 현재 부셰르 원전 1호기는 거의 완공단계에 이르러 2006년 12월에 상업운전에 들어갈 예정으로 알려지고 있다. 2005년 2월 27일 러시아와 이란은 부셰르 원전에 사용될 핵연료를 러시아가 제공하고, 무기급 플루토늄의 생산을 원천적으로 방지하기 위해 여기에서 발생된 사용후 핵연료는 이란이 러시아에게 되돌려 주기로 하는 양국 간 사용후 핵연료 반환협정을 체결했다. 이란은 2002년 9월 자국의 화석연료 자원을 보존하고 증가하는 에너지 수요를 충당하기 위해 향후 20년 동안 6,000MW 용량의 원자력발전소를 건설할 계획이라고 발표한 바 있다.

연구용 원자로 및 중수시설

현재 이란은 이스파한원자력기술센터와 테헤란원자력연구센터에 3개의 연구용 원자로를 운전 중이며,[13] 이들은 모두 안전조치를 받고 있다. 이 가운데 테헤란원자력연구센터에 위치한 테헤란연구로는 열출력 5MW 경수로로 1967년부터 운전해 오고 있으며, 1980년대부터 수행해 온 대부분의 핵물질 관련 실험에는 주로 이 연구로가 이용됐다.

이란은 현재 아락에 열출력 40MW인 연구용 중수로 IR-40을 건설하고 있다. IR-40은 당초 2014년에 가동될 예정이었으나 일정을 앞당겨 2009년에 건설이 완료될 것으로 전망되고 있다. 또한 이란은 연구용 중수로 IR-40에 사용될 중수 생산을 목적으로 2006년 8월 이 부지에 중수 생산공장의 건설을 완료했으며, 본격적인 생산을 위한 가동을 준비하고 있다. 이 중수 생산공장은 IR-40이 가동되기 전까지 충분한 중수를 생산할 계획이다.

이란의 핵사찰 현황

이란의 안전조치협정 위반 사항

이란은 NPT 당사국으로서 1974년 5월 IAEA와 전면안전조치협정(INCIRC/214)을 체결하고 IAEA의 안전조치를 받아 왔다. 이란의 안전조치협정은 다음을 포함한 원자력 활동들을 IAEA에 보고 또는 신고하거나 제공할 것을 요구하고 있다.

- 제34조(c)항 : 핵물질의 재고량 변동 보고
- 제8조 : 핵물질 관련 정보 및 이를 다루는 시설의 특징 제공
- 제95조 : 핵물질을 수입하기 전에 보고

- 제42조 : 원자력 시설의 설계정보 제공
- 신규 원자력 시설의 설계정보를 핵물질 도입 180일 이전에 제공
- 제49조 : 시설외지점(LOFs)[14]의 정보 제공

IAEA는 2003년 2월 이후 이란의 군사시설을 포함한 다양한 원자력 시설, 시설외지점 등에 대해 집중적으로 사찰을 수행해 왔다. 그러나 2004년 11월까지 IAEA 사찰 결과, 이란은 과거 핵물질의 처리 및 사용, 핵물질을 처리 또는 저장한 시설들에 대해 보고나 신고를 하지 않거나 설계정보를 제공하지 않는 등 수많은 사례에서 안전조치협정을 위반한 사실이 밝혀졌다.

이란은 이러한 안전조치 위반에 대한 수정조치로 첫째, 핵물질의 재고량변동보고서(ICR), 물자재고량목록(PIL) 및 물질수지보고서(MBR)를 제출하고, 둘째, 칼라예 전기회사의 실험용 농축시설, 테헤란원자력연구센터 및 라스카르 압바드의 우라늄 레이저 농축공장, 이스파한 및 아나락의 폐기물 저장시설에 대한 신고서를 제출했으며, 셋째, 테헤란원자력연구센터 및 이스파한원자력기술센터에 소재한 시설들의 설계정보를 IAEA에 제공했다. IAEA는 이란의 신고로 변환활동 및 레이저 농축과 관련해 상당 부분이 일치함을 확인해 이 부분은 향후 일상적인 안전조치이행보고서(SIR)에서 다루기로 결정했다.

이란의 미해결 사안

2006년 8월 현재까지 이란의 안전조치 이행 관련 주요 미해결 사안은 농축우라늄의 오염, P-1 및 P-2 농축프로그램, 금속우라늄 제조 및 주조법, 플루토늄 분리실험, IR-40 중수로 관련 핫셀장비 구입의도, 폴로늄 210의 생산 및 목적, 이중사용 품목 구입 관련 활동[15] 등이다.[16]

농축우라늄의 오염

나탄즈, 칼라예 전기회사 등 이란의 농축활동 지역에 대한 분석 결과, 이란이 신고한 핵물질에 포함되지 않는 다양한 종류의 저농축우라늄과 고농축우라늄[17] 입자가 발견됨으로써 이란의 신고가 완벽하지 않다는 의문이 제기됐다. 또한 IAEA는 문제의 원심분리 부품이 이란에 제공되기 전에 저장됐던 국가를 방문해 시료를 채취하여 분석한 결과 고농축우라늄 흔적을 발견하지 못했다. 이는 고농축우라늄 흔적이 해외로부터 반입됐다는 이란의 주장과는 상반된 것이다. 또한 2006년 8월 IAEA는 조사된 감손우라늄 표적이 보관된 카라이 방사성폐기물 저장시설의 컨테이너에서 고농축우라늄 입자가 존재한다는 사실을 추가로 밝혀냈다.

따라서 IAEA는 2006년 8월 현재까지 이란이 다른 농축활동을 통해 고농축우라늄을 생산하지 않았음을 보증할 수 없다고 밝히고 있다. 이와 관련해 IAEA가 향후 이란의 농축실험의 범위 및 일대기를 완벽하게 이해하는 것은 매우 중요하므로 이란은 농축우라늄의 오염원을 밝히는 데 적극적으로 협조해야 한다.

농축 프로그램

2003년 6월까지 이란은 1997년 이후 수행해 온 원심분리 관련 설계 및 연구개발 활동은 공개된 정보, 전산 시뮬레이션 등을 근간으로 개발됐다고 신고했다. 그러나 IAEA 농축 전문가들은 나탄즈 실험용 우라늄 농축공장의 원심분리기는 우라늄 농축회사인 유렌코사의 초기 설계 모델로, 6불화우라늄의 실험을 거치지 않고 단지 공개된 정보 및 전산 시뮬레이션만 가지고는 나탄즈 수준의 농축기술을 개발할 수 없다고 의혹을 제기했다. 그 결과 이란은 농축 관련 연구개발을 1985년부터 착수해 칼라예 전기회사에서 본격적인 농축실험을 수행했고, 이를 바탕으로 나탄즈에 우라늄 농축공장을 건설 중이라고 밝혔다. 또한 IAEA는 이란의 원심분리 농축 프로그램과 관련해 원심분리 설계, 기술 및 샘플 부품에 대한 1987년 구매제의서, 1990년대 중반 P-1 원심분리 문서 및 부품 500개에 대한 구매제의서, 1990년대 중반 구매제의서에 대한 품목들의 공급과 관련한 선적문서, 그리고 원심분리 농축과 관련해 이란과 핵 밀거래 네트워크 사이에 개최된 기술토의 등이 있었음을 추가로 밝혀냈다.

● **1987년 구매제의서 |** 핵 밀거래 네트워크와 다른 해외 공급자들이 이란에게 제공한 1987년 구매제의서에는 P-1 원심분리 부품 및 조립용 세부도면, 부품제작, 농축우라늄 생산용 도면 및 사양서, 완벽한 공장 건설을 위한 도면 및 사양서, 168개의 원심분리기로 구성된 6개의 캐스케이드 배치도 및 2,000개의 원심분리기로 구성된 소형공장 도면 등이 포함되어 있다.[18] 특히 이 문서들 중에는 금속우라늄의 주조장비와 농축, 천연 및 감손 금속우라늄을 반구 형태로 주조하고 가공하는 방법을 포함하고 있다.[19] 서방 외교관들은 1987년 구매제의서 중 금속우라늄을 제조하고 이를 반구 형태로 제작하는 방법은 핵무기 부품 제조 이외에는 사용되지 않는다고 주장하면서 이란의 핵개발 의혹을 강력하게 제기하고 있다.

IAEA는 이란에게 2006년 1월 이후 수차례 금속우라늄 주조 및 가공과 관련된 15쪽 분량의 세부문서 사본을 요구했다. 이란은 이를 계속 거부하다가 IAEA가 이 문서를 검토 및 기록할 수 있도록 보여주기로 약속했다. 2006년 8월 중순 이란은 IAEA 사찰관에게 이 문서를 보여 줬으나 이전 약속과는 달리 동 문서에 대한 검토만 허락됐다고 알리고 사찰관이 기록한 자료를 파기했다.

결과적으로 2006년 8월 말 현재까지 1987년 구매제의서 중 금속우라늄의 제조, 주조 및 가공법을 담고 있는 문서에 대한 최종 목적 및 진

전 사항은 정확히 밝혀지지 않고 있으며, 이란의 비협조적인 자세는
핵개발과 관련한 의혹을 증폭시키고 있다.

● P-2 프로그램 | 이란은 1994년에 처음으로 P-2 설계도면을 해외로부
터 받았으나 2002년 이전에는 P-2 관련 원심분리 설계 작업을 수행하
지 않았다고 주장하고 있다.[20] 이란은 2002년에 처음으로 P-2 원심분
리기를 개발하기 위해 민간기업과 계약을 체결하고 2003년에 자체적
으로 제작한 개량형 P-2 원심분리기 회전체를 이용해 실험을 수행했
으나 이 프로그램은 2003년 6월 종료됐다고 밝히고 있다.

그러나 IAEA는 1987년 제공받았던 것과 유사한 P-1 원심분리 설계
문서들을 P-2 도면과 함께 1994년에 왜 다시 입수했는지 의혹을 제
기하고 있다. 또한 상기 민간기업이 1년 정도의 비교적 짧은 기간에
P-2를 개량할 수 있는 능력을 보유했음에도 불구하고 1995년부터
2002년 사이에 P-2 관련 활동이 없었다는 이란의 주장에 의혹을 제
기하고 있다. 특히 이란은 2003년 중반 외국기업으로부터 P-2용 마
그넷 900대를 제공받았다는 IAEA의 의문에 명쾌하게 해명하지 못하
고 있다. 또한 이란의 고위 인사는 2006년 4월 이란이 새로운 형태의
원심분리 농축연구를 수행하고 있다고 밝혔다. IAEA는 이에 대한 세
부정보를 요구했으나 이란은 2006년 6월 새로운 형태의 원심분리기
연구는 핵물질을 사용하지 않으며 지속적으로 진행되는 연구개발 활
동이라면서 세부정보를 제공하지 않고 있다.[21]

플루토늄 추출 실험

이란은 1988~1992년 사이에 안전조치 적용이 면제된 감손우라늄을 이
용해[22] 제조한 이산화우라늄 핵연료 3kg을 테헤란연구로에서 조사했다.
이란은 이로부터 발생된 사용후 핵연료로부터 습식재처리 방법인 퓨렉

스(Purex) 공법[23]을 이용해 테헤란원자력연구센터 내의 글러브박스(glove box)에서 플루토늄 용액 100mg을 분리했다. 또한 이란은 이 플루토늄 용액으로부터 10개의 플루토늄 디스크를 생산했으나 1993년 이후에는 어떠한 플루토늄도 생산하거나 분리하지 않았다고 밝히고 있다.

그러나 IAEA는 분리된 플루토늄 용액의 플루토늄 240 함유량이 이로부터 생산된 플루토늄 디스크들의 플루토늄 240 함유량보다 현저히 낮다는 결과를 얻었다.[24] 또한 IAEA는 테헤란연구로에서 조사(照射)했으나 재처리하지 않은 나머지 사용후 핵연료 표적이 이란이 당초 밝힌 조사기간보다 더 길다는 것을 밝혀냈다. 이는 분명히 조사기간이 다른 사용후 핵연료로부터 재처리한 플루토늄이 존재한다는 것을 의미한다.

IAEA는 이란에게 플루토늄 실험과 관련한 추가정보를 요구했으나 이란은 해명자료를 제공하지 않고 있다.

중수로 프로그램

아락에 건설될 연구용 중수로 IR-40은 원자로 연구개발과 동위원소 생산이 목적임에도 불구하고 이란이 제공한 IR-40 도면에는 핫셀시설[25] 관련 도면 및 정보가 없었다. 또한 IAEA는 이란이 해외로부터 동위원소 생산에 사용되는 것보다 더 큰 핫셀장비에 시용되는 원격조작 장치 및 납유리를 구입하려는 시도에 대헤 의혹을 제기했으나 이란은 이를 냉쾌하게 해명하지 못하고 있다. IAEA는 이란의 핫셀시설의 본질을 파악하고자 이란으로부터 받은 자료들을 분석 중이다.

폴로늄 210 추출

이란은 1989~1993년 사이에 중성자 선원을 생산하기 위한 연구의 일환으로 두 개의 비스무트(Bi-209) 표적을 테헤란연구로에서 조사해 이들 중 하나의 표적에서 폴로늄 210 추출을 시도했다. 그러나 IAEA는 이란 과학자들과의 면담에서 폴로늄 210 생산은 중성자 선원이 아니라 동위원소 배터리를 생산하기 위한 과학적 프로젝트의 일환으로 수행됐다는 것을 밝혀냈다.

IAEA는 폴로늄 210[26]을 베릴륨(Be)과 함께 사용할 경우 군사적 목적, 특히 핵무기 설계에서 중성자 발생원으로 사용할 수 있는 만큼 이란의 폴로늄 210 활동에 지대한 관심을 갖고 있다. IAEA는 폴로늄 210 생산을 위해 사용된 글러브박스에 대한 접근을 요구했으나 이란은 이를 폐기했다고 밝혔다. 또한 IAEA는 이란이 베릴륨 금속을 구입하려는 시도에 대한 증거를 조사해 왔고 이를 통해 이란의 구입시도가 성공하지 못했다는 것을 확인했다. 이런 상황에서 이란은 폴로늄 210에 대한 어떤 구체적인 정보도 제공하지 않고 있어 실험 목적에 의혹을 불러일으키고 있다.

이중사용 품목 구입 관련 활동

이란은 우라늄 농축 또는 변환활동에 사용될 수 있는 이중사용 자재 및 장비를 구입하려 노력했던 것으로 알려지고 있다. 이란은 국방부 자문 및 서비스 제공을 목적으로 1989년 라비잔 시얀 부지에 물리학연구센터(PHRC)를 설립한 바 있다.[27] IAEA는 기존 라비잔 시얀 부지에 있었던 전임 물리학연구센터장 두 명과의 면담을 요청했다. 이 가운데 한 명과의 면담이 성사되어 IAEA는 이중사용 품목들이 보관된 한 기술대학에서 환경시료를 채취했다. 이 시료를 분석한 결과 IAEA는 천연우라늄 및 고농축우라늄 입자가 오염된 것을 발견했으며, 이란에게 이를 해명할 것을 요구해 왔다. 그러나 이란은 현재까지도 나머지 한 명과의 면담을 계속 거절하고 있다. 특히 이란은 주로 P-2 원심분리 부품과 관련 있는 밸런싱머신(balancing machine), 질량분광계, 마그넷 및 불소 취급장비를 구입하기 위한 노력과 관련해서 해명자료를 제공하지 않고 있다.

　한편 IAEA 안전조치 사무차장은 2006년 2월 이란 당국자와 만나 고성능 폭약(high explosive) 실험[28] 및 미사일 설계와 관련이 있다고 의혹이 제기되는 '그린 솔트[29] 프로젝트(Green Salt Project)'에 대해 설명해 줄 것을 요청했다. 이 프로젝트는 핵의 군사적 목적과 연관이 있으며 이란 정부기관과 연루되어 있다는 의혹이 제기되고 있다. 이란은 이러한 주장은 전혀 근거가 없으며 그런 프로젝트나 연구는 존재하지도 않았다고 부인했다. 그러나 이 의혹은 이스파한원자력기술센터의 우라늄 변환시설 구매와 객친 우라늄 정련공장의 설계 및 건설과 밀접한 관계가 있는 회사가 제기한 것이므로 전혀 근거가 없다고 단정 짓기는 어렵다.

IAEA 사찰을 통한 이란에 대한 평가

IAEA 사찰 결과, 이란은 과거 20년 이상 독자적인 핵연료 주기를 완성하기 위해 상당한 노력을 해왔으며, 이 과정에서 은폐정책을 통해 우라늄 변환, 농축, 플루토늄 분리 등 민감 부분을 포함해 다양한 측면에서 핵주기 활동 및 실험에 대해 IAEA에 신고를 하지 않았고 수많은 사례에서 안전조치협정을 위반했다.

　이란은 2006년 8월 말까지도 농축우라늄 오염의 근원, 우라늄 농축 프로그램의 범위 및 본질, 금속우라늄 제조, 주조 및 가공법의 본질, 플루토늄 실험, 폴로늄 210 활농의 본질, 이중사용 품목 구입노력 등에 대해 정확하게 해명하지 못하고 있다. 특히 미국을 비롯한 서방세계는 이란이 국제 핵 밀거래 네트워크로부디 핵무기 제조와 직접 관련된 금속우라늄 제조와 농축, 천연 및 감손 금속우라늄을 반구 형태로 주조하는 방법을 담고 있는 문서를 소유하고 있는 것에 대해 핵개발 의혹을 제기하고 있다. IAEA는 현재까지의 모든 상황을 근거로 이란에서의 미신고 핵물질 또는 핵활동이 없다고 결론을 내릴 수 없다고 밝히고 있다.

이란 핵문제에 대한 국제사회의 대응

IAEA의 대응

2004년 11월 유럽연합 3개국과 이란의 파리협정 체결

2003년 9월 IAEA 이사회는 처음으로 이란에 대해 결의안(GOV/2003/69)을 채택하고, 이란에게 핵물질 관련 정보 추가제공, 농축우라늄 오염원의 정보 제공, 우라늄 농축 및 재처리 활동 중지, 추가의정서의 조속한 서명 및 비준, 안전조치 의무 준수 등 IAEA에 완벽하게 협력할 것을 요구했다.

2004년 9월까지 이란이 안전조치협정을 위반한 사실이 다수 드러났음에도 불구하고 이란의 협력이 미진하자 미국은 2004년 9월 IAEA 이사회 결의안 채택 이후 이란의 핵문제를 안전보장이사회에 회부해야 한다는 강경한 입장을 피력하고 IAEA 이사국들의 협조를 요청했다.

그러나 2003년 10월부터 테헤란 공동성명[30]을 바탕으로 이란과 협상을 벌여온 영국, 프랑스, 독일 유럽연합 3개국은 이란의 핵문제를 IAEA 내에서 해결하기를 희망했다. 따라서 2004년 11월 15일 프랑스에서 이란과 유럽연합 3개국은 테헤란 공동성명보다 한 단계 높은 '파리협정(Paris Agreement)'을 체결했으며, 주요 내용은 다음과 같다.

- 자발적인 원칙 하에서 이란은 모든 농축 관련 활동 및 재처리 활동을 포함하는 핵활동 중지를 지속적으로 연장하며, 특히 어떠한 우라늄 변환시설에서도 모든 실험 또는 생산을 중지함
- 이란과 유럽연합 3개국이 이란에 대해 만족할 만한 장기간 약정에 관한 합의문을 도출하기 위해 협상을 진행하는 동안 핵활동의 중지가 필수적임을 재차 확인함

● 협정은 이란의 원자력 프로그램이 평화적 목적의 구체적인 보장을
도출하도록 해당국들은 협상을 지속해야 한다는 것을 명시함

파리협정에 따라 이란과 유럽연합 3개국은 장기간 약정에 관한 합의
문을 도출하기 위해 협상을 진행하기에 이르렀다. 협상과정에서 2005년
5월 25일 스위스 제네바에서 유럽연합 측은 이란에게 장기간 약정의 합
의문을 위한 구체적인 제안서를 7월 말 또는 8월 초까지 제공하기로 합
의했다. 이 협상이 진행되는 동안 미국은 이란 핵문제에 대해 유엔 안보
리 회부를 자제하는 등 관망하는 태도를 보였다.

2005년 8월 IAEA 특별이사회 소집

유럽연합이 2005년 8월 1일까지 상기의 제안서를 제출하지 않자 이란은
8월 초까지 제출하기로 한 파리협정을 어긴 것이라고 주장하면서 일방
적으로 우라늄 변환활동의 재개를 선언했다. 유럽연합 3개국은 2005년
8월 5일 이란에게 NPT의 평화적 이용권리에 따라 이란에게 안전하고
경제적이며 확산저항성을 지닌 민수 원자력 프로그램의 개발을 지원한
다고 명시한 제안서를 전달했다. 그러나 이란은 NPT가 보장하는 원자력
의 평화적 이용권리를 포기할 수 없다고 밝히면서 유럽연합 측의 제안을
거절하고 2005년 8월 8일 우라늄 변환활동을 재개했다.

유럽연합 3개국은 이란의 우라늄 변환활동이 파리협정을 파기하는
심각하게 우려할 만한 상황이라고 밝히고 IAEA에 2005년 8월 특별이사
회의 소집을 요구했다. 유럽연합 3개국도 그동안 이란과의 협상에서 뚜
렷한 해결책을 도출하지 못했기 때문에 이 시기부터 미국과 함께 유엔
안보리 회부에 동참하게 된 것으로 분석된다.

2005년 8월 IAEA 특별이사회는 결의안(GOV/2005/64)을 통해 이란이
우라늄 변환활동을 재개하고 우라늄 변환시설의 봉인을 제거한 것에 대

해 심각한 우려를 표명하고 이란에게 모든 농축 관련 활동을 즉각적으로 중지할 것을 촉구했다.

2005년 9월 IAEA 이사회의 결의안 채택

2005년 8월 특별이사회의 결의안에도 불구하고 이란이 농축 관련 활동을 지속하자 미국, 유럽연합 3개국 등은 그동안의 미해결 사안과 과거 수많은 사례에서의 안전조치협정 위반을 근거로 이란의 핵문제를 안보리에 회부하자는 강력한 결의안을 작성했다. 그러나 러시아, 중국, 베네수엘라, 비동맹그룹(NAM) 등은 이란의 안보리 회부에 반대하거나 찬성하지 않았다. 이에 미국, 유럽연합 3개국 등은 이란에게 추가의 기회를 주는 수준으로 결의안을 작성하고, 투표[31]를 통해 결의안(GOV/2005/77)을 통과시켰다.

9월 이사회는 결의안에서 '이란의 핵활동에 대한 은폐역사와 과거 안전조치협정 위반 및 이 같은 활동들이 IAEA 헌장 12조 C항의 비준수에 해당되며, 이란의 핵 프로그램이 오로지 평화적 목적에만 한정된다고 확신할 수 없다'고 밝히고 있다. 이는 2003년부터 채택되어 온 결의안 가운데 처음으로 이란 핵문제를 유엔 안보리에 회부할 수 있음을 시사하는 것이다.

2006년 2월 IAEA 특별이사회의 유엔 안보리 보고 결정

IAEA 이사회의 지속적인 결의안에도 불구하고 이란이 수정조치는 물론 IAEA에 적극적인 협력도 보이지 않자 2006년 1월 30일 런던에서 미국과 유럽연합 3개국은 러시아, 중국과 함께 이란 핵문제를 논의하고자 외무장관 회의를 개최했다.

이 회의에서 6개국 외무장관은 이란 핵문제를 유엔 안보리에 보고[32]하기로 합의하고, IAEA 2월 특별이사회에서 투표[33]를 통해 이란에 대한 결의안(GOV/2006/14)을 통과시켰다. 이 결의안은 IAEA 사무총장에게 유엔 안보리에 이란에 관한 모든 보고서와 결의안을 보고하되, 3월 이사회에 이 결의안의 진행사항을 포함하는 보고서와 함께 유엔 안보리에 제출할 것을 밝히고 있다. 결국 2006년 IAEA 3월 이사회는 이란의 핵문제를 유엔 안보리에 보고하는 의장성명을 채택하고, 이를 유엔 안보리로 넘겼다.

유엔 안전보장이사회의 대응

이란의 농축 및 재처리 활동 중지 요구에 대한 결의안 채택

유엔 안보리에 이란의 NPT 의무위반이 보고된 후 유엔 안보리는 이란 핵문제 관련 제재 여부에 대한 논의에 착수했다. 그 결과 2006년 3월 유엔 안보리는 이란의 완벽하고 지속 가능한 모든 농축 관련 활동 및 재처리 활동 중단이 외교적 협상에 의한 해결에 기여할 것임을 강조하는 의장성명[34]을 채택하고, 이란에게 아무런 제재 없이 핵문제 해결을 위한 기회를 다시 제공했다.

그러나 유엔 안보리 의장성명에도 불구하고 이란은 우라늄 농축활동을 지속했고 여전히 IAEA 협조에도 미진했다. 결국 2006년 7월 31일 유엔 안보리는 이란에게 연구개발을 포함한 모든 농축 관련 활동 및 재처리 활동을 중지할 것을 요구하는 결의안(S/RES/1696(2006))을 채택했다. 또한 이 결의안은 이란이 8월 31일까지 이를 준수하지 않을 경우 유엔헌장 제7장 41조[35]에 의거해 적절한 비군사적 경제제재를 취할 의도가 있음을 밝히고 있으며, 이러한 제재를 위해서는 추가적인 결정이 필요하다는 것을 강조하고 있다.

당초 미국은 이란이 8월 31일까지 이 결의안을 준수하지 않을 경우 즉각적인 제재를 가한다는 내용이 포함되기를 원했으나 러시아와 중국의 반대로 이러한 제재를 결정하기 위해서는 추가적인 유엔 안보리 의결을 거친다는 내용으로 변경됐다.

P5+1의 제안과 이란의 반응

미국, 영국, 프랑스, 러시아, 중국의 유엔 안보리 5개 상임이사국과 독일 (P5+1)은 2006년 7월 31일 결의안 채택에 앞서 이란에게 모든 미해결 사안을 해결하고 농축 및 재처리 활동을 중지할 경우 정치·경제적 혜택은 물론 경수로와 핵연료 공급을 보장하겠다는 제안을 했다.

이란은 2006년 8월 22일 이 제안에 대해 우라늄 농축중단이 협상의 결과물이 될 수는 있으나 협상의 전제조건이 될 수 없다는 내용을 골자로 공식 답변을 전달했다. 이는 외교적 협상 여지는 있으되 우라늄 농축 활동 중단을 포함한 경제·기술협력 및 지역 안보문제 등에 대해 전제조건 없이 협상을 재개하도록 제안한 것이다. 서방국가는 이란이 중국 및 러시아와 서방국가 간의 의견 대립을 조장하기 위한 협상 전술이라고 평가하며, 이란이 P5+1 제안을 사실상 거부한 것으로 해석하고 있다.[36]

특히 2006년 8월 31일 아흐마디네자드 이란 대통령은 "서방은 이란이 부당한 압력에 굴복하지 않는 것은 물론 핵 주권을 훼손당하는 어떠한 조치도 받아들이지 않을 것임을 알아야 한다"며 유엔 결의안 거부 입장을 거듭 밝혔다. 이란은 8월 31일 현재까지도 우라늄 농축 및 관련 활동을 중지하지 않고 있다.

유엔 안보리의 제재 방향

유엔의 결의안 채택에도 불구하고 이란이 우라늄 농축활동을 지속하고 있어 향후 유엔 안보리 차원에서 이란에 대한 경제제재 논의는 불가피할 것으로 전망된다. 그러나 즉각적인 제재를 원하는 미국과 달리 이란에 원자력발전소 건설 및 무기를 수출하고 있는 러시아와 석유수입 등 많은 경제적 이해관계가 걸린 중국은 협상을 통한 해결에 중점을 두고 있으므로[37] 실제 제재방안 합의까지는 많은 시간과 노력이 필요할 것으로 전망된다. 경제제재 수준은 세계 2위의 원유 및 천연가스 매장량을 보유한 이란에 대한 광범위한 무역 금지조치보다는 이란 정부 관리의 국외여행 제한, 제한된 금융제재 및 핵관련 기술 및 물자의 수출금지 등 기초적 단계에 머무를 것이라는 전망이 지배적이다.

이란의 잠재적 핵능력 평가

무기급 핵물질을 얻을 수 있는 경로는 일반적으로 우라늄 농축과 재처리다. 현재 나탄즈에 위치한 이란의 실험용 우라늄 농축공장과 건설 중인 우라늄 농축공장은 저농축우라늄 생산은 물론 의도에 따라 90% 이상의 무기급 고농축우라늄의 생산도 가능하다. 또한 이란은 이미 실험실 수준에서 사용후 핵연료로부터 소량의 플루토늄을 추출한 바 있다.

　여기에서는 이란이 우라늄 농축공장, 원자로로부터 사용후 핵연료를 재처리해 무기급 핵물질을 생산하고 이를 군사적 목적에 전용한다고 가정할 경우 이란의 핵능력을 추정해 평가하고자 한다.

고농축우라늄

우라늄 농축기술

2006년 4월 11일 마흐무드 아흐마디네자드 이란 대통령은 나탄즈 실험용 우라늄 농축공장에서 164기의 원심분리기로 구성된 하나의 캐스케이드를 이용해 경수로용 원자력발전소에 사용할 수 있는 3.6%[38]의 농축우라늄 생산에 성공했다고 밝혔다. 이는 이란이 원심분리기를 이용한 우라늄 농축기술을 확보했음을 국제사회에 보여주는 동시에 대규모 우라늄 농축설비를 가동하기 위한 발판을 마련했음을 보여주는 것이라 할 수 있다.

이란은 1,000개 이상의 원심분리기 부품 및 조립 장비를 나탄즈 부지에 보유하고 있어 1~2년 이내에 원심분리기 1,000개를 갖춘 실험용 우라늄 농축공장을 완공할 수 있을 것으로 보인다. 또한 우라늄 농축공장 운전과 관련해 이란이 원심분리기 운전 관련 기술문서, 다양한 규모의 캐스케이드 관련 도면, 2,000개의 원심분리기가 배열된 소형공장 등의 문서를 이미 확보하고 있는 만큼 3,000개 수준의 우라늄 농축공장 운전은 크게 문제되지 않을 것으로 예상된다.

따라서 이란은 향후 2년 이내에 1,000개 이상 또는 5년 이내에 3,000개 이상의 원심분리기를 갖춘 우라늄 농축공장을 갖출 수 있을 것으로 추정되며, 이러한 공장의 정상적인 운전도 가능할 것으로 분석된다. 그러나 농축 전문가들은 이란이 5만 개의 원심분리기를 갖춘 상용 규모의 우라늄 농축공장을 완공하기 위해서는 10년은 족히 걸릴 것으로 전망하고 있다.

고농축우라늄을 이용한 이란의 핵능력[39]

이란이 생산할 수 있는 고농축우라늄을 평가하기 위한 근거는 다음 2가지다. 첫째, 비밀 우라늄 농축공장이다. 내폭형(implosion-type)의 핵무기 설계에는 90%로 농축된 우라늄 235가 15~20kg이 필요하다.[40] IAEA 고위 관리는[41] 이란의 P-1형 원심분리기는 연간 약 3SWU(분리작업단위)[42]를 갖는다고 밝히고 있다. 국제과학안보연구원은 연간 4,500SWU를 갖는 원심분리기 1,500개는 무기급 고농축우라늄을 연간 28kg 생산할 수 있다고 밝히고 있다. 국제과학안보연구원은 이란이 만일 2006년 초에 핵개발을 위해 비밀 우라늄 농축공장 건설을 결정했다면 2007년 말까지는 약 1,500개의 원심분리기를 구축할 수 있을 것으로 밝히고 있다. 따라서 국제과학안보연구원은 이란이 최초의 핵무기 1기에 필요한 무기급 고농축우라늄을 2009년에 확보할 수 있을 것으로 추정하고 있다.

둘째, 나탄즈 우라늄 농축공장이다. 이란은 2006년 4분기부터 나탄즈 우라늄 농축공장에 우선적으로 3,000개의 원심분리기를 설치할 것이라고 밝히고 있다. 국제과학안보연구원은 이란이 한 달에 70~100개의 원심분리기를 조립할 수 있는 능력이 있으므로 이 공장은 2009년 정도에 완공될 수 있을 것으로 추정하고 있다. 따라서 국제과학안보연구원은 이란이 2010년부터 이 공장을 고농축우라늄 생산에 전용한다면 공정조건에 따라 짧게는 2개월 이내에, 길게는 6개월 이내에 핵무기 1기 제조에 충분한 양을 확보할 수 있을 것으로 추정하고 있다.

플루토늄

이란에서 플루토늄을 얻을 수 있는 방법은 2가지로 가정할 수 있다.

그 첫번째는 부셰르 원전의 사용후 핵연료를 재처리해 플루토늄을 얻는 방법이다. 그러나 2006년 12월 가동 예정인 부셰르 경수로 원자력발전소의 사용후 핵연료는 러시아가 회수하기로 약속되어 있다. 따라서 이란이 불법적으로 무단 인출하지 않는 한 군사적 목적으로 전용하기는 어려울 것이다. 또한 이란이 고순도의 플루토늄239를 얻기 위해서는 원진에 장전한 핵연료를 조사한 다음 조기에 인출해 재처리해야 하지만,[43] 이는 전력생산 목적에 부합되지 않는 군사적 목적이 명백하므로 국제사회의 즉각적인 제재를 받을 가능성이 매우 높다. 특히 경수로에서 다 타고난 사용후 핵연료는 비분열성 플루토늄(Pu-238, 240, 242)이 25% 이상 존재해 무기급으로 사용하기에 부적합한 것으로 평가되고 있다. 그럼에도 불구하고 이란이 부셰르 원전의 사용후 핵연료를 다량 확보할 경우에는 핵무기 제조가 가능해질 수도 있을 것이다.

두번째는 연구용 원자로에서 사용후 핵연료를 인출, 재처리해 얻는 방법이다. 중수로는 경수로보다 고순도의 핵분열성 물질인 플루토늄 239 생산이 용이하다. 특히 연구용 원자로는 그 목적에 따라 연소도와 조사기간을 유연성 있게 조절할 수 있기 때문에 상업용 경수로보다 질 좋은 플루토늄 239을 생산할 수 있다. 따라서 플루토늄을 이용한 핵무기 제조에 전용될 가능성이 가장 높은 것은 아락의 연구용 중수로 IR-40이다.

선진기술을 보유했다면 무기급 플루토늄의 경우 내폭형 핵무기 설계에는 4~5kg이 필요하다. 군사정보 사이트 글로벌 시큐리티(Global Security)는[44] IR-40 중수용 연구로의 이용률[45]이 60%일 경우 무기급 플루토늄을 연간 약 9kg, 90%일 경우 연간 12.5kg 생산할 수 있다고 밝히고 있다. 이는 내폭형 핵무기 2~3기 제조에 해당하는 양이다.

이란의 핵개발과 국제사회의 제재 전망

이란은 과거 20년 이상 은폐정책을 취하면서 우라늄 농축, 플루토늄 분리 등 민감 부분을 포함해 다양한 측면에서 핵주기 활동 및 실험을 IAEA에 신고하지 않았으며, 수많은 사례에서 안전조치협정의 준수 의무를 위반했다. 이를 근간으로 IAEA 이사회는 2006년 2월 이란의 핵문제를 유엔 안전보장이사회에 보고했고, 유엔 안보리는 8월 31일까지 이란에게 농축, 재처리 활동을 중단하는 것은 물론 모든 미해결 사안을 해결하도록 요구했다.

그러나 이란은 자국의 원자력 활동은 평화적 목적에 한정된다고 강조하면서 8월 31일 현재까지도 우라늄 농축 및 관련 활동을 중지하지 않고 있다. 또한 이란은 P5+1 제안에 대해 우라늄 농축중단이 협상의 결과물이 될 수는 있으나 협상의 전제조건이 될 수 없다는 입장을 분명히 밝히고 있다. 특히 아흐마디네자드 이란 대통령은 서방의 부당한 압력에 굴복하지 않는 것은 물론 핵 주권을 훼손당하는 어떠한 조치도 받아들이지 않을 것이라고 밝히는 등 강경 입장을 고수하고 있다.

이에 미국 등 서방국가는 이란의 핵개발을 저지하고자 유엔 안보리 차원에서 이란에게 강력한 제재조치를 가하기 위해 러시아와 중국에 협조를 요구하고 있다. 그러나 즉각적인 제재를 원하는 미국과 달리 이란에 원자력발전소 건설 및 무기를 수출하고 있는 러시아와 석유수입 등 많은 경제적 이해관계가 걸린 중국은 외교적 협상을 통한 해결에 중점을 두고 있어 경제제재를 포함하는 실질적인 제재 합의까지는 많은 시간과 노력이 필요할 것으로 전망된다. 또한 이란에 대한 경제제재 수준도 광범위한 무역 금지조치보다는 제한된 금융제재 및 핵관련 기술과 물자의 수출금지 등 기초적 단계에 머무를 것으로 전망되고 있다.

한편 미국 등의 압박에 대해 이란의 NPT 탈퇴도 전망되고 있다. 이란의 NPT 탈퇴는 기존 핵시설을 군사적 목적으로 전용해도 이를 탐지할 수 없을 뿐 아니라 국제사회의 법적 구속력이 있는 제재도 받지 않음을 의미한다. 결국 이란의 NPT 탈퇴는 이란에게 핵무기 개발 기회를 제공하게 될 것이다.

이란은 향후 2년 이내에 나탄스에 1,500개의 원심분리기로 구성된 실험용 우라늄 농축공상을 갖출 것으로 예상되며, 이 부지에서 2006년 말부터 상용 규모의 우라늄 농축공장에 첫번째 원심분리기를 설치할 계획이다. 국제과학안보연구원은 이란이 별도의 비밀시설을 구축하거나 나탄즈의 우라늄 농축공장을 핵개발에 전용할 경우 2010년부터는 연간 1기 이상의 핵무기 제조에 필요한 고농축우라늄을 생산할 수 있는 능력을 갖게 될 것으로 추정하고 있다.

1 한국원자력연구소, '원자력대외정책연구', KAERI/RR-2609/2005, 2005.

2 IAEA, 'Implementation of the NPT Safeguards Agreement in the Islamic Republic of Iran', GOV/2003/75, 10 November, 2003.

3 http://www.nti.org/e_research/profiles/Iran/1819.html

4 http://www.globalsecurity.org/wmd/world/iran/nuke-fac.htm

5 농축 등으로 인해 자연상태(0.711%)보다 U-235의 존재비가 감소된 우라늄이다.

6 이란은 라시카르 압바드에 실험용 레이저 농축시설을 보유했으나 지금은 해체됐다고 밝히고 있다.

7 캐스케이드란 농축우라늄을 얻기 위해 수개에서 수백 개의 원심분리기를 적절히 조합·배치한 것을 말한다.

8 www.kntc.re.kr/Cyberserver/openlec/nuke(2)/nuclearfeul/nuclearfeul_2/ch2_2.html

9 일본 동력로개발사업단 팸플릿, '우라늄 농축', 1997년 5월.

10 이란이 2003년 2월까지 우라늄 농축공장의 건설을 IAEA에 신고하지 않은 정황으로 보아 이 설비의 존재를 숨기려고 의도한 것으로 분석되고 있다.

11 http://www.iaea.org/NewsCenter/Focus/iaeaIran/index.shtml

12 Paul Brannan and David Albright, 'New Activities at the Esfahan and Natanz Nuclear Sites in Iran', ISIS, April 14, 2006.

13 이란은 이 외에도 1년에 2~3일 이내로 운전하는 미임계경수로(LWSCR)와 해체된 미임계흑연로(GSCR)를 보유하고 있다.

14 시설외지점(Location Outside Facilities : LOFs)은 핵물질의 임시저장과 같이 핵물질을 보유하고는 있으나 사용되지는 않는 장소, 또는 일반 원자력 시설로 분류되지 않으며 최대보유량이 1effective-kg 미만인 장소를 말한다. 1eff.kg=플루토늄 1kg=우라늄 400kg(5% 농축도)=천연우라늄 10톤=감손우라늄 20톤

15 이란은 그동안 추가의정서에 준하는 사찰을 허용했으며, 투명성 차원에서 자발적으로 추가의정서를 뛰어넘는 일부 군사시설에 대한 사찰도 허용했다.

16 http://www.iaea.org/NewsCenter/Focus/iaeaIran/index.shtml.

17 농축도가 20% 이상인 우라늄을 고농축우라늄이라 하는데, 이란에서 발견된 고
    농축우라늄의 농축도는 32~70%였다.

18 IAEA, 'Implementation of the NPT Safeguards Agreement in the Islamic
    Republic of Iran', GOV/2005/87, November 18, 2005.

19 이란은 금속우라늄 제조, 주조 및 가공법에 관한 내용은 핵 밀거래 네트워크가
    제안했을 뿐 이란원자력기구가 요청하지도 않았고 관련 장비를 제공받지도 않
    았다고 밝히고 있다.

20 이란은 이 시기 P-1 원심분리 관련 난제를 해결하는 데 주력했다고 밝히고 있다.

21 NPT에 따른 IAEA 전면안전조치협정에서는 핵물질을 사용하지 않는 연구개발
    활동을 보고하도록 요구하지 않고 있다.

22 감손우라늄이 20톤 미만의 경우(1effective-kg) 안전조치 적용을 면제받을 수
    있다. IAEA는 이란의 요청으로 1978년 해당 감손우라늄의 안전조치 적용을 면
    제해 주었다.

23 사용후 핵연료의 재처리공정에서 사용되는 용매추출법의 한 가지다.

24 원자로에서 핵연료의 조사(照射)기간이 길어지면 플루토늄 240의 함유량은 많
    아진다.

25 사용후 핵연료는 방사능이 높아 이를 처리하기 위해서는 방사선 차폐용 핫셀시
    설이 필요하다.

26 폴로늄 210은 강력한 알파입자 방출체로 반감기는 138일이며, 베릴륨은 알파
    입자와 핵반응을 통해 중성자를 방출한다.

27 이란은 이 물리학연구센터가 지금은 지방자치단체와 국방부 사이의 부지반환
    문제로 철거됐다고 밝히고 있다.

28 일반적으로 내폭형 핵무기 설계를 위해서는 고폭 실험이 필요하다.

29 4불화우라늄은 고유색으로 녹색을 띠기 때문에 '그린 솔트(green salt)'라고도
    불린다.

30 2003년 10월 영국, 프랑스, 독일의 유럽연합 3개국은 이란의 핵문제를 IAEA 내
    에서 해결하고자 2003년 10월 21일 이란과 테헤란 공동성명을 발표했다. 공동
    성명은 이란이 자발적으로 우라늄 농축활동을 중단할 경우 평화적인 원자력 기
    술협력을 제공할 수 있다고 밝히고 있다.

31 IAEA 이사회는 통상적으로 의사결정에 있어 이사국들과의 합의를 통한 만장일
    치제를 채택하고 있다. 하지만 이 결의안 채택에서는 러시아, 중국, 베네수엘

라, 비동맹그룹과의 합의를 도출해 내지 못했다.

32 유엔 안보리 보고(Report)는 정치적 · 경제적 제재가 가능한 회부(Refer)보다 낮은 단계의 조치다.

33 투표결과는 찬성 27개국, 반대 3개국, 기권 5개국이었으며, 우리나라는 2005년 9월 이사회에 이어 2월 특별이사회에서도 이 결의안에 찬성했다.

34 의장성명은 법적 구속력을 갖는 결의안보다 한 단계 낮은 수준이므로 법적 구속력을 갖지 못한다.

35 유엔헌장 제7장 41조는 경제관계 중단, 철도, 항해, 항공, 우편, 전신, 무선통신 및 여타 교통 · 통신 수단의 전부 또는 일부의 중단, 외교관계 단절 등 비군사적 제재 조치를 규정하고 있다. 참고로 제7장 42조는 군사제재를 규정하고 있다.

36 http://www.koreaexim.go.kr/kr/oeis

37 http://www.koreaexim.go.kr/kr/oeis

38 IAEA, 'Implementation of the NPT Safeguards Agreement in the Islamic Republic of Iran', GOV/2006/27, April 28, 2006.

39 이란의 핵능력 평가는 국제과학안보연구원의 'The Clock is ticking, But How Fast?' 자료를 근간으로 작성됐다.

40 기술발달에 따라 핵무기 설계에 필요한 고농축우라늄의 양이 감소하고 있어 내폭형의 임계 질량은 우라늄 235의 경우 95%의 15kg, 플루토늄의 경우 95%의 5kg 정도로 알려져 있다.

41 David albright and Corey Hinderstein, "Centrifuge Connection", *Bulletin of Atomic Scientists*, March/April 2004, pp. 61~66.

42 분리작업단위(Separative Work Unit : SWU)는 우라늄을 농축하기 위해 필요한 에너지 양으로, 단위는 킬로그램으로 표시된다.

43 원자로 운전 중 핵연료 속의 우라늄 238은 중성자를 흡수해 플루토늄 239를 생성하는데 운전시간이 지남에 따라 비분열성 플루토늄(Pu-240, 242)이 생성된다. 따라서 고순도의 무기급 플루토늄 239를 얻기 위해서는 6개월 이내에 조사된 핵연료를 인출해야 한다.

44 http://www.globalsecurity.org/wmd/world/iran

45 원자로가 1년에 운전될 수 있는 시간에 대한 실제 운전시간을 백분율로 나타낸 것이다.

이란 핵문제와
북한의 입장

백승주 | 한국국방연구원 연구위원

2006년 10월 9일 북한 당국이 핵실험에 성공했다고 발표한 사실은 이란 핵문제에 관심을 갖고 있는 전략가들에게 상당한 충격을 주었다. 북한 핵에 대한 미국의 태도는 이란 당국 및 중동의 다른 국가들의 핵무기 정책에 영향을 줄 것이므로 이란 핵문제 해결에 외교역량을 상대적으로 집중했던 미국 및 서방국가들은 원하든 원하지 않든 북한 핵문제를 우선적으로 다루지 않으면 안 되는 상황에 놓였기 때문이다.

2006년 4월 11일 이란 대통령은 이란이 이미 저준위 농축우라늄 개발에 성공했다고 발표했다. 농축우라늄 개발에 성공했다는 이란의 발표는 핵확산 방지에 전략적 관심을 집중하고 있는 미국을 중심으로 한 많은 국가들을 당황하게 만들었다.

이란 당국이 이러한 입장을 발표하기 이전에 이미 미국은 라이스 국무장관을 비롯한 고위 정책결정자들의 발표를 통해 수차례 이란 핵문제를 해결하기 위해 물리적 방법을 포함한 모든 수단을 동원할 가능성을 배제하지 않고 있었다. 미국이 고려하는 방법이란 유엔을 통해 제재를 가하는 방법과 유엔을 우회해 미국이 독자적으로 물리력을 사용하는 방법을 의미한다.

미국은 일차적으로 유엔 안보리에 이란 핵문제를 상정해 유엔헌장 제7장 41조가 규정하는 해결방법을 확보하려 하고 있다. 이 조항에 따르면 국제평화를 위한 안전보장 조치를 해당 국가가 따르지 않을 경우 경제관계 중단, 철도, 항해, 항공, 우편, 전신, 무선통신 및 여타 교통·통신 수단의 전부 또는 일부의 중단, 외교관계 단절 등 비군사적 제재를 할 수 있다. 나아가 유엔헌장 41조가 불충분할 경우 42조에 의해 유엔 가맹국의 공군, 해군 또는 육군에 의한 시위, 봉쇄, 기타의 행동을 포함한 군사적 제재를 고려할 수 있다.

미국은 유엔을 통한 이러한 제재가 상임이사국의 동의를 얻지 못할 경우 독자적으로 물리적 제재를 고려할 수 있음을 밝히고 있다. 미국은 국제사회에 대한 영향력을 이용해 경제제재를 우선적으로 고려할 것이다. 경제제재가 고려된다면 이란의 석유·무역·에너지 분야에 대한 투자, 이란에 대한 무기수출 동결, 이란 관리의 여행제한, 국제적 대여제한 등의 조치가 될 것이다. 경제제재로도 미국의 목표를 달성하지 못한다면 이라크에서와 같이 군사적 수단으로 이란의 핵의지를 소멸시키려 할 것이다.

이란이 핵의 평화적 이용기술을 보유할 권리를 주장하고 있으며, 미국은 이란의 이러한 의지를 핵무기 보유 의지로 해석하고 있다. 미국은 이란 핵에 대한 의심을 기초로 이란에 대한 물리적 제재를 배제하지 않고 있다.

이란 핵문제에 대한 이러한 진행과정과 결과는 북한에게 상당한 교훈을 줄 것이다. 북한 역시 2005년 9월 19일 '한반도 비핵화 원칙'을 수용하면서도 평화적 핵개발 권리를 적극 주장했다. 미국은 이란 핵에 대한 불신보다 더 큰 불신을 가지고 북한 핵문제를 인식하고 있다. 북한이 2006년 10월 9일 핵실험을 한 이후에도 미국은 6자회담을 통한 해결, 즉 평화적 해결에 관심을 보이면서도 평화적 해결이 결렬될 상황에 대해 항상 경고하고 있다.

이러한 상황에서 북한은 이란 핵문제에 대한 이란 정부의 태도와 미국의 선택을 예의 주시할 것이다. 이란 핵문제의 진행과정과 결과에 대한 학습은 핵문제에 대한 북한의 기본입장, 미국에 대한 기본입장에 일정한 영향을 미칠 것이다. 여기에서는 기본적으로 이란 핵문제에 대해 북한이 어떻게 평가하고 어떠한 자세를 견지할 것인지 전망해 보고자 한다.

이란 핵문제에 대한 북한의 기본입장

아이러니컬하게도 이란은 1959년 미국으로부터 연구용 원자로를 구입했고, 당시 이란 지도자들은 1990년까지 23개의 원자력 발전소를 건설하려는 계획을 갖고 있었다. 그 계획은 핵무기를 비밀리에 제조하려는 것은 아니었던 것으로 간수됐다. 그러나 1970년대 이란의 핵무기 개발 계획과 관련해 의혹이 제기됐다. 그러나 그러한 의혹은 1979년 이란혁명, 이란-이라크전쟁 종료리는 10여 년의 기간 동안 점차 감소했다. 그러나 그 이후 이란은 2025년까지 7개의 원자력 발전소를 건설하려는 계획을 추진했고 다시 핵개발 의혹도 제기됐다.

그러나 이란은 반복적으로 이란의 핵 프로그램은 순전히 평화적 목적을 갖고 있다고 주장해 왔다. 2003년 5월 이란은 "우리는 핵무기의 획득, 발전, 그리고 사용이 비인간적이고, 비도덕적이며, 기본원칙에 도전적이라는 입장을 갖고 있다"고 주장했고 그러한 입장은 유지됐다. 그러면서도 이란은 핵기술의 평화적 이용을 발전시킬 수 있는 권리가 있다고 주장했다. 이란의 하타미 대통령은 2005년 3월 이란의 우라늄 농축 프로그램을 종식시키는 것은 받아들일 수 없다고 분명히 했다. 하타미 대통령의 주장 이후 이란은 과거 20년 간 핵무기 개발과 관련한 비밀활동을 해온 것으로 IAEA로부터 의심을 받기 시작했다.

IAEA는 2003년 이후 사찰을 통해 이란이 20년 이상 신고하지 않고 핵활동, 농축우라늄과 플루토늄 분리활동을 해왔음을 밝혔다. 핵활동을 은폐하고 IAEA 요원의 사찰활동을 방해하는 이란의 조치들은 이란의 평화적 의지에 대한 국제적 신뢰를 상실하게 했다. IAEA의 사찰결과 발표에 대해 이란은 2003년 IAEA에 신고하지 않은 실험시설을 통해 안전조치에서 금지한 물질들을 얻었고 이러한 물질들을 잃어버렸다고 시인했다.

이란은 2003년 영국, 프랑스, 독일로부터 지원을 받는 조건으로 농축활동과 재처리활동을 연기하는 데 동의했다. 그러나 그러한 유럽연합 3개국과 이란과의 협상노력은 2005년에 무산됐다. 2005년 9월 24일에 IAEA 이사회는 이란이 NPT 규정을 이행하지 않고 있음을 밝혀냈다. 2006년 1월 이란이 핵활동 연구와 발전 프로그램을 재개하도록 결정하자 IAEA 이사회는 2월 4일 유엔 안보리 상임이사회에 이란문제를 보고하기로 했다. 유엔 안보리가 이란에 대한 제재를 논의하자 이란은 유엔의 제재가 결정되면 NPT를 탈퇴하겠다고 선언했다.

2006년 이란 핵위기가 고조되는 상황에서 북한은 이란의 입장을 기본적으로 지지하고 있다. 이란을 지지하는 북한의 기본입장은 두 가지로 나타나고 있다. 첫째, 이란과 북한의 우호관계를 재천명하고 직접적인 화법으로 지지입장을 밝히는 것이다. 2006년 2월 15일 북한 최고인민회의 상임위원회 양형섭 부위원장은 이란대사관이 주최한 연회에서 다음과 같은 연설을 통해 이란에 대한 지지를 명확히 했다.

> "반제, 반미, 자주를 위한 투쟁의 한길에서 맺어진 이란과의 친선 협조관계를
> 귀중히 여기고 있는 우리는 올해에도 쌍무관계를 여러 분야에 걸쳐 높은 단
> 계로 확대발전시키기 위해 적극 노력할 것이며, 평화적 핵활동 권리를 쟁취
> 하기 위한 이란 정부와 인민의 노력에 지지와 연대성을 보낸다."

둘째, 핵확산을 방지하려는 미국의 조치 자체가 유엔헌장 등 국제법
을 유린하고 있으며 부당하다는 주장을 통해 이란 입장을 간접적으로 옹
호하는 것이다. 2006년 3월 11일 제네바군축회의에 참가한 북한대표는
다음과 같은 연설을 통해 핵 관련 미국의 정책을 비판했는데 시기적으로
볼 때 이란을 간접 지지한 것으로 이해될 수 있다.

> "유엔헌장에 담겨진 주권평등의 원칙이 존중되지 않고 국제관계에서 불평등
> 과 불균형이 지속되고 있는 기본요인은 부당한 핵정책과 핵교리에 기인된
> 다. 자기의 핵무기는 보존·강화하면서 다른 나라의 핵활동을 억제하려는
> 행동은 공정하고 평등한 국제관계 수립을 부정하는 것이다. 이러한 핵교리
> 와 핵위협이 지속되는 한 핵전파의 온상도 근절될 수 없다. 국제관계에서 힘
> 에 의해 조래되는 현존 불평등과 불균형을 유익하다고 간주하는 관점은 제
> 거되어야 한다."

북한은 이란의 핵관련 입장을 기본적으로 지지하면서도 공개적으로 이
란을 지칭해 지지하는 데는 신중한 태도를 보이고 있다. 이란 외교관이
주재한 연회에서 이란의 핵정책을 직접 지지한 이외에 이란을 공개적으
로 지지한 자료는 거의 없다. 이란의 정책을 지지하면서도 미국을 자극해
북한 핵문제 해결에 새로운 장애를 만들지 않으려는 것으로 보인다.

미국의 해법에 대한 북한의 반응

미국은 이란이 핵무기를 보유하는 데 일정 정도 기간이 소요되므로 북한보다 심각하게 평가하지는 않고 있다. 하지만 이란이 핵을 보유할 경우 조성될 안보위기는 심각할 것으로 예상된다.

2005년 3월 미 국방성 정보국의 자코비(Jacoby) 국장은 상원 육군위원회에서 "이란이 2010년대 초에는 무기를 생산할 수 있을 것이며, 무기급 플루토늄을 생산하거나 고농축 우라늄을 만드는 데는 수년이 걸릴 것이다"고 증언한 바 있다. 2005년도 미국의 정보평가서는 이란이 핵무기를 만들기까지 10여 년이 걸릴 것이라고 예측했다. 북한이 2005년 2월 10일에 이미 핵무기를 보유하고 있다고 주장하고 실험을 통해 보유를 기정사실화한 핵무기의 폐기를 전제로 6자회담이 진행되고 있는 것을 고려한다면 이란 핵문제는 북한 핵문제보다 시급한 과제는 아니다. 그러나 이란이 핵을 보유할 경우 조성될 중동의 긴장, 중동 테러집단의 접근 가능성을 고려한다면 미국은 이란 핵문제를 북한 핵문제보다 심각하게 고려하고 있다고 볼 수 있다.

미국은 이러한 인식을 토대로 이란의 핵보유를 억제하기 위해 3단계의 전략을 구사하고 있다. 첫째, 이란 핵문제에 대해 공동의 관심을 갖고 2003년부터 2년 간 해결노력을 진행했던 영국, 프랑스, 독일 유럽연합 3개국이 해결해 주기를 바라는 입장이다. 하지만 이러한 노력은 2005년에 사실상 결렬됐다.

둘째, 유엔 안보리를 통한 물리적 해결이다. IAEA는 2006년 2월 4일 이란이 안전조치를 이행하지 않고 있다는 사실을 유엔 안보리에 보고했다. 유엔 안보리는 이 문제를 놓고 이란에 대해 일차적으로 몇 가지 잠정권고를 하거나 필요하다면 결의를 할 것이다. 그러나 이라크 사례를 볼 때 군사적 공동제재에 대한 결의는 쉽지 않을 것이다. 유엔 안보리가 경제적 제재를 고려한다면 이란의 석유·무역·에너지 분야에 대한 제재에 집중될 것이다.

셋째, 미국이 단독으로 이란 핵문제를 해결하는 방법이다. 미국이 세계적 차원에서 갖고 있는 영향력을 활용해 이란을 고립시킬 수도 있고 경제적 봉쇄를 가할 수 있다. 이라크에서와 같이 군사적 공격을 감행할 수도 있다.

이란은 미국이 어떠한 선택을 하더라도 굴복하지 않을 것이라는 입장을 분명히 하고 있다. 우선 유엔의 결의안이 통과되면 결의안을 무시하고 절대적 국가주권 차원에서 핵활동을 지속할 것이라는 사실을 분명히 하고 있다. 일례로 이란은 즉각 NPT를 탈퇴할 것이라고 주장하고 있다. 또한 미국이 군사적으로 제재할 경우 군사적으로 대항할 것임을 분명히 하고 있다. 미국의 공격을 받을 경우 양성된 4만 명의 자살특공대가 미국과 영국을 공격할 것이라고 주장하면서 공격을 차단하려는 심리전을 강화하고 있다.

미국이 갖고 있는 이러한 세 가지 해법은 북한이 자신들의 입장을 정하는 데 큰 영향을 줄 것이다.

첫째, 유럽연합 3개국의 해결노력이 좌절된 원인을 6자회담 운영에 반영할 수도 있을 것이다. 이란 핵개발 의혹이 제기된 2003년 후반기 이를 해결하기 위해 유럽연합 3개국 외무장관 회의가 열렸다. 회담이 열리는 시간 동안 이란은 3개국을 기만하고 핵활동을 지속했다는 의혹을 받았고, 유럽연합 3개국은 이란의 우라늄 농축활동을 영구히 중단시키는 데 실패했다. 2년여의 협상, 일시적인 협상중단 등은 이란이 핵활동을 하는 데 시간을 확보해 준 것으로 볼 수 있다. 이란은 평화적으로 해결하려고 노력하는 기간 중에 협상국 및 국제기구를 기만하고 핵보유 의지를 유지한 가운데 핵활동을 지속했으므로 북한 역시 6자회담이 진행되는 기간을 이용해 비밀리에 핵활동을 지속할 가능성을 배제할 수 없다.

둘째, 북핵실험 이후 2006년 10월 15일 유엔 안보리가 북한에 대한 제재를 결정하자 북한은 불복할 것임을 선언했다. 이란은 NPT를 즉각 탈퇴할 것이라고 위협했는데, 북한은 추가적인 핵보유 노력 또는 핵폭파 실험 등을 카드로 협박할 가능성이 많다.

셋째, 유엔 결의에 의해서든 미국 단독으로든 미국이 군사적으로 이란을 제재한다면 북한은 상당한 충격을 받을 것이다. 북한은 이라크, 이란에 이어 북한이 다음 군사공격의 타깃이 될 것으로 인식할 것이기 때문이다. 따라서 이란의 군사적 대응효과에 따라 학습효과가 다를 것이다. 이란이 공언한 자살특공대 등이 미국의 군사적 제재를 극복한다면 북한은 이란식 저항방법을 택할 것이다. 그러나 이란이 무력하게 미국에 굴복한다면 북한은 전략적 결단을 통해 미국이 원하는 방법으로 핵문제를 해결할 것이다.

넷째, 유엔 결의도 실패하고 미국 단독의 군사적 제재도 국제여론과 미국 내 사정에 의해 불가능한 상황이 지속될 경우 북한은 이란식 저항방법에 매우 고무될 것이다. 미국이 이란 핵문제 해결에 군사적으로 무력한 모습을 보이는 경우 북한 핵문제 역시 장기적으로 미해결 상태로 지속될 것이다. 이러한 상황에서 미국과 이란 간의 양자간 협상을 통해 '보상을 통한 해결'을 합의한다면 북한과 미국 간 양자대화에 대한 해결 가능성도 기대할 수 있을 것이다.

북한의 이원적 태도

북한은 이란 정부의 핵정책에 대해 이원적 태도를 보여주고 있다. 이란의 핵관련 정책을 지지하면서도 공개적으로 지지하는 데는 신중한 모습이다.

이란의 핵정책 추진과정은 북한과 유사하다. 이란은 1959년에 미국으로부터 원자로를 구입했고 1970년대에 핵무기를 보유하려는 국가의지를 가졌다. 20여 년 간 비밀리에 핵개발을 했고 평화적 핵개발 권리를 강조하고 있다. 국제사회의 의심을 받았으나 이를 시인하고 당당하게 다시 핵활동을 지속하고 있다. 제재시 4만 명의 자살특공대를 활용해 극단적인 저항을 할 것이라고 공언하고 있다.

북한은 1950년대 말에 구소련으로부터 원자로를 구입했고 1970년대 이후 핵무기를 보유하려는 의지를 가졌다. 지속적으로 비밀리에 핵무기 개발을 시도했고 1980년대 말에 핵개발 의혹을 받았다. 북한은 이를 시인하고 평화적 핵활동 권리를 강조했고 핵무기 보유를 선언했다. 제재시 총폭탄 정신으로 저항할 것임을 공언하고 있다.

이러한 정책추진 과정의 유사성을 고려할 때 이란 핵문제 해결과정은 북한의 입장에 중요한 영향을 미칠 것이 분명하다. 이 점에서 북한이 이란 핵정책을 공개적으로 지지하는 데 소극적인 입장임을 주시할 필요가 있다. 북한이 이란 핵정책을 공개적으로 지지하지 않는 이유는 미국, 유럽연합 국가 등을 자극해 새로운 장애를 만들지 않으려 하기 때문인 것으로 이해할 수 있다.

북한은 이란의 핵정책을 전폭적으로 지지하고 이란이 미국과의 대결구도에서 정책을 관철시키기를 바라면서도 이를 공개적으로 지지하는 데는 신중한 태도를 보인다. 여기에서 미국에 대한 북한의 두려움을 읽을 수 있다. 이란이 미국에 전략적 양보를 함으로써 문제가 해결된다면 북한 역시 유사한 양보를 할 가능성이 많다. 따라서 미국에 대한 북한의 두려움을 정확히 이해하고 활용하는 대북 핵전략을 마련해야 한다.

핵실험을 수행한 북한에 대한 정책이 이란 핵문제 해결에 매우 중요한 영향을 줄 것이라는 것을 미국의 전략가들은 충분히 알고 있다. 북한 핵을 인정하고 북한과 전략적 협상을 진행할 경우 이란과 다른 중동 국가들도 북한을 모방하는 태도를 보일 것이다. 이러한 상황에서 미국은 예상보다 강경한 방법으로 신속하게 북한 핵문제를 해결할 가능성이 많다.

표 4-1 ● 핵 관련 영문 약어

AEOI	Atomic Energy Organization of Iran
AUC	ammonium uranyl carbonate
AVLIS	atomic vapour laser isotope separation
BHRC	Beneficiation and Hydrometallurgical Center
BNPP	Bushehr Nuclear Power Plant, Bushehr
DIV	design information verification
DU	Depleted Uranium
ENTC	Esfahan Nuclear Technology Centre
FEP	Fuel Enrichment Plant, Natanz
FFL	Fuel Fabrication Laboratory, ENTC
FMP	Fuel Manufacturing Plant, ENTC
GSCR	Graphite, Sub-Critical Reactor, ENTC
HEU	High Enriched Uranium
HWPP	Heavy Water Production Plant, Arak
HWZPR	Heavy Water Zero Power Reactor, ENTC
IAEA	International Atomic Energy Agency
ICR	inventory change report
IR-40	Iran Nuclear Research Reactor, Arak
ISIS	Institute For Science and International Security
JHL	Jabr Ibn Hayan Multipurpose Laboratories, TNRC
LEU	Low Enriched Uranium
LSL	Laser Separation Laboratory, TNRC and Lashkar Ab' ad
LWSCR	Light Water Sub-Critical Reactor, ENTC
NAM	Non-Aligned Movement
MBR	material balance report
MIX	Molybdenum, Iodine and Xenon Radioisotope Facility, TNRC
MNSR	Miniature Neutron Source Reactor, ENTC
NAM	Non-Aligned Movement
NCRI	National Council of Resistance of Iran
NPT	Treaty on the Non-Proliferation of Nuclear Weapons
PFEP	Pilot Fuel Enrichment Plant, Natanz
PHRC	Physics Research Center
PIL	physical inventory listing
SIR	Safeguards Implementation Report
TNRC	Tehran Nuclear Research Centre
TRR	Tehran Research Reactor, Tehran
UCF	Uranium Conversion Facility, ENTC
UCL	Uranium Chemistry Laboratory, ENTC
UF4	uranium tetrachloride
UF6	uranium hexafluoride
UO2	uranium dioxide
U3O8	urano-uranic oxide
ZPP	Zirconium Production Plant

보고 누락	1991년 천연우라늄의 수입과 이 천연우라늄의 추가 처리를 위한 이전
	수입된 천연우라늄의 처리 및 사용과 관련 활동, 그로 인한 폐기물의 생산 및 이전
	1999년 및 2002년 칼라예 전기회사 작업장에서 원심분리 실험을 위해 수입한 천연 6불화우라늄의 사용과 농축 및 감손우라늄의 생산
	1993년 천연 금속우라늄의 수입, 레이저 농축실험에 사용하기 위한 이전, 농축우라늄의 생산 및 실험과정에서의 핵물질 손실, 그로 인한 폐기물의 생산 및 이전
	수입된 감손 이산화우라늄(UO_2), 감손 산화우라늄(U_3O_8) 및 천연 산화우라늄(U_3O_8)로부터 이산화우라늄(UO_2), 산화우라늄(UO_3), 4불화우라늄(UF_4) 및 암모늄우라닐카보네이트(AUC)의 생산과 그로 인한 폐기물의 생산 및 이전
	이스파한원자력기술센터에서 천연 및 감손 이산화우라늄(UO_2) 표적의 생산, 테헤란 연구용 원자로에서 이 표적의 조사 및 처리, 플루토늄 분리, 그로 인한 폐기물의 생산 및 이전, 그리고 테헤란원자력연구센터에서 조사했으나 처리하지 않은 표적의 저장
신고 누락	칼라예 전기회사 작업장에 위치한 실험용 농축시설
	테헤란원자력연구센터에 위치한 레이저 농축공장 및 라시카르 압바드 실험용 우라늄 레이저 농축공장
설계정보, 또는 갱신된 설계정보 제공 누락	1991년 수입된 천연우라늄을 입고, 저장 및 처리한 시설들 : JHL, 테헤란 연구용 원자로, 이스파한원자력기술센터, 이스파한 및 아나락의 폐기물 저장시설
	수입한 감손 이산화우라늄(UO_2), 산화우라늄(U_3O_8) 및 천연 산화우라늄(U_3O_8)으로부터 이산화우라늄(UO_2), 산화우라늄(UO_3), 4불화우라늄(UF_4), 6불화우라늄(UF_6) 및 암모늄우라닐카보네이트(AUC)를 생산한 이스파한원자력기술센터 및 테헤란원자력연구센터의 시설들
	이스파한 및 아나락의 폐기물 저장소
	칼라예 전기회사 작업장의 실험용 농축시설
	테헤란원자력연구센터 및 라시카르 압바드의 레이저 농축공장과 그로 인한 폐기물이 처리 및 저장된 위치, 카라즈(Karaj)의 폐기물 저장시설
	우라늄 표적을 조사한 테헤란 연구용 원자로와 플루토늄을 분리한 테헤란원자력연구센터 시설 및 폐기물 취급시설

05

호르무즈 봉쇄와
유가급등 시나리오

● ● ●

김재두 | 한국국방연구원 연구위원

호르무즈 봉쇄가 전세계에 미치는 영향

호르무즈 해협은 북쪽으로는 이란, 남쪽으로는 아랍에미리트가 있는 걸프 만 입구에 있다. 아라비아 해에서 중동으로 들어가려면 이 곳을 통과해야만 한다. 폭은 좁은 곳은 6km밖에 되지 않으며 해협의 길이는 50km 정도에 불과하다. 그러나 걸프 만 지역 산유국의 주요 석유 선적 터미널이 모두 이 해협 안쪽에 위치하고 있으므로 이 곳이 봉쇄됐을 경우 파장은 무척 클 수밖에 없다. 만일 이라크나 사우디아라비아 등 주요

* 이 글의 작성에 도움을 준 한국석유공사 구자권 팀장님께 감사드린다.

산유국이 육상 송유관을 통해 오만이나 예멘 등 인도양으로 트인 항구에서 선적할 수 있다면 해협이 봉쇄되더라도 어느 정도 지장은 있을지언정 결정적인 수급불안은 나타나지 않을 것이다.

현재 호르무즈 해협을 통과하는 원유의 공급물량은 하루 1,500만~1,600만 배럴 규모로 중동에서 생산되는 물량의 대부분을 차지한다. 경제제재 조치 등에 의해 이란의 석유수출이 차단될 경우 전세계적으로 하루에 2,700만 배럴 정도의 공급 차질이 예상된다. 중동에서 생산되는 원유는 홍해를 거쳐 수에즈 운하를 통과하거나 남아프리카공화국의 희망봉을 거쳐 유럽, 미국으로 수송되기도 한다. 그러나 호르무즈 해협을 통과하는 물량이 압도적으로 많다. 이는 전세계 석유 이동물량의 40%에 해당하지만 동북아 지역에는 결정적 영향을 미친다. 호르무즈 해협을 통과하는 물량은 대부분 동아시아 지역으로 공급되므로 중국, 한국, 일본이 최대 시장인 셈이다.

한국의 경우 오만이나 예멘에서 도입되는 물량을 제외한 중동 수입물량의 100%(일일 175만 배럴, 총 도입원유의 76%)가 호르무즈 해협을 통과한다. 중국이 파키스탄 과다르 항을 포함한 유라시아 남단 항구를 필사적으로 확보하고 철도, 도로, 송유관 건설을 통해 중국 본토까지 연결하는 작업에 가속도를 올리는 것도 호르무즈 해협이 이처럼 선략석으로 중요하기 때문이다. 동북아로 원유가 오기까시는 호르무즈 해협과 더불어 말라카 해협을 건너야 한다. 좁은 뱃길을 두 번이나 통과해야 하는 셈이다. 이란에서 파키스탄, 인도로 이어지는 송유관, 파키스탄에서 히말라야 산맥을 넘어 중국 신장성 카스까지 이어지는 송유관의 건설 등 대형 공사가 속속 진행되는 것도 호르무즈 해협의 특성 때문이다.

특히 중국이 이란, 파키스탄과 함께 호르무즈 해협을 통과하지 않고 송유관을 통해 중국 동부 해안의 주요 지역으로 보내는 구도에 집착하는 것은 이 지역을 미 해군이 실질적으로 장악하고 있기 때문이다. 평상시에야 아무런 제약이 없지만 특정 국가와의 갈등이 발생하거나 물량이동에 제약이 발생할 경우 최종적인 결정권이 물리적으로는 미국에게 있다는 것은 큰 부담이다. 말라카 해협 역시 이에 해당된다. 후진타오(胡錦濤) 주석은 "말라카 딜레마는 중국이 풀어야 할 가장 시급한 과제"라고 언급한 바 있다. 일본 역시 이 말라카 딜레마를 해결하기 위해 타이에 운하를 건설해 보조수단으로 삼는 사업에 참여하는 안을 검토하기도 했다.

해협 봉쇄시 수송할 수 있는 물량

호르무즈 해협이 봉쇄되어 해상수송이 차질을 빚을 경우 육상 송유관 등을 통해 홍해 및 지중해로 수송하는 방법이 있긴 하나 제한된 능력 때문에 본질적인 문제 해결에는 한계가 있다. 현재 일부 송유관이 가동 중이지만 이 송유관은 테러공격에 노출되어 있기 때문에 정상적인 가동을 보장할 수는 없다. 천연가스를 보내다가 송유관으로 전환할 경우 막대한 비용과 시간이 요구되며, 설사 이런 방법을 사용한다 해도 절대량이 부족하다. 현재 이란의 석유수출 물량은 전량 호르무즈 해협을 통과하며 대안 수송로는 없다. 다양한 보조수단이 있다 해도 본질적인 문제를 해결해 주지는 못하지만 그래도 없는 것과는 확연한 차이가 있다.

이란과 파키스탄은 이 문제를 해결하기 위해 두 나라 국경을 통과하는 도로와 철도 개설 방안을 적극적으로 검토하고 있지만 아직 가시화된 상태는 아니다. 유조차를 이용한 운송방안은 단시간 내에 실행될 수 있다는 장점은 있지만 물량이 제한되고 운송비용이 증가하는 한계가 있다. 송유관 공사 역시 상당한 자본과 시간이 요구되는 작업이다. 또한 국제사회의 이해관계에 따라 상당한 저항을 감수해야 하는 점도 부담으로

구 분	운송자원	수송로	최대용량	추정 대체가능 물량	비 고
페트로 라인	원유	걸프 만~홍해	480	250	일부 가동 중
	NGL	걸프 만~홍해	43	–	가동 중
IPSA 라인	원유	걸프 만~홍해	165	–	가스관 전환
탭 라인	원유	걸프 만~지중해	50	50	가동 중단
ITP. 라인	원유	이라크~지중해	160	N/A	가동 중

작용할 수 있다. 중국이 파키스탄 발로치스탄 주의 과다르 항 공사를 적극적으로 지원하고 이란에서 파키스탄으로 이어지는 육상 운송로와 송유관 건설을 서두르는 이면에는 호르무즈 해협 봉쇄라는 원치 않는 상황에 대비해 보조수단을 가지겠다는 동기도 있을 것이다.

사우디아라비아의 페트로 라인(Petroline)은 걸프 만 압카이크(Abqaiq)에서 사우디아라비아를 횡단해서 홍해 연안의 얀부(Yanbu) 항까지 연결되는 총 길이 1,270km의 송유관이다. 현재 즉각 사용될 수 있는 가용물량은 하루에 최대 250만 배럴 규모라고 알려져 있지만 실제로는 이에 못 미칠 가능성이 높다. 사우디아라비아는 2003년 이라크전쟁 직전 이 송유관을 통해 하루 500만 배럴을 공급할 수 있다고 주장한 바 있다. 그러나 현재 가동수준이 50%에 불과하고 두 개 라인 중 한 개가 얀부에 대한 가스공급용으로 전환된 점을 감안하면 호르무즈 해협을 통과하는 물량의 15% 정도를 대체하는 것이 최대치가 될 것이다. 송유관과 같은 노선인 NGL(Natural Gas Liquid) 노선은 여유용량이 없는 것으로 알려지고 있다.

그 외에 IPSA(Iraqi Pipeline To Saudi Arabia) 라인은 이라크에서 사우디를 거쳐 홍해로 수송되는 가스관으로 사용되고 있으며, 사우디아라비아에서 레바논을 거쳐 지중해로 연결되는 탭 라인(Tapline)은 가동중단 상태다. 필요할 경우 재가동할 수는 있으나 절대용량이 적어 문제해결에 큰 도움이 되지 않는다. 이라크에서 터키 세이한(Ceyhan)으로 수송되는

ITP(Iraq-Turkey Pipeline) 라인은 공급량 증대가 가능하나 단기적으로는 대체수송 역할이 힘들 전망이다. 이라크전 이후에도 테러 같은 외부공격은 물론이지만 정전, 관리부실 등의 다양한 문제 때문에 제 기능을 정상적으로 수행하지 못하고 있다.

결론적으로 단기적인 대체가능 수송물량은 페트로 라인과 탭 라인을 합쳐 최대 일일 300만 배럴 수준으로 추정되고 있어 걸프 만 봉쇄 시 석유수급에 큰 차질이 발생하는 것은 불가피한 상황이다. 즉, 사우디아라비아만 자국 수출량의 절반에 해당되는 물량을 수출할 수 있고 기타 걸프 만 국가의 수출은 불가능하다. 이는 곧 하루 1,200만 배럴이 부족하게 된다는 결론이다.

유엔 제재와 해상 봉쇄 가능성

유엔 제재라는 단어는 통상 특정 국가에 한정된다. 그러므로 호르무즈 해협이 유엔 제재에 의해 봉쇄된다는 말은 현실적으로 상상하기 힘든 일이다. 이미 이라크의 사례가 있기 때문에 이란에 대한 유엔 제재는 반드시 비현실적인 사안이라고 볼 수는 없다. 다만 당시에 비해 상황이 너무도 변했기 때문에 훨씬 실행에 옮기기 힘들 것이다. 럼스펠드 장관 퇴임 이후 미국의 대중동정책이 얼마나 가시적인 변화를 보일 것인지가 관건이 될 것이다. 유엔 상임이사국인 중국과 러시아는 이란과 매우 짧은 시간에 동맹관계로 발전했다. 5개 상임이사국 가운데 두 나라가 제재에 반대한다는 것은 실질적 효력을 가진 수단이 되기 어렵다는 것을 뜻한다. 하지만 이런 경우를 생각해 볼 수 있다. 미국이 군사적 제재 쪽으로 강력한 의지를 보일 경우 중국, 러시아는 반대할 가능성이 매우 높다. 다만 이란을 보호한다는 차원에서 핵심적 내용이 빠진 유엔 결의안

통과에 찬성할 수도 있을 것이다. 상당한 시간을 요하는 IAEA 사찰단 파견 같은 내용이 이에 해당될 것이다. 도저히 그 정도 수준으로 미국과 이란 간의 갈등이 봉합되지 않을 경우 실현 가능성은 낮지만 유엔에 의한 제재가 이루어질 수도 있다. 그러나 설사 그런 상황이 온다 해도 현 시점에서 숱한 협상과 진통을 거친 이후에 많은 시간이 지나야 실현 가능할 것이다.

한편 이란이 독자적으로 석유수출을 잠정 중단하거나 공급량을 줄일 경우 유엔 제재에 비해 석유수급에 더욱 결정적인 영향을 줄 수 있다. 이란으로서는 자체적으로 석유수출을 중단할 수는 있다. 하지만 이는 '단일국가의 석유무기화 정책'이므로 파장이 크더라도 호르무즈 해협 봉쇄에 비해 미약하며 이란이 혼자 비난을 뒤집어써야 한다는 부담이 있다. 게다가 국가수입이 감소하는 것은 물론 국제사회에 이란의 책임이라는 빌미까지 줄 수 있는 사안이다. 그러나 최후의 순간에 미국이 해상봉쇄와 군사력 사용이라는 카드를 꺼내 들 수 있듯이 이란은 석유공급 중단이라는 무기를 사용할 수 있다.

해상을 봉쇄하는 경우도 생각해 볼 수 있다. 봉쇄라는 단어 자체는 일방적인 행위다. 이를 위해서는 관련 국가들의 군사력을 압도할 정도의 군사력이 필요한데 현 시점에서는 미국만이 이러한 능력을 보유하고 있다. 미국의 경우 항공력과 해군력은 짧은 준비 기간이 주어진다면 바로 해상봉쇄가 가능한 수준이다. 지상군은 해상봉쇄와는 관련이 없다. 지상군이 필요한 대규모 군사작전은 해상봉쇄보다 한걸음 더 나아간 극약 수준이기 때문이다. 전쟁이건 해상봉쇄건 공급차질이 심각해진다는 측면에서는 큰 차이가 없지만 선별적 통과가 가능한 해상봉쇄에 비해 군사력 충돌은 걸프 만 전반에 걸친 공급이 중단될 가능성이 높으므로 굳이 따지자면 군사충돌의 파장이 더 클 것이다. 다만 미국이 국제사회의 비난을 감수해야 하므로 이는 최후의 수단에 불과하다.

　국가단위가 아닐 경우 상정 가능한 시나리오는 테러집단이 이 해협을 지나가는 유조선을 폭파하는 방안이다. 충격효과의 장기화를 위해 재래식 폭탄에 방사능 물질을 채운 '더러운 폭탄(Dirty bomb)'과 함께 사용할 가능성도 배제할 수는 없다. 실제로 많은 테러전문가들이 향후 대형 테러는 예방능력이 강화된 항공기보다 상대적으로 취약한 선박이나 항구가 될 가능성이 크다고 지적하고 있다. 그러나 이 역시 대단히 높은 부담을 감수해야 하는 비현실적인 방안이다. 지난 1991년의 걸프전 당시 이라크가 폭파한 유전시설 때문에 대량의 원유가 걸프 만을 오염시킨 적이 있다. 전쟁의 그늘에 가려 국내에는 비교적 덜 알려졌지만 심각한 환경오염이 발생했으며 세계적으로 희귀한 동식물이 멸종되기도 했다. 만일 핵물질까지 사용한다면 파장이야 크겠지만 테러집단은 존립근거를 말살 당하게 될 공산이 크다. 전세계로부터 비난의 대상이 될 것이기 때문이다. 다만 이란과 미국 간에 군사적 충돌이 발생해 통제 불가능한 상황에서 미국에게 책임을 돌리려 이 방법을 시도할 수도 있다. 그렇다 하더라도 주요 해역이 오염된다는 것은 중동 전체 국가의 공적(公敵)이 된다는 것을 의미하기 때문에 현실 가능성이 희박하다.

　이 모든 것이 현실적으로 가능한 시점은 이란의 핵개발이 위험수위에 다다르고 미국이 군사적으로 해결하겠다는 의지를 암시하기 시작할 때부터일 것이다. 중국의 중유 공급중단 압력이 북한으로 하여금 6자회담에 복귀하게 만드는 지렛대로 작용했듯이 호르무즈 해협이 봉쇄될 경우 가장 큰 타격을 입는 국가는 중국이 될 것이다. 한국과 일본은 상당한 수준의 석유 비축능력이 있다. 미국이나 유엔이 주도하는 대이란 제재에 중국과 러시아가 끝내 반대하거나 소극적으로 나올 경우 미국이 취할 수 있는 유일한 방안이 전쟁이라는 군사적 수단이라고 생각한다면 큰 오산이다. 유엔 결의안에 의한 이란 제재가 가능하다면 미국으로서는 가장 바람직할 일이고, 안 될 경우라 하더라도 미국은 독자적인 군사적 능력을 보유하고 있다. 일종의 벼랑끝 전술이 되겠지만 이란의 석유수출이 중단되면 중국은 10% 이상 공급 차질이 발생한다. 만일 호르무즈 해협이 봉쇄되어 2주만 경과해도 중국은 당장 치명적인 공급부족에 봉착할 것이다. 외교적 협상이 아니라 외교적인 대타결에 적극적으로 나설 수밖에 없는 상황이 된다. 이는 군사적 긴장 수위를 대폭 올림으로써 중국이 외교적 해결에 발 벗고 나서게 하는 방법이다.

걸프 만으로부터의 석유수급이 차질을 빚는 것은 마냥 비현실적인 상상이 아니다. 실제로 1980년부터 1988년까지 벌어진 이란 - 이라크전쟁 당시 양국은 상대 국가의 유조선을 공격해 이른바 '유조선 전쟁'이라는 상황을 연출했다. 1984년부터 1987년 사이의 일이다. 수십 척의 유조선이 침몰함에 따라 1984년 걸프 만의 석유 수송량은 25% 정도 감소했다. 1984년 이라크가 이란 항구에 무력시위를 감행한 이후 이란이 보복차원에서 쿠웨이트와 사우디아라비아의 유조선을 공격하면서 피해는 확산됐다. 사우디아라비아는 이 사건 이후 호르무즈 해협을 우회하는 대체 수송로 확보의 중요성을 다시 한번 인식하기에 이르렀다. 이에 1993년 페트로 라인은 일일 480만 배럴로 확장됐다.

석유수급에 영향을 미치는 3가지 시나리오

호르무즈 해협이 봉쇄되거나 이란의 석유수출이 중단되는 몇 가지 상황을 살펴본 과정에서 알 수 있듯이 현실적 가능성은 낮지만 발생할 수 있는 상황은 다양하다. 결론적으로 석유수급과 유가급등과 관련해 다음과 같은 세 가지 상황을 상정해 볼 수 있다.

표 5-2 ● 이란 석유수출 중단시 석유물량(단위 : 백만배럴)

	구 분	10일	20일	1개월	비고
전체	평시 통과물량(A)	155	310	465	1,550만b/d로 가정
	이란 석유수출 금지시 호르무즈 해협 통과물량(B)	128	256	384	이란 석유수출 차질량을 270만b/d로 가정
	대체수송 물량(C)	–	–	–	
	차질물량(A−B+C)	27	54	81	세계 수입량의 6%
한국	평시 원유 총 도입물량(A)	23	46	69	230만b/d로 가정
	평시 호르무즈 해협 통과 도입물량(B)	18	35	53	
	이란 석유수출 금지시 호르무즈 해협 통과 도입물량(C)	16	32	48	이란 수입량을 20만b/d로 가정
	대체수송 도입물량(D)	–	–	–	
	도입차질 물량(B−C+D)	2	3	5	전체 도입량의 7%

이란의 석유수출이 중단되는 경우

유엔이 이란에 대해 석유수출을 금지시키거나 이란 스스로 공급을 중단하는 상황을 상정해 볼 수 있다. 주체나 상황에 관계없이 석유시장에서 이란의 공급이 중단되면 하루 270만 배럴의 부족분이 발생한다. 물론 이란 이외의 걸프 만에 위치한 국가들의 공급은 지속된다는 점을 전제로 한다. 한국은 이란으로부터 하루에 약 20만 배럴의 원유를 도입하고 있으며 이 물량의 공급 차질은 불가피할 것이다.

호르무즈 해협을 봉쇄하고 대체수송이 가능한 경우

호르무즈 해협은 봉쇄되더라도 대체수송은 정상적으로 진행되는 경우를 의미한다. 여기에는 이란이 독자적으로 유엔 제재에 반발해 호르무즈 해협을 봉쇄하는 것도 포함될 수 있다. 걸프 만 산유국 중 사우디아라비아가 홍해 및 지중해로 연결되는 대체수송로(페트로 라인 등)를 활용해 수출할 수 있는 물량은 일일 300만 배럴이 최대치가 될 것이다. 이 대체

표 5-3 ● 호르무즈 해협 봉쇄 및 대체수송 가능시 석유물량(단위 : 백만배럴)

구분		10일	20일	1개월	비고
전체	평시 통과물량(A)	155	310	465	1,550만b/d로 가정
	호르무즈 해협 봉쇄시 통과물량(B)	–	–	–	
	대체수송 추가물량(C)	30	60	90	
	차질물량(A–C)	125	250	375	세계 수입량의 26%
한국	평시 원유 총 도입물량(A)	23	46	69	
	평시 호르무즈 해협 통과 도입물량(B)	18	35	53	175만b/d로 가정
	호르무즈 해협 봉쇄시 통과물량(C)	–	–	–	
	대체수송 도입물량(D)	3.6	7.2	10.8	사우디아라비아의 대한국 수출비중을 12%로 가정
	도입차질 물량(B–D)	14.4	27.8	42.2	전체 도입량의 61%

물량 중에서 한국이 추가로 도입할 수 있는 양은 일일 36만 배럴 규모로 추정된다.

호르무즈 해협을 봉쇄하고 대체수송이 마비되는 경우

이것은 최악의 상황으로서 호르무즈 해협이 봉쇄되면서 사우디아라비아 홍해로 연결되는 대체수송로도 기능을 할 수 없는 경우다. 이는 군사적인 충돌이 발생했을 때가 될 것이다. 이럴 경우는 이란뿐 아니라 걸프 만 연안의 모든 국가의 석유수출이 중단될 가능성이 높다. 이 상황에서는 한국이 중동 걸프 만 지역으로부터 도입하는 물량 전체가 차질을 빚을 가능성이 많다.

이런 수준의 공급차질은 국제에너지기구(IEA)의 비상방출 요건을 충족하며, 단기적으로는 전략 비축유 방출과 함께 IEA 및 선진 소비국들은 소비절약 등 수요 측면의 장기 대응책을 시행할 가능성이 높다.

이 세 가지 유형의 공급차질을 하나의 도표로 정리하면 〈표 5-4〉와 같다.

표 5-4 ● 석유물량 공급 차질 시나리오(단위 : 백만배럴)

구 분		10일	20일	1개월	차질비율*	비 고
유엔 제재 : 유엔 제재 등으로 이란의 석유수출 전면금지	전체	27	54	81	6%	수출물량을 2,700만b/d로 가정
	한국	2	3	5	7%	수입물량을 18만 5,000b/d로 가정
걸프 만 봉쇄 : 이란의 호르무즈 해협 봉쇄, 대체수송(사우디아라비아) 가능	전체	125	250	375	26%	통과수출 물량을 1,550만b/d 가정 대체물량을 3만b/d 가정
	한국	14	28	42	61%	통과수입 물량을 175만b/d로 가정 사우디아라비아의 대한국 수출비율을 12%로 가정
걸프 만 확전 : 전면전 확대, 대체수송 불가	전체	155	310	465	32%	통과수출 물량을 1,550만b/d로 가정
	한국	18	35	53	76%	통과수입 물량을 175만b/d로 가정

* 차질비율은 세계 수입량(전체 48b/d), 도입량(한국 2.3b/d) 대비

우리나라의 단기 대응능력

IEA의 기준에 의한 한국의 비축물량(제품 포함)은 현재 약 110일분에 해당하므로 단기적으로는 대처하는 데 지장이 없다. 전략 비축유를 방출해야 하는 상황이 그다지 길지는 않을 것이라는 일반적 전망을 고려한다면 물량부족 같은 극단적 상황은 발생할 가능성이 낮다. 다만 이런 상황에서는 유가가 급등할 가능성이 높으므로 방출한 양을 다시 비축할 시점을 언제로 잡는가에 따라 비용이 증가할 가능성은 존재한다.

호르무즈 해협 봉쇄나 기타 공급 차질시 비축유를 방출하는 방안 외에도 단기적으로는 우리나라가 참여하고 있는 해외 개발사업 원유를 직접 도입하거나 스와프(swap) 거래를 추진하는 방안이 채택될 수도 있다.

표 5-5 ● 우리나라 원유비축량과 비축일수(단위 : 천배럴)

구분		6월	7월	8월	9월	10월	11월
비축량	정부	73,246	74,650	74,550	74,549	74,499	72,485
	민간	80,048	83,550	84,735	7,277	85,685	79,199
	계	153,294	158,200	159,015	151,826	160,185	151,684
비축일수	정부	55일	56일	56일	56일	56일	55일
	민간	55일	59일	59일	54일	59일	54일
	계	110일	115일	115일	110일	115일	109일

* 제품을 제외한 원유비축량의 지속일은 이란이 석유수출을 중단할 시 약 1년 이상, 걸프 만 봉쇄 시 약 50~65일 수준이다.

이러한 방안들은 수송거리가 길어지고 수송비가 많이 들며 값비싼 현물을 들여와야 한다는 단점이 있으나 비상상황에서는 하나의 대안으로 고려될 수 있다.

석유수출 중단에 따른 파장 전망

이란 석유수출이 전면 금지되거나 걸프 만이 봉쇄되는 경우는 사전에 상당한 외교적 노력이 반복해서 결렬되거나 군사적 긴장도가 높아지는 사전 징후들이 있어야 발생 가능한 극단적인 상황이다. 따라서 현실적으로는 그 이전에 최악의 상황을 막기 위한 다양한 노력들이 시도될 것이며 이는 사전에 가능한 모든 대비책이 점검된다는 것을 의미한다. 제3의 오일쇼크가 발생할 가능성도 배제할 순 없지만 사전에 경고된 상황은 극단적 쇼크를 불러일으키기 힘들다.

이란의 석유수출이 금지되는 경우에도 주변 국가들의 행동에 따라 충격은 심한 편차를 보일 것이다. 시장 불안감이 있긴 하겠지만 주변 중동 산유국이나 러시아, 북해유전 등 기타 지역이 증산을 하기로 공감대가 형성된다면 충격은 예상보다 작고 단기간에 끝날 수 있다. 그러나 미국과 이란이 서로 벼랑끝 전술을 구사하며 사태가 장기화되고 베네수엘라 등이 이란의 노선에 동조하는 경우 상황은 더욱 심각하게 지속될 수도 있다.

특히 석유수요가 급증하고 중동 지역 의존도가 최대 80%에 달하는 동북아 지역은 큰 차질을 빚을 수 있다. 중동 지역에서 전쟁이 발발할 경우 '아시아 프리미엄'이 일반적으로 6배 정도 확대되는 것으로 알려져 있다. 최근 석유수급이 빠듯하고 유가가 인상되는 상황에서 안보리 상임이사국 및 선진소비국은 호르무즈 해협 봉쇄에 따른 석유수급 차질로 국내외 경제가 혼란에 빠지는 것을 원치 않을 것이다. 이란 역시 최대 수입원인 석유수출이 중단되는 것은 바라지 않으며, 중국도 자국 에너지안보의 우산역할을 하는 이란의 자금줄이 막히는 것을 원치 않을 것이다.

다만 최악의 경우 핵확산을 우려하는 이스라엘이나 미국이 전격적으로 군사행동을 감행한다면 호르무즈 해협이 봉쇄되거나 1차 석유위기와 같이 아랍국가의 자원무기화 정책이 전개될 수도 있다. 우리나라는 비축유 방출 등 단기적 대처방안을 확보하고 있어 이런 상황이 닥치더라도 극단적인 석유수급 차질은 발생하지 않을 것으로 예상된다. 다만 배럴당 100달러까지 치솟는 유가급등의 부담은 대부분의 국가가 피하기 어려울 것이다.

06

한국의 해외자원 개발 현주소

고정식 | 열린우리당 산업자원 수석전문위원

이란인에게 석유가 갖는 의미

세계는 이란을 사우디아라비아에 이은 2위의 석유자원 보유국으로서 풍부한 자원을 가진 축복받은 나라로 생각하고 있다. 이란의 정치지도자들 역시 종종 엄청난 석유자원 보유국이라는 자신의 힘을 과시하는 발언을 하곤 한다. 그러나 필자가 유엔 아시아태평양경제사회위원회(ESCAP)의 아태 지역 에너지정책 자문관으로 근무할 당시 만났던 이란의 일부 지식인들은 자국의 석유자원에 대해 전혀 다른 견해를 가지고 있었다. 그들은 "석유라는 이지머니(Easy Money) 때문에 근세 이란의 집권세력들이 부패했고 외세가 개입하는 원인을 제공했다. 이러한 이지머니의 원천인 석유자원이 빨리 고갈돼야 이란은 다시 위대한 조상인 페르시아 제국의 후예라는 긍지를 되찾고 강대국이 될 수 있다"고 주장했다. 그들의 조상이 석유자원 없이 페르시아 제국을 건설했던 것이 사실인 만큼 일면 타당한 논리로 생각된다.

이란 사람들에게 있어 석유는 현실세계에서 강대국에 맞설 수 있는 힘의 원천인 동시에 국가발전을 본질적으로 저해하는 두 얼굴을 가진 존재로 인식되고 있는 듯하다.

그렇다면 이란인들이 한국을 보는 시각은 어떨까? 이란인들에게 한국인은 70년대에 남루한 옷차림의 근로자로 자국에 일하러 왔던 사람들이고, 불과 20여 년 뒤에는 세계 10위권의 경제규모를 이룩한 경이적인 사람들로 비추어지고 있다. 천연자원이라고는 거의 없는 우리가 짧은 기간에 엄청난 발전을 한 데 비해 세계 유수의 석유자원을 보유하고 있는 이란이 수십 년 동안 경제적인 답보상태에 놓여 있는 것은 자연스럽게 그들에게 '석유자원이 축복인가 재앙인가'라는 의문을 갖게 만들었다. 이란 사람들과 자원협력 문제를 협의하다 보면 그들의 자세와 태도에서 종종 자신들의 조상이 누구였는지 결코 잊지 않고 있다는 느낌을 지울 수가 없었다. 어쩌면 요즈음의 핵개발 문제도 그들의 뿌리 깊은 역사적 자긍심의 발로로 설명할 수 있을 것이다.

한국의 해외자원 개발사업 추진 현황

해외자원 개발사업 개황

우리나라는 주요 선진국들에 비해 해외자원 개발의 역사가 일천하다. 당연한 일이지만 경제규모가 미미했던 시절에는 해외자원을 개발할 필요도 없었고 그럴 만한 능력도 없었다. 그러다가 수출 주도형 산업화 정책을 근간으로 하는 경제개발이 본격화되고 국민 생활수준이 급격히 향상됨에 따라 석유, 가스 등 에너지 자원은 물론 각종 소재산업의 원료광물 수요도 크게 증가하자 해외자원 개발사업의 중요성을 인식하기 시작했다. 특히 2차 석유위기를 전후해 이러한 인식은 널리 확산되어 에너지 자원을 전담하는 동력자원부가 1978년 초 발족했다. 동력자원부가 발족함에 따라 해외자원 개발사업을 제도적 틀 아래 체계적으로 추진할 수 있는 바탕이 마련됐다. 최초의 해외유전 개발사업은 1981년 착수한 인도네시아의 마두라유전 개발이었다. 그러나 80년대 중반까지는 기업들의 자금이나 기술수준이 극히 열악했고 정부의 지원규모도 적어 성과가 극히 제한적일 수밖에 없었다. 어려운 여건 하에서 해외자원 개발사업이 추진되어 오다가 1986년 이후 수년 간 지속된 세계 석유시장의 공급과잉 시기에 정부는 연간 1조 원에 달하는 대규모의 재원을 조성해 석유비축, LNG 및 지역난방 보급, 해외자원 개발사업을 비롯한 에너지 공급안정을 위한 제반 사업을 본격적으로 추진했다. 특히 위험부담이 매우 높은 탐사사업에 대해 실패할 경우 손실을 정부가 부담해 주고 성공할 경우 원리금과 함께 특별분담금을 추가로 분배받는 성공불융자 지원에 힘입어 해외자원 개발사업은 새로운 발전의 전기를 맞이하게 됐다.

정부의 적극적인 지원으로 80년대 후반부터 해외자원 개발사업은 지속적인 성장을 거듭했으나 1997년 IMF 외환위기로 인해 자원개발 사업의 기반은 급속히 붕괴됐다.

신규사업 수도 1997년 19개에서 1998년에는 5개로 대폭 축소됐고, 철수사업도 급증해 1997~2002년 동안 26개 사업에서 철수했다. IMF 이후 위축됐던 해외자원 개발사업은 최근 들어 다시 활발해지고 있다. 신규사업 참여 수가 2005년 20개 사업에 달했고, 투자규모도 2004년 6억 7,000만 달러를 기록해 1997년의 6억 달러 수준을 상회했으며, 2005년에는 사상 최고치인 8억 달러 수준의 투자가 이루어지는 등 IMF 이전 수준을 회복하고 있다(〈그림 6-1〉 참조).

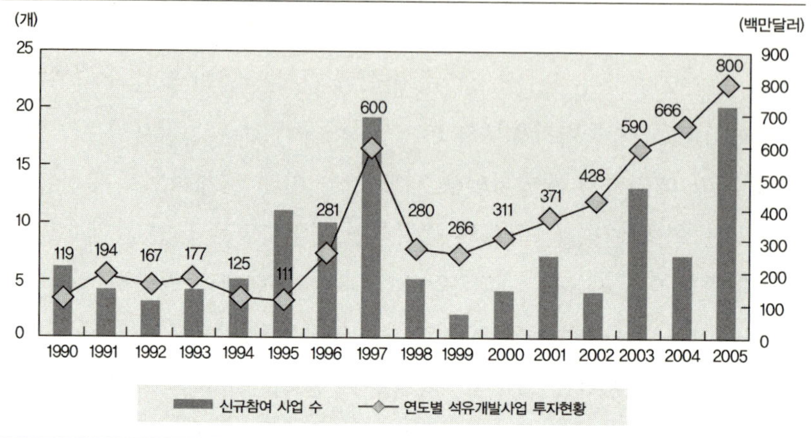

최근 해외자원 개발사업의 특징

해외자원 개발사업은 참여정부의 출범과 함께 외형적인 신장을 거듭했고 카자흐스탄, 러시아, 인도, 브라질 정상순방을 통해 새로 부상하는 자원 전략지역 개척, 대형 프로젝트 수주 등 해외자원 개발의 새로운 전기를 마련했다. 특히 특정지역 의존도가 높은 석유·철광석 등을 전략적으로 확보함으로써 도입선 다변화를 통한 자원안보에 크게 기여했다 (〈표 6-1〉 참조).

한편 정상외교를 발판으로 석유공사 및 민간기업들의 신규 유망자원 개발사업도 최근 가시적인 성과가 도출되고 있으며 대표적인 사업은 〈표 6-2〉와 같다.

특히 해외유전 탐사가 연이어 성공함에 따라 관련 조직 확대, 인력 확충 등 자원개발 저변이 확대되고 있는 추세이며, 석유공사, SK, 대우, GS 등을 중심으로 현지 사무소 개설 및 인력 확충이 계속되고 있다.

정상외교, 축적된 탐사기술, 적극적 해외투자의 결과로 최근 자주개발 생산량 및 자주개발률이 대폭 향상되고 있다. 자주개발 생산량은

표 6-1 ● 정상외교를 통한 해외자원 개발의 성과

자원	의존도	정상외교 성과	비고

원유	중동(80%)	– 총 21억 배럴 규모의 유전확보(한국측 지분 감안)
		– 카자흐스탄(잠빌, 4억 3,000만 배럴),
		  러시아(서캄차카, 15억 배럴), 브라질(BMC 30광구 및 32광구,
		  1억 3,000만 배럴), 베트남(11-2광구, 4,000만 배럴)
			2.5년 사용분
			연간 도입량
			(8억 배럴)

철광석	호주(65%)	– 총 7억 톤 규모의 철광석 장기도입 체결 – 인도(30년 간 6억 톤), 브라질(10년 간 1억 톤)	16년 사용분 연간 도입량 4,400만 톤

표 6-2 ● 신규 유망자원 개발사업에 참여한 기업

국가	참여기업	성 과
나이지리아	석유공사, 한전, 대우해양조선	– 초대형 2개 심해광구 낙찰 성공(2005. 8) : 추정매장량 각 10억 배럴
예멘	석유공사	– 예멘 4광구 낙찰(2005. 9) : 2억 5,000만 배럴 규모 – 탐사광구 2억 1,000만 배럴, 개발광구 4,000만 배럴
브라질	SK	– BMC 8광구 탐사 성공으로 2,000만 배럴 확보
리비아	석유공사, SK 등	– 엘리펀트 유전 증산(15만b/d, 2005년 말) – 5개 신규유전 입찰 참여
미얀마	대우인터내셔널	– A-1 광구에서 1억 톤 규모의 LNG 확보(2005. 8)

그림 6-2 ● 석유 자주개발 현황(석유, 가스 합산)

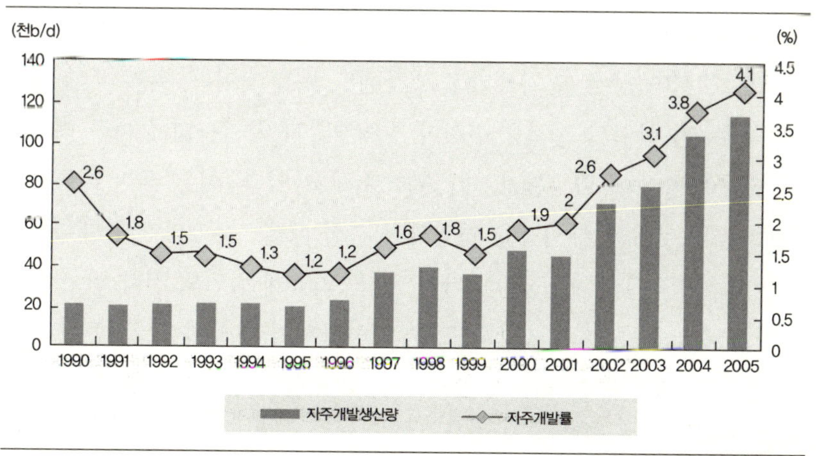

2003년 베트남(15-1광구), 2004년 리비아(엘리펀트 유전) 및 페루(카미시아 광구) 등 해외유전 상업생산의 잇따른 성공에 힘입어 2005년에는 일일 12만 배럴에 달했다. 자주개발률은 지난 80~90년대의 1%대를 벗어나 2001년 2%를 달성했으며, 그 이후 지속적으로 향상되어 2005년에는 4% 수준을 기록했다(〈그림 6-2〉 참조).

주요자원 보유국과 소비국의 해외자원 개발동향

세계 에너지 시장의 최근 동향은 자원 보유국의 자원통제 및 국유화 강화로 요약된다. 주요자원 보유국별로는 아래와 같은 특징을 보이고 있다.

첫째, 러시아는 푸틴 대통령 집권 이후 국영가스회사인 가스프롬(Gazprom)의 정부지분 확대, 국영석유회사인 로스네프트(Rosneft)사의 민간석유회사 흡수 등을 통해 석유가스 등 에너지 산업에 대한 국가통제력 강화를 추진하고 있다.

가스프롬은 최근의 고유가에 힘입어 이미 자산가치 2,400억 달러에 달하는 세계 5위 기업으로 성장했으며, 러시아 정부는 고유가 추세가 지속될 경우 머지않아 세계 1위의 기업이 될 것으로 기대하고 있다. 가즈프롬은 러시아 정부 그 자체라고 생각해도 좋을 것이다. 특히 푸틴 대통령은 에너지 산업과 정책을 러시아 경제개발과 국제사회에 대한 러시아의 영향력 증대에 필수불가결한 요소로 보고 있다. 이는 푸틴 대통령이 상트페테르부르크 부시장을 역임하던 시절 페테르부르크 광산대학에서 받은 박사학위 논문에도 잘 나타나 있다. 외국계 법인의 전략 광구 참여 제한을 위한 2004년 세제강화 조치, 지하자원법 개정 추진 등 현행 러시아 정부의 에너지 정책은 사실상 푸틴 대통령의 박사학위 논문 내용과 궤를 같이한다고 해도 과언이 아니다.

　　둘째, 중동 산유국들은 70년대 초 석유부문 국유화 정책 이후 현재까지 국영기업의 영향력이 지속적으로 확대되어 왔다. 다만 이라크의 경우 신정부 수립과 함께 산업재건 재원조성을 위해 외국기업의 유전개발 일부 참여를 허용할 것으로 예상되며, 상대적으로 그간 석유자원 개발이 저조해 축적된 자체 투자재원이 없는 예멘 등 극히 일부 국가에 대해서만 외국기업들의 주요지분 투자기회가 주어진 실정이다. 사우디아라비아의 아람코(Aramco)사, 이란의 국영석유공사(NIOC), 쿠웨이트의 국영석유회사(KPC) 등의 능력과 영향력은 실로 엄청나다. 서방 최대의 석유회사인 엑슨 모빌(Exxon Mobil)사의 석유 매장량(129억 배럴)이 아람코사(2,594억 배럴)의 20분의 1에도 못 미치는 규모인 것만 보더라도 중동 산유국 주요 국영석유회사들의 위력을 실감할 수 있을 것이다.

　　셋째, 중남미에서도 반미성향의 차베스 베네수엘라 정부가 자국의 국영석유회사를 통해 석유산업 지배력 강화를 추진하는 등 자원국유화의 목소리를 높이고 있어 외국기업의 주요지분 참여기회는 앞으로 점차 축소될 것으로 전망된다. 최근의 베네수엘라 사태와 관련해 미국은 석유 수입선 전환을, 베네수엘라는 수출 대상국 변경을 추진 중인 것으로 알려졌다. 미국의 석유 수입량 가운데 베네수엘라가 차지하는 비중은 7% 정도다.

　　한편 주요자원 소비국 산의 자원확보 경쟁은 날로 가속화되고 있다. 특히 최근에는 후발 거대 개도국인 중국과 인도가 구미, 한국, 일본 등 전통적인 에너지 수입국과 에너지 자원수입 및 개발시장에서 경합하고 있다. 중국과 인도의 움직임을 간략히 살펴보면 다음과 같다.

　　우선 중국은 급속한 경제성장에 따른 에너지 수요급등 및 자국유전 생산감소로 해외자원 개발에 국력을 집중하고 있다. 적극적인 정상 자원외교를 바탕으로 3대 국영석유사(CNPC, CNOOC, SINOPEC)가 전세계를 대상으로 유전개발 및 매입을 추진 중이어서 최근 에콰도르 유전(1억

5,000만 배럴)을 비롯해 아프리카(수단, 알제리), 중동(이란, 예멘), 동남아시아(인도), 중앙아시아(카자흐, 아제르바이잔) 지역의 유전을 지속적으로 확보하고 있다.

CNPC는 2020년까지 해외자원 개발에 180억 달러를 투자할 계획이다. 특히 최근에는 탐사유전보다는 41억 8,000만 달러를 들여 페트로카자흐스탄사를 인수하는 등 생산유전을 보유한 석유기업 인수에 큰 관심을 보이고 있다. CNPC는 페트로카자흐스탄 인수로 신흥 거대 산유국으로 부상하고 있는 카자흐스탄 내 원유생산량의 3분의 1을 확보했다. CNOOC는 미국의 유노컬(Unocal)사를 인수하기 위해 185억 달러를 제시했으나 미국 의회의 반대로 무산됐다.

한편 인도는 ONGC사가 사할린 제1광구의 20%를 획득하는 등 최근 본격적인 해외유전 확보에 나섰으나 중국으로 인해 페트로카자흐스탄 인수, 수단 및 인도네시아 유전 개발사업 등에서 잇따라 실패했다. 이에 따라 14개 국영석유회사 및 국영가스회사를 통합하는 방안을 검토 중인 것으로 알려졌다. 최근에 나이지리아 해상유전 개발권을 놓고 우리나라와도 격렬하게 경쟁했으나 주요지분을 획득하지는 못했다. 우리나라와는 향후 상호간에 해외탐사 광구입찰에서 과당경쟁을 지양하고 협조하자는 양해각서를 2005년 11월 체결한 바 있다. 이란과도 천연가스 등 에너지 분야에서의 협력강화를 원하고 있는데, 미국과의 관계를 중시하는 인도 정부의 정책상 이란 핵개발 프로그램을 둘러싸고 이란과의 관계설정에 무척 고심하고 있는 것으로 알려졌다. 한편 인도는 최근 지속적 경제성장에 따라 자국의 위상이 높아진 것을 적절히 활용해 한국, 일본, 중국, 인도 등 아시아 주요 소비국과 중동 산유국, 카스피 해 연안 산유국 그룹과의 대화를 주도하는 등 활발한 에너지 다자외교를 전개하고 있다.

일본은 전통적으로 에너지 자원의 확보를 위해 꾸준히 국가적인 노력을 기울여 왔다. 이는 일본이 미국을 상대로 2차 세계대전을 수행하면서 자원빈국으로서의 한계를 뼈저리게 느꼈고 그 경험이 집단적으로 계승되어 온 것으로 판단된다. 당시 식민지 백성이었던 우리 민족에게서 탄피를 만들기 위해 놋쇠그릇을 빼앗아 가고 학생들에게는 소나무 관솔을 따도록 강요했던 것은 석유와 광물자원 부족을 타개하기 위해 발악했던 일본 제국주의자들의 대표적 사례라 하겠다. 그러나 우리는 당시의 자원수탈을 개인과 가족의 수난으로만 받아들였을 뿐 일본 제국주의자들이 왜 그런 짓을 했는지 그 뜻을 헤아려 훗날 교훈으로 삼을 여유가 없었으니 참으로 안타까운 일이다.

일본은 지금도 동시베리아 송유관, 동중국해 가스전 탐사 등 자원확보를 위해 중국과 치열하게 경쟁 중이며, 미국과의 관계를 중시하면서도 이란의 아자데간 유전 개발권을 확보하고자 노력하는 등 실리를 챙기기 위해 기민하게 대응하고 있다.

해외자원 개발정책의 추진방향

성공사례를 통한 시사점

우리나라는 주요 경쟁국에 비해 자금과 기술면에서 열세이고 자원 보유국에 대한 이해도나 역사적 관계에 있어서도 무엇 하나 유리한 것이 없는 실정이다. 그럼에도 불구하고 최근에 제한적이기는 하지만 해외자원 개발에서 몇 가지 성공사례가 있다. 이 성공사례를 바탕으로 해외진출을 효율적으로 추진하기 위한 몇 가지 유형별 전략적 시사점을 다음과 같이 도출할 수 있다.

첫째, 구 사회주의권, 정부 주도의 자원개발 개도국 또는 자원개발 진출경험이 전무한 국가의 자원을 확보하고자 할 때 정상 자원외교는 우리

표 6-3 ● 우리나라 해외자원 개발 성공사례

성공요인	주요 사례
정상외교 돌파	– 러시아 : 서캄차카 유전, 사하공화국 광물개발(엘가 프로젝트) – 카자흐스탄 : 잠빌 유전, 브데노보스코(우라늄광) – 베트남 : 11–2광구, 인도네시아 넴(NEM) 1, 2광구 공동탐사 – 우즈베키스탄 : 자파드노(금광), 잔타우르(우라늄광) 공동조사
에너지 산업 동반진출	– 나이지리아 초대형 유전 및 발전설비 – 인도 철광석 및 포스코 제철소
기술 · 자본 바탕 민간 주도	– 유전확보 : 베트남(15–1광구), 예멘(4광구), 브라질(BMC 8광구) – 에너지 설비 진출 : 필리핀(발전분야), 리비아(배전분야)
한국 구매력 배경	– 카타르 및 오만 LNG 지분 각각 5% 획득 – 예멘 LNG 지분 6% 획득

기업의 자원개발 진출에 매우 효과적이다. 또한 핵심인사와의 직접적 접촉, 협상절차의 단축, 교착 상태인 실무협의 타개 등에 실질적인 도움을 준다.

둘째, 자원 보유국과 함께 에너지 산업에 동반진출하는 것이다. 자원 보유국의 여건과 우리나라 에너지 산업의 강점을 전략적으로 결합함으로써 자원개발 경험부족, 메이저 기업 미보유 등의 열악한 환경을 극복할 수 있다. 특히 전력 · 가스 등 에너지 설비를 수출할 경우 국내 관련 산업(엔지니어링, 설비, 부품 · 소재 등)에 미치는 파급효과가 막대하고 해당 지역 내에 추가 자원을 확보하기 위한 유리한 위치를 선점할 수 있다.

셋째, 우리나라도 지금은 자원개발 및 에너지 설비에서 상당한 수준의 기술력을 보유하고 있으므로 이를 적절히 활용하면 적지 않은 성과를 거둘 수 있다. 베트남 15-1광구의 성공사례는 축적된 자본이나 글로벌 브랜드가 없더라도 우수한 탐사기술을 보유하고 있으면 자원확보와 직결될 수 있다는 점을 입증했다. 앞으로 현행 탐사기술 일변도에서 벗어나 개발 · 생산단계의 기술 노하우도 축적함으로써 기술 선도형 자원개발 전략을 더욱 강화해야 한다. 필리핀에서 한전이 발전사업에 성공한 사례 역시 그간 축적된 전력기술에 힘입은 것이다.

넷째, 지금과 같이 자원확보 경쟁이 심한 상황에서는 경우에 따라 구매력도 자원확보를 위한 수단이 된다. 2005년에 체결한 예멘과의 LNG 장기계약은 공급자 간의 경쟁구도가 구축될 경우 가스 구매력이 자원확보에 활용될 수 있음을 시사한다. 앞으로 구매력을 자원확보에 활용하는 것은 물론, 이를 관련 설비(액화설비, 부대 파이프라인, LNG 선박 등) 진출로 연계시키는 노력이 필요하다.

해외자원 개발정책 추진방향과 과제

최근 성공사례에 힘입어 우리나라 에너지 산업의 해외진출은 앞으로 더욱 확대될 것으로 전망된다. 하지만 미국, 유럽연합 등 선진국이 여전히 축적된 자본, 경험·기술력, 글로벌 브랜드 및 역사적 관계 등을 바탕으로 세계 자원개발 시장을 압도하고 있는 실정이다.

앞으로 해외진출의 지속적인 성공을 위해서는 주요 지역별 여건을 감안한 정상외교, 에너지 설비와 동반진출 등 세부전략을 바탕으로 국내 역량을 총집결하는 것이 관건이다. 즉, 성공요인별 시사점을 유기적으로 연계해 세부 진출전략을 수립·추진함으로써 해외진출 성공사례를 지속적으로 확대해야 한다(〈그림 6-3〉 참조). 아울러 지역별 여건, 시장분석 등을 바탕으로 유망 대형 프로젝트를 사전에 발굴하고 효율적인 역할분담을 통해 이를 입체적으로 지원해야 한다.

무엇보다 지역별로 각기 다른 특성을 감안하고 우리의 강점을 적극 활용해야 성공적으로 자원을 확보할 수 있다(〈표 6-4〉 참조).

자원개발 전문인력 확충

IMF 이후 민간기업의 사업축소로 해외자원 개발 전문인력이 급감해 지금은 250명 정도다. 이는 일본의 3,500여 명에 비해 14분의 1 수준에 불과

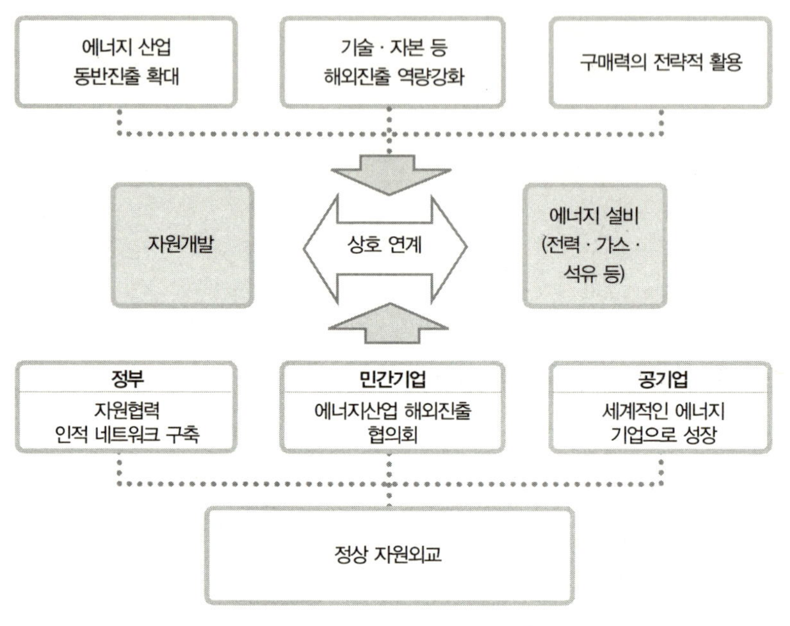

표 6-4 ● 지역별 특성을 맞는 지원개발 전략

자원 보유 지역별 특성	자원개발 전략	비고
전력 등 낙후된 사회 인프라 확충	발전, 송 · 배전 진출	전력(세계 5위)
가스전 개발에 필요한 수요 확보	구매력 활용	LNG 구매력(2위)
산업구조 고도화(1차산업 → 2차산업)	후방산업 진출	석유화학(4위), 철강(6위)

하다. 이공계 기피 및 취업률 저조로 학부제 실시 이후 자원공학과를 유지하고 있는 대학이 전무한 실정이며 자원전공 교육의 인프라가 붕괴된 상태이므로 산학 연계형 전문인력 양성체계를 구축하는 일이 시급하다.

안정적 재원확보 방안 마련

최근 기대 이상으로 대형 탐사유전을 확보하게 됨에 따라 2008년까지 약 1조 2,000억 원이 부족할 것으로 예상되므로 탐사비용 마련이 시급한 실정이다. 탐사비용은 과거 소규모 유전의 경우 평균 90억 원 수준이었으나 최근 확보한 대형광구의 탐사 예상비용은 건당 500억 원 이상으로 추산된다.

따라서 2013년까지 18%의 자주개발률을 달성하기 위해서는 16조 원 규모의 추가 재원확보가 필요하므로 자원개발 소요재원의 안정적인 조달방안 마련이 시급히 요청된다. 이러한 관점에서 최근 해외자원개발사업법을 개정함에 따라 민간의 유전개발펀드 운용이 가능해져 2006년 내에 약 2,000억 원 규모의 1호펀드 출시가 예상된다. 또한 교통세가 에너지와 환경 분야로 용도가 확대되어 2007년도 예산부터는 교통세 세입의 약 3% 정도(연간 3,000억 원 이상)가 에너지자원사업특별회계로 전입될 예정이다. 또한 현재 연간 약 1조 원 이상으로 추정되는 불법유류의 세수 탈루액을 원천적으로 방지함으로써 추가로 징수될 세수의 일부를 해외자원 개발에 추가로 배정하기 위해 관련 입법을 조치하는 등 다각적인 지원노력을 기울이고 있다.

지속적 정상 자원외교의 추진

자원확보와 함께 우리나라의 우수한 에너지 설비 및 후방산업 진출을 연계함으로써 자원 보유국의 실질적인 산업발전에 기여하고 추가 자원확보를 위한 유리한 여건을 조성해야 한다. 이 과정에서 정상 자원외교가 적절한 시기에 이루어져야 한다. 즉, 프로젝트별로 치밀한 시장조사와 예비접촉을 통해 협력 분위기를 충분히 조성한 후 적절한 정상외교 시기를 선택하는 것이 바람직하다.

특히 대형 유망 프로젝트의 경우 '타당성 조사단 파견 → 에너지산업 해외진출 협의회 중심의 세부 진출전략 수립 → 민·관 공동의 진출협상 착수 → 정상외교를 통한 성공적 수주' 절차로 진행시켜야 성공가능성

표 6-5 ● 향후 자원 정상외교 주요 사안

순방지역	필요성	핵심 사안
나이지리아, 남아공 등 아프리카	– 상대적으로 미탐사, 미개발된 아프리카의 자원개발 가능성 – 나이지리아 유전 조기 착수	– 석유개발 및 전력진출 확정 – 석유 외 전략광물 확보
이라크, 리비아 등 중동 지역	– 이라크의 잠재적 발전가능성 (세계 2위의 보유량) – 중동 지역과의 지속적 유대	– 유전복구 사업의 참여기회 확대 – 신규 석유개발 사업 참여
캐나다, 호주 등	– 새로운 에너지원 개발 및 안정적 공급 확보	– 캐나다 오일샌드(Oil Sand) 사업 참여 – 호주 신규가스전 및 철광석 확보
러시아, 카자흐스탄, 아제르바이잔	– 동시베리아 개발에 지속 참여 – 잠빌 광구 성공적 착수	– 사할린 3광구 탐사권 확보 – 카자흐스탄 정부지원 확대 요청
중국, 인도, 베트남 등 동남아시아	– 중국 내 에너지 설비 진출 – 동남아 지역 내 추가 자원확보	– 전력산업 진출의 우호적 환경 조성 – 인도(가스전), 베트남(유전) 자원확보

그림 6-4 ● 해외자원 개발에 따른 자원 생산량

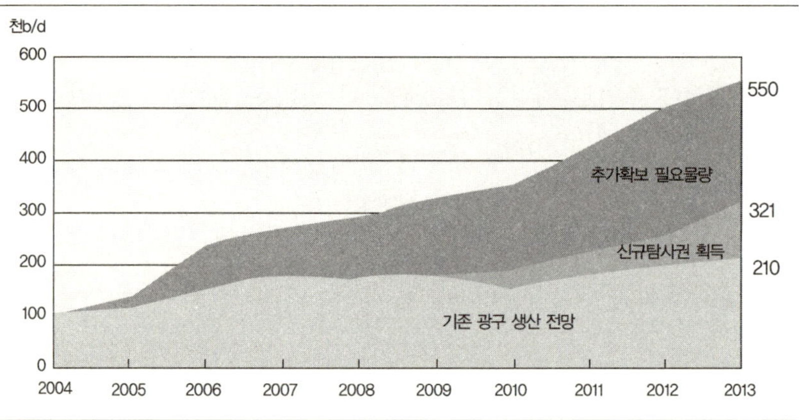

* 기존 광구 생산전망(21만b/d) 반영, 탐사성공률 15%, 생산기간 20년 가정

을 최대화시킬 수 있을 것이다.

해외자원 개발에 따른 기대성과

지역별 대형 유망 프로젝트 발굴 및 획기적 재원조달이 계획대로 이루어

지면 2013년도에는 자주개발률 18%가 달성될 전망이다. 나이지리아 유전, 베트남 15-1유전과 같은 최근 성과를 성공적으로 추진하는 것만으로 2013년에는 자주개발률 10.5% 달성이 가능할 것으로 예측된다.

정부는 자원개발과 에너지 설비의 성공적인 동반진출을 확대해 2010년까지 에너지 산업 등 설비수출 200억 달러 및 세계시장 점유율 2.5%를 달성할 계획이다. 에너지 설비의 해외수출은 엔지니어링, 설비, 부품소재 등 국내 연관 산업에 미치는 파급효과가 매우 크다. 또한 에너지 대기업과 관련된 중견·중소기업 간 동반성장 촉진과 에너지 분야에서 상생협력하는 새로운 모델 창출로 수출증대와 일자리 창출에 크게 기여함으로써 그동안 에너지 안정수급에 치우쳤던 우리나라 에너지 산업의 패러다임을 완전히 바꿔 놓을 것으로 기대된다.

07

이란 핵문제와 중·러의 전략적 연대

심경욱 | 한국국방연구원 책임연구위원

이란 핵사태의 본질

2006년 6월 초 미국이 이란 핵사태 해결을 주도하는 가운데 합의문이 도출된 직후 러시아의 푸틴 대통령은 미국의 행보에 긍정적인 반응을 보였다. 그는 "러시아는 미국과 국제무대에서 협력을 강화해 왔고 가장 중요한 사안에 대해 서로 이해하고 타협을 이뤄왔다. 이란에 대한 양국 공조가 이를 입증한다"고 밝히면서 미국과 러시아 간 협력의 폭을 다른 영역으로 한층 더 넓혀나갈 것이라고 언급했다.

그로부터 2주일 후인 6월 15일, 중국은 상하이에서 러시아와 함께 상하이협력기구 정상회의를 개최했고 그 자리에 참석한 마흐무드 아흐마디네자드 이란 대통령은 정중하고도 열렬한 환대를 받았다. 그는 회의

석상에서 에너지 권력을 언급했을 뿐만 아니라 상하이협력기구가 국제
문제를 주도하는 세력들로부터의 위협과 간섭을 막아내는 기구가 되어
야 할 것임을 역설했다. 특히 푸틴 대통령은 아흐마디네자드 대통령과
의 양자 회동에서 테헤란에서 상하이협력기구 에너지장관 회의를 개최
하자는 제안을 수용하고 나아가 이란 핵사태의 유엔 안보리 상정과 관련
해 상하이협력기구가 주도할 것에 합의했다.

2006년 여름, 이란 사태의 추이에 국제사회가 예민하게 주시하던 그
무렵에 일어난 일련의 사건들은 미국과 러시아, 중국, 유럽연합 3개국,
이란 간의 상호 대화가 각기 배경이 다른 무대 위에서 전개됐음을 보여
줬다. 물론 이 무대 위의 주역인 미국과 러시아, 중국, 유럽연합이 추구
하는 종국적인 목표는 동일하다. 바로 이란을 포함한 중동의 비핵화다.

중국과 러시아, 유럽연합 3개국은 부시 행정부와 마찬가지로 이란의
핵무장 시도가 기본적으로 지역패권을 겨냥한 것으로 인식하고 있다.
이들 국가의 시각으로는 이란의 핵문제는 생존전략상의 목적으로 핵위
기를 거듭 도발하는 북한과는 구별된다. 특히 북한이 미국을 포함한 국
제사회로부터 체제존속이라는 대가를 얻기 위한 도구로 핵이슈를 사용
한다고 믿는 중국이나 러시아는 북한의 핵무장이 자국 안보에 직접 위협
이 될 것이라곤 보지 않는다. 반면 이란이 핵무장을 발판으로 중동 이슬
람권의 맹주로 등극하게 되는 것은 자국 내에도 모슬렘 소수민족이 상당
한 비중을 차지하고 있는 중국과 러시아 양국으로서는 결코 간과할 수
없는 일이다.

이란이 핵무기와 첨단 미사일 전력으로 무장하는 시점에 이르면 자국
에 대해 실질적인 안보위협이 될 수 있다는 우려가 중국과 러시아 국내
에서도 제기되고 있다. 이란은 이미 아제르바이잔과 타지키스탄에 대해
군사협력을 강화하고 있고, 다른 한편으로 카자흐스탄과 아르메니아에
대해서도 에너지 협력에 기초한 외교적 레버리지를 키워나가고 있다.

이러한 이란이 핵무기를 보유하게 되면 중국과 러시아가 세력권을 새롭게 형성하고 있는 포스트소비에트 공간에도 영향력을 확대해 나갈 가능성이 클 것임을 당연한 일이다.

그럼에도 불구하고 중국과 러시아는 미국을 포함한 국제사회가 우려하는 이란의 평화적 핵 주권론 주장에 손을 들어주었다. 2006년 3월 유엔 안보리 협상에서 영국과 프랑스가 마련한 성명 초안에 대해 기존의 강경입장을 고수했던 것이다. 러시아 측은 IAEA 보고서가 유엔 안보리가 아닌 IAEA 이사회로 제출되는 것이 합리적이라고 주장했다. 아울러 이란 영내에서의 우라늄 농축이 국제적 긴장을 고조하는 상황에서 유일한 해법은 러시아 영토 내에 이란을 위한 우라늄 농축시설을 공동으로 시공하는 것이라 제안했다.

이렇듯 이란의 핵무장 가능성에 임하는 미국, 중국과 러시아의 시각과 대응강도가 각기 다른 것은 무슨 이유 때문일까? '중동의 비핵화'라는 대원칙에는 이해의 일치를 보면서도 중·러 양국이 미국의 이란 제재 주도권에 대해 소극적인 입장을 견지하는 배경은 무엇일까? 이에 대한 올바른 해답을 찾기 위해서는 이란 사태에 미국 행정부가 강경 일변도로 압박하는 원인을 먼저 살펴봐야 할 것이다.

미국은 2006년 3월 2일 인도와의 핵 합의[1]를 통해 인도의 핵보유를 기정사실로 인정했다. 안보전문가들은 이란이나 북한 측에서 볼 때 불공평하기 짝이 없는 이 핵 합의의 이면에는 인도를 지렛대로 하여 중국과 러시아를 견제하려는 미국의 전략적 의도가 숨은 것으로 보고 있다. 동일한 맥락에서 이란 사태를 둘러싼 미국과 중·러 양국 간의 갈등은 미국의 세계경영 전략에 대한 중·러 연대의 저항으로 볼 수 있다.

실제로 중국과 러시아 간의 공조는 이란 문제와 관련해 더욱 유난스럽다. 양국은 미국이 이란 문제를 유엔 안보리에 회부하는 것에 대해 함께 반대한다는 입장을 2004년 10월 정상회담에서 이미 확인한 바 있다.

나아가 후진타오 주석과 푸틴 대통령은 향후 이란에 대한 지원과 지지를 공동으로 진행할 것임도 같은 자리에서 합의했다. 따라서 중국과 러시아가 미국이 원하는 대로 이란의 핵주권 탈환을 순순히 허용할 수 없는 것은 당연한 일이다. 따라서 미국이 과연 남부유라시아의 전략적 요충국 이란과 그 핵개발 시도에 대한 통제를 주도해 나갈 수 있을 것인지 여부는 바로 미국이 앞으로도 유일 초강국 지위를 지속할 수 있을 것인가를 결정지을 중대한 현안이다.

이라크 공격 이후 가동된 중 · 러 공조

9 · 11 사태 이후 신질서의 구축과정은 중국과 러시아의 대외기조와 대미정책에 대단히 중요한 변화의 시간이었다. 9 · 11 테러를 계기로 미국과 대테러 전선에 나란히 했던 양국의 정책 기조는 2002년 초반부터 변하기 시작했다. 탈레반 정권이 축출된 후 아프가니스탄이 아직 안정을 되찾지 못한 상황에서 이라크에 대해서까지 미국이 일방적으로 군사행동을 전개할 가능성이 거론되면서부터였다. 중국과 러시아는 '테러와의 전쟁은 9 · 11 사태와 식접 언계가 있는 국가와 단체에 국힌되이야 한다' 며 미국의 행동에 반대하고 나섰다.[2] 걸프 만에서의 또 다른 진쟁은 중동의 기존 질서를 교란시킬 수밖에 없을 것이라는 주장이었다.

　그림에도 불구하고 미국은 중국과 러시아는 물론 프랑스와 독일의 반대까지도 무릅쓰고 일방적으로 이라크 공격을 감행했다. 그리고 전쟁의 전후과정에서 미군은 중동과 카프카즈 지역, 그리고 중앙아시아 일대에 영공통과 권한과 주둔 기지들을 확보해 나갔다.[3] 이른바 흑해 연안 지역에까지 이르는 NATO의 동진정책과 아프가니스탄과 이라크에서 치러진 두 차례의 대테러 전쟁을 통해 머잖아 미국은 유라시아 남단의 자원부존

지대에 대한 통제권을 독점해 버릴 기세였다.

중국과 러시아도 이를 좌시하고 있지만은 않았다. 양국은 상호결속을 급속히 강화해 나갔으며,[4] 미국의 이라크 주둔을 반대하는 것은 물론 중앙아시아에서의 주둔까지도 견제하는 목소리를 함께 키워 나갔다. 그대로 가만히 있다가는 미국이 역내 미군병력의 주둔과 대규모 송유관 건설을 통해 지역 전반에 걸쳐 영향력을 확대하는 것은 물론 국제 에너지 수급질서를 장악해 나갈 것이 불 보듯 뻔한 일이었기 때문이다.[5]

일찍이 브레진스키는 "미국은 유럽의 정치적 통합이 반미성향으로 촉진될 가능성, 중국과 러시아, 그리고 이슬람이 미국의 힘을 견제하기 위해 연대하고 일본이 다시 과거 대동아 공영권을 연상시키는 반미적 아시아주의에 기울 가능성을 사전에 차단해야 한다"고 지적한 바 있다.[6] 그런데 미국의 세계 일등 지위를 손상시킬 수 있다고 브레진스키가 경고했던 최악의 시나리오가 현실로 나타났다. 중국과 러시아가 새롭게 결속을 다지는 가운데 이란까지 끼어든 것이다. 이란은 러시아와는 군사영역 및 원자력 분야의 협력, 중국과는 통상 및 에너지 협력을 통해 3자 공조 체계를 점차 가동시키기 시작했다.

이란 핵사태와 중국의 이해

최근 이란 사태 해결과정에서 중국이 가장 미온적인 태도를 보이는 이면에는 이란이 러시아 못지않게 중국에게 에너지안보 우산을 제공하는 핵심국가라는 사실이 작용하고 있음을 부인할 수 없다. 중국이 이란과 맺은 1,000억 달러 규모의 장기 에너지공급 계약은 동맹이라는 호칭으로는 부족할 정도로 양국 간에 중요한 연결고리가 되고 있다.

오늘날 자원의 블랙홀이 되어버린 중국의 일일 석유 수요는 600만 배럴을 상회한다. 현재 2,300만 대에 그치는 중국 차량의 수는 2030년이 되면 1억 3,000만 대 수준으로 폭증할 전망이다. 그렇다면 2030년경에는 매일 1,000만 배럴이 필요하며 이 중 80%는 수입에 의존할 수밖에 없다는 계산이 가능하다.[7] 최근 중국은 러시아에 대한 자원개발 투자에 속도를 내는 중이긴 하지만 전체 소비량의 40%를 차지하는 수입량의 60% 이상을 중동에 의지하고 있다. 그 중 14%가 이란산이다.

중국이 향후에도 고성장을 유지하기 위한 에너지원을 확보하려면 미국과 일본, 한국 등과 마찬가지로 중동에 의존할 수밖에 없다. 정세가 불안한 중동으로부터 안정적으로 에너지 자원을 공급 받기 위해서는 이 지역에 대한 외교공세를 강화해야 한다. 러시아는 프리마코프 전 총리의 탁월한 외교능력과 폭넓은 인맥관리가 빛을 발해온 중동의 우방국들에 대해 미국보다 훨씬 더 뿌리 깊은 기득권을 주장하고 있는 터다. 이 과정에서 중국과 러시아는 중동의 양대 강국인 이란과 사우디아라비아에 대한 외교공세를 집중시켜 왔다. 두 나라 모두 9·11 테러 이후 거세진 미국과의 마찰로 인해 고립에 처한 국가들이라는 점에서 중·러 양국의 행보는 미국 정부를 자극하고 있다.

특히 중국의 대이란 관계 변화를 보면 미국과의 마찰과 갈등을 일으킬 수밖에 없는 시점에 와 있음을 쉽게 이해할 수 있다. 먼저 중국은 대이란 투자 및 원유구매 사업이 미국의 이란 리비아 제재 법안(Iran-Libya Secations Act : ILSA)에 위배됨에도 불구하고 지속적으로 대이란 투자와 원유사업을 전개하고 있다. 이 제재 법인에 따르면 해외 투자사의 대이란 투자규모가 2,000만 달러를 넘을 경우 이 투자사에 대한 제재를 가한다는 것이다. 그러나 중국이 투자한 금액은 이란과 리비아 자원개발을 저지하기 위한 ILSA 법령의 상한선을 이미 초과한 상태다. 미국이 이란을 경제적으로 고립시키고자 1996년 8월에 발효시킨 이 법으로 인해 미국 기업들이 제약을 감수하고 있을 동안 그 공백에 중국인들이 줄기차게 파고든 것이다. 이란에 대한 투자와 이란산 원유 수입량이 나날이 상승하는 상황에서 중국으로선 미국의 대이란 강경책, 특히 대량살생무기에 대한 사찰 불응으로 인한 경제제재나 유엔의 제재에 대해 반대하는 것은 어찌 보면 당연한 일이다.[8]

중국의 에너지 외교는 9·11 사태를 기점으로 더욱 공세적인 양상을 띠어 왔다. 특히 중국의 에너지 수급 다원화 전략의 기조는 과거의 아시아에 대한 의존에서 벗어나 중동 지역, 특히 이란, 사우디아라비아, 오만과 예멘으로 확대시켜 나가는 것이었다. 그러나 중동 지역의 정세가 불안해짐에 따라 또 다른 에너지 공급원의 확충이 불가피해졌고, 중국은 이에 에너지 수급 채널을 아프리카, 러시아, 중앙아시아로 확대시켜 나갔다.

이 같은 상황에서 혹자는 중국이 상하이협력기구를 설립한 배경마저도 역내 에너지 자원의 선점은 물론 안전한 수송로를 확보하기 위해서라는 논쟁을 제기하고 있다. 특히 미국의 일부 학자와 전문가들은 중국이 상하이협력기구의 설립을 통해 구소련의 붕괴로 나타난 중앙아시아에서의 권력 공백을 채우는 동시에 에너지 자원과 관련해 미국, 일본, 러시아, 유럽연합국가 등 다른 경쟁국보다 유리한 입지를 구축하고 자국으로의 안전한 수송로를 개척하고자 한다고 분석하고 있다. 이 같은 견해의 신빙성을 더욱 가중시키는 사례가 최근 전개된 상하이협력기구의 에너지 관련 후속 조치와 후진타오 정부의 외교 행보에서도 잘 나타나고 있다.

중동에 있어 중국의 적극적인 자원확보 의지와 정책은 미국이 이 지역에서 영향력을 행사하는 데 결코 소홀히 할 수 없는 경쟁자로서 중국이 부상하고 있음을 보여준다. 중국의 중동 지역에 대한 개입은 정치적, 경제적, 전략적 차원에서 지난 몇 년 간 지속적으로 이루어져 왔다. 1990년대 후반부터 중국은 CNPC, CNOOC, SINOPEC과 같은 3대 국영

에너지 기업을 중심으로 중동의 에너지 확보에 적극적으로 개입하기 시
작했다.

앞에서 말한 것처럼 미국이 정체국면에 빠져 든 이라크 사태로 말미
암아 중동 안보에 신경을 쓰는 동안 중국은 중동 에너지 시장을 빠르게
잠식했다.[9] 또한 불안한 지역정세로 인해 미국을 비롯한 서방기업들이
중동 지역에 대한 투자를 유보하는 동안 중국기업들이 이를 파고들고 있
다. 후세인 정권 하의 이라크에 이어 이란에서도 유사한 상황이 벌어지
고 있는 것이다.

이란을 비롯한 중동에 대한 중국의 투자는 에너지 분야에 한정되지
않는다. 중국의 광섬유업체 평화과학기술그룹(鳳華科技集團)은 이란의
초고속인터넷망 사업을 수주했고 국영 TV 제조업체인 해신전자는 이란
에 공장을 짓고 있다. 중국 북방공업공사(NORINCO)는 이란 수도 테헤란
의 지하철 노선 연장공사를 수주했다. 중국 최대 통신장비업체인 화웨
이 테크놀로지는 아랍에미리트의 이동통신망 개선작업과 사우디의 유
럽식이동통신(GSM) 사업을 수주했다. 이는 중국의 중동 핵심국가들과
의 경제협력이 석유자원의 개발에서 멈추지 않고 다방면에 걸친 투자를
통해 한층 더 안정적인 석유 공급망을 확보해 나가고 있음을 보여 준다.
특히 이란은 중국 측의 적극적인 협력자세로 인해 중국을 석유와 가스
의 장기적인 공급과 관련한 파트너 이상으로 인식하게 했다.[10] 이란신
석유수입은 1990년대 중반부터 갈수록 확대됐으며 2004년에는 이란 석
유부 장관이 주수출국을 일본에서 중국으로 대체할 것이라고 공표하기
에 이르렀다.

비록 러시아가 중국의 에너지 수입 다변화 정책에서 중요한 역할을
하고는 있지만 중국은 자국의 급증하는 에너지 수요를 충족할 시장으
로 여전히 중동을 주시하고 있다. 중국의 중동 에너지원 우선확보 구상
은 이란, 오만, 예멘, 사우디아라비아를 비롯한 이 지역 국가들에 의해

서도 긍정적으로 받아들여졌다. 특히 이란 정부는 중국과의 긴밀한 관계를 유지하는 것이 정치적이나 전략적으로 이로울 것이라고 판단했다. 아니나다를까 이란이 핵개발 문제로 국제적 압력에 직면하자 유엔 안보리와 IAEA 이사국으로 있는 중국의 지원이 그 어느 때보다 소중해졌던 것이다.

이란 핵주권과 러시아의 이해

러시아는 미국과 서유럽 국가들에 맞서 이란의 아흐마디네자드 정부와 무조건 공조할 수만은 없으나 단·중기 국가이익을 고려할 때 이란을 포기할 수도 없는 딜레마에 처해 있다. 만약 이란이 러시아에 우호적이거나 최소한 중립적인 인접국으로 남아 있지 않을 경우 러시아는 지금과 같이 북카프카즈 지역을 통제할 수 없을 것이다. 그렇지 않아도 이란은 러시아의 대체첸 정책을 중국과 나란히 지지하고 나섰다. 또한 러시아는 이란과의 우호적 교류가 없다면 카스피 해 자원을 둘러싼 미국과의 대결에서도 끝까지 일방적인 손실을 감수할 수밖에 없을 것이다. 더욱이 이란이 북한 및 베네수엘라와 함께 반미 연대를 구축하고 있는 한 십여 개의 원자력발전소 건설 프로젝트나 방공미사일 체계의 판매 등 이란의 버려진 시장을 독점해서 수십 억 달러 상당의 실리를 취할 수 있기 때문이다.

실제로 러시아는 2005년 2월 27일 이란의 부셰르 원전건설 사업과 관련한 3개의 협력협정을 체결했다. 이 협정에는 이란에 대한 핵연료 공급, 사용후 핵연료의 러시아로의 반환, 그리고 핵연료의 공급시기 등에 대한 러시아의 합의가 담겨 있다.

같은 해 12월, 러시아는 그리스 판매 건으로 잉여물자로 확보하고 있던 첨단 방공체계 30여 기를 이란에 제공할 것을 합의해 계약을 체결했다. 통상 몇 해씩 걸리는 협상 및 인도 과정을 최대한 줄여 수개월 만에 인도까지 마무리하는 거래였다. 이란도 수백만 달러에 달하는 선수금을 2006년 1월 중에 지불한 것으로 알려지고 있다. 특히 이러한 조치들은 이란 핵사태로 인해 미국과의 긴장이 빠른 속도로 고조되기 직전에 모두 이뤄졌다는 점에서 다시 한번 실리 우선의 푸틴 외교가 지니는 유연성과 민첩성이 주목을 받았다.

러시아는 2004년부터 시작된 고유가 속에서도 생산량과 수출량을 지속적으로 확대해 비OPEC 산유국들 중 최대 산유국으로 부상했다. 정치적 불안으로 많은 산유국들이 안정적인 석유공급에 어려움을 겪고 있는 데 비해 러시아는 푸틴 집권 1~2기 동안 안정적으로 석유공급을 확대하고 있어 그 가치가 상당히 돋보였다.

그러나 러시아는 2006년 1월 우크라이나 가스공급 중단이라는 초유의 사태를 촉발시킴으로써 유럽을 포함한 전세계의 이목을 집중시켰다. 양국 간 가격조정 합의로 가스공급이 며칠 만에 재개됐음에도 불구하고 지역 강국으로서 러시아의 책임감 결여를 비난하는 국제여론이 서유럽을 중심으로 대두했다. 그러나 다른 한편으로는 점차 에너지 강국으로 부상하는 러시아의 영향력을 과시할 수 있었던 더없는 호기이기도 했다.

사실 푸틴 정부는 유라시아 대표 국기로서의 패권회복을 겨냥해 대외정책에 있어 독립국가연합(CIS)과의 관계강화에 최우선적으로 중점을 두고 있다. 이 과정에서 러시아는 역내 평화유지군의 충실한 임무수행과 아울러 이들 국가에 대한 에너지 자원의 제공을 빌미로 한 외교 레버리지를 강력히 활용하고 있다. 러시아의 파이프라인 정치에 대한 국제사회의 반발도 만만치 않으며 러시아가 과연 신뢰할 만한 에너지 공급원인가에 대한 의문을 제기하고 있다. 〈파이낸셜 타임스〉는 2006년 1월 8일자 사설을 통해 유럽 국가들이 러시아의 이러한 행동에 대해 에너지 안보차원에서 집단행동에 나설 필요가 있다고 주장했다. 사태 직후 라이스 미 국무장관도 러시아의 행동을 비난했다. 5월에는 체니 부통령이 리투아니아를 방문해 파이프라인을 주변국 압박과 협박수단으로 이용하는 러시아의 파이프라인 정치를 강력히 비난했으며, 카자흐스탄을 방문해서는 러시아를 거치지 않는 천연가스 파이프라인 건설을 촉구해 러시아를 압박한 바 있다.[11]

이런 상황에서 러시아는 이란에서의 기득권을 포기하지 않고 중재역으로서 자국의 능력을 한껏 과시할 수 있는 방안을 모색하고 있다. 바로 러시아 땅에서 이란의 우라늄을 농축하는 방안이다. 2006년 2월 26일, 이란과 러시아는 우라늄 농축사업을 위한 합작회사를 러시아에 설립하기로 기본적으로 합의했다. 전문가들은 유엔 안보리의 경제제재를 피하기 위해 이란이 당시 러시아의 제안을 받아들인 것으로 분석했으나, 러시아 정부는 러시아 영토에서 우라늄을 농축한다면 이란이 핵개발 계획을 지속할 수 있다는 사실을 강조하고 있다. 우라늄은 어느 정도까지 농축하느냐에 따라 핵발전 연료로 쓰일 수도 있고 핵무기 제조에도 쓰일 수 있기 때문에 우라늄 농축과정을 러시아로 옮겨 투명하게 처리하면 핵무기 개발 의혹에서 벗어날 수 있지 않겠냐는 것이 러시아의 제안이다.

그러나 문제는 이란으로서는 주권사항인 우라늄 농축활동마저도 남의 나라 땅에서 한다는 것이 받아들이기 어려운 일이라는 데 있다. 이란 내에서는 핵개발 계획이 국가적인 자존심이 걸린 문제로 여겨지고 있어 국민들이 강력하게 지지하고 있는 실정이다. 따라서 이란이 우라늄 농축계획을 러시아에 완전히 이양하는 데는 국내 정치적으로 한계가 있을 것으로 보인다. 현재 이 타협안은 중재역으로서의 러시아의 가치를 유지시키면서 다른 한편으로 푸틴 정부가 이란에 대한 유엔의 제재가 적절치 않다는 입장을 고수하는 데 하나의 준거로 활용되고 있을 뿐이다.

중·러 연대가 이란에 미치는 영향

미국과 신밀월을 다져오던 중국과 러시아는 9·11 사태를 계기로 대미 관계에 있어 한걸음씩 뒤로 물러서기 시작했다. 특히 러시아의 이 같은 조짐은 푸틴이 2005년 2월 재집권한 후 첫 유럽 순방길에서 부시와 가진 정상회담에서 명백해졌다. 슬로바키아의 브라티슬라바에서 가진 회동을 통해 푸틴은 부시로부터 러시아의 WTO 가입지원 약속을 얻어낸 반면, 부시는 러시아로부터 대테러 공조의지를 재확인하는 데에만 만족해야 했다.[12] 당시 부시 대통령이 기대한 것은 그 이상이었다. 이란의 원자로 건설을 위한 기술협력과 핵연료 제공을 중단하겠다는 러시아 측의 약속이었다. 양국 정상회담에서의 부시의 간곡한 언급에도 불구하고 러시아는 며칠 후인 2005년 2월 27일 이란의 부세르 원전건설 사업과 관련한 3개의 협력협정을 체결했다. 이란에 대한 핵연료 공급, 사용후 핵연료의 러시아로의 반환, 핵연료의 공급시기에 합의한 것이었다.

2005~2006년은 중국과 러시아의 두 정상 간의 잦은 만남이 더욱 두드러진 시기다. 먼저 2005년 5월 8일 후진타오 중국 국가주석은 모스크바를 방문해 푸틴 대통령과 정상회담을 가졌다. 제2차 대전 승전 60주년 기념행사에 참석하던 길이었다. 후진타오 주석은 50여 일이 지난 2005년 6월 30일 다시 모스크바에 나타나 푸틴과 '중·러 양국이 다극구조를 만들어 가는 데 함께 노력할 것과 국제사회에서의 주권 존중, 인권의 지역적·국가적 특성을 인정할 것' 등을 합의한 '21세기 국제질서에 대한 공동선언'을 발표했다. 또한 '북한에 압력을 가하거나 무력을 사용하는 해결 방안에 찬성하지 않는다'는 요지의 북핵 사태와 관련한 공동의 입장도 밝혔다. 푸틴과 후진타오는 이어 7월 5일부터 카자흐스탄의 아스타나에서 상하이협력기구 정상회담을 나란히 주도하고 이 자리에서 미국의 중앙아시아 지역 주둔군 철군 일정을 공식 요구했다. 이는 카자

흐스탄, 키르기스스탄, 타지키스탄, 우즈베키스탄 등 6개 회원국 정상들이 참석한 자리였다.

그 직후 영국의 G8 정상회담에도 함께 참석했던 양국 정상의 이례적인 공동 행보는 국제적인 관심을 끌기에 충분했다. 이에 덧붙여 중·러 양국은 상호 연대해 미국의 일방주의 정책에 반대하며 다극주의 체제 형성을 향해 공동으로 노력할 것을 거듭 표명했다.

특히 푸틴은 영국 글렌이글스의 G8 회담 직후 가진 기자회견에서 향후 동북아 에너지 안보 및 지역전략과 관련해 상당히 의미 있는 발언을 했다. 극동 송유관 노선결정에 있어 중국을 우선적으로 고려할 것이라고 공식 선언한 것이다. 제1단계로 연 공급량 3,000만 톤의 노선(시베리아의 타이세트~극동 스코보로디노)을 우선 건설, 2008년부터 매년 2,000만 톤의 석유를 중국 다칭으로 수출한다는 계획을 밝혔다. 또한 러시아 측은 철로수송으로 중국에 대한 원유수출 규모를 확대할 것이며 양국은 가스전 개발 분야에서도 협력을 증대할 계획이라고 밝혔다. 물론 중국을 우선 배려하겠다는 러시아의 발표는 정치적인 고려 못지않게 채굴―공급량을 고려한 경제적이고도 현실적인 판단에서 비롯됐다고 평가할 수 있다. 그럼에도 불구하고 십수 개월 동안 동일한 프로젝트를 둘러싸고 중국과 일본 간에 첨예한 외교전을 벌여왔다는 사실을 상기할 때 푸틴의 7월 선언에는 나름대로 정치외교적인 비중이 실릴 수밖에 없었다.

한편 2005년 6월 중·러 양국은 40여 년 간 지속해 온 4,300km의 국경분쟁도 일단락했다. 2004년 10월 북경 중·러 정상회담에서 최종 획정했던 국경선에 기초해 리자오싱(李肇星) 중국 외교부장과 라브로프 러시아 외무장관이 블라디보스토크에서 '중·러 국경에 관한 보충협정' 비준서를 교환한 것이다. 이로써 러시아 동부 하바로프스크 인근 아무르 강의 볼쇼이우수리스크 섬(약 320km²)과 타라바로프 섬(약 40km²), 아르군 강의 볼쇼이 섬(약 50km²) 등 러시아가 실질적으로 지배해 온 3개

섬의 소유권 문제가 해결됐다. 이 추가협정으로 3개 섬 중 볼쇼이우수리스크 섬과 볼쇼이 섬은 각각 섬 중앙에 국경선을 그어 양국이 분할 지배하게 됐고, 타라바로프 섬은 중국령으로 인정됐다.

이런 가운데 2005년 8월 중순 사상 최초로 전개된 중·러 연합군사훈련은 근래 보기 드물게 국제언론의 조명을 받고도 남은 사건이었다. 중국과 러시아는 '평화의 사명 2005(Peace Mission 2005)' 훈련을 8월 18일부터 25일까지 8일 동안 실시했다. 산둥반도 해역에서 실시된 3단계 훈련은 30여 척의 구축함 및 잠수함을 동원해 해상봉쇄와 상륙작전을 벌이는 한편, 100여 발의 각종 미사일이 (모의 혹은) 실제 발사되는 가운데 실전을 방불케 했던 제대로 준비된 훈련이었다.

중국과 러시아는 첨단무기 및 장비의 수급 차원에서도 공통된 이해를 갖고 있다. 중국은 러시아로부터 구매한 SU-27과 SU-30 전투기, 최신형 구축함과 잠수함을 실전훈련에 투입함으로써 그 성능을 시험하고 또 다른 무기구매 소요를 판단한 듯하다. 전략수송기 IL-76과 공중급유기 IL-78, 투폴레프(Tupolev)계 전략폭격기들이 이 범주에 해당된다고 볼 수 있다. 더군다나 유럽연합의 대중국 무기 금수조치 해제실패로 인해 중국 측으로서는 러시아를 주요 공급원으로 다시 한번 확인하는 기회도 됐을 것이다.

최근 들어 한층 속도를 내고 있는 양국 연대강화의 이면에는 그 이상의 의도가 담겨 있다고 해야 할 것이다. 우선 중·러는 양자 협력을 넓혀감으로써 세계 및 동북아 차원에서 각기 국가실리를 도모할 수 있다는 전략적 확신을 내린 것으로 보인다. 미국의 일방주의 정책에 반대하고 다극체제 형성에 공동 노력할 것을 표명함으로써 양국은 세계 차원에서는 미국을, 동북아 차원에서는 일본을 견제해야 한다는 안보기조에 커다란 비중을 두고 있다. 유라시아 남부, 즉 중동과 중앙아시아-카스피해 일대를 자체 세력권에 넣음으로써 중국과 러시아를 봉쇄하거나 압박하려는 미국을 핵으로 하는 해양세력에 대해 경고성 대처를 해나가고 있다고 볼 수 있을 것이다.

현 시점에서만 보더라도 중·러 연대의 강화는 이란 핵문제의 해결방식에 직접적인 파장을 미칠 개연성이 크다. 먼저 중국과 러시아 양국 간의 상하이협력기구를 바탕으로 하는 결속강화는 이란 핵개발 시도를 억제하기 위해 이라크에 이어 미국이 시도할지도 모르는 일방적인 군사행동을 사전에 예방하고자 하는 공동전선의 기능을 해낼 수 있을 것이다. 이란이 핵무기를 보유할 경우 중동의 맹주로 올라서는 것은 시간문제다. 이란이 중동과 이슬람 문화권의 핵으로 부상하는 것은 중국이나 러시아로서도 두고 볼 수만은 없는 중대한 안보사안이다. 그렇지만 미국이나 이스라엘의 안보에 미칠 파장은 중국이나 러시아에 미치는 파장과는 비교할 수 없는 수준일 것이다. 이란 핵보유 사태는 미국이나 이스라엘이 좌시할 수 없는 상황이다. 국제사회가 시간이 흐를수록 마치 군사적 충돌 가능성이 점증하는 시한폭탄처럼 이란을 주목하는 이유가 여기가 있다. 그러므로 중·러 양국이 보여 주는 전략연대 강화는 중동을 비롯한 유라시아 남부에서 미국의 행동반경을 제어하는 데 적잖은 효과를 갖는다.

더욱이 반미성향이 갈수록 두드러져 가는 상하이협력기구는 에너지협력기구의 색채를 강하게 띠고 있다. 러시아는 물론 카자흐스탄을 비롯한 중앙아시아 가맹국들이 풍부한 에너지 자원을 보유하고 있다는 점, 세계 2대 석유 소비국인 중국이 주역 국가들 중 하나이며 옵서버 국가인 인도 역시 석유 및 천연가스의 주요 소비국이라는 점에서 에너지 안보와 관련한 상하이협력기구의 비중이 부각되는 것이 사실이다. 특히 카자흐스탄은 카스피 해 연안국으로서 석유 및 천연가스의 개발과 이를 국제시장으로 운송하는 송유관 경로를 둘러싸고 미국, 러시아, 터키, 이란, 파키스탄, 인도가 거대 게임을 벌이고 있는 국가들 중의 하나이기도 하다.

그러나 중국과 러시아의 에너지 협력은 상하이협력기구를 토대로 하는 양국 공조 이상의 전략적 의미를 갖는다. 중·러 에너지 협력은 2002년 12월 베이징 정상회담에서 본격화됐다. 그 자리에서 푸틴 대통령과 당시 장쩌민(江澤民) 국가주석은 러시아 시베리아 유전과 중국 헤이룽장성(黑龍江省) 다칭 정유단지를 잇는 파이프라인 2,400km를 건설하기로 했다. 그리고 중국석유천연가스집단공사(CNPC)는 2003년 5월 후진타오 주석의 러시아 방문 기간 중 러시아 민간 석유기업 유코스(Yukos)와 2030년까지 51억 3,000만 배럴(1,500억 달러 상당)의 원유를 도입키로 하는 내용의 계약을 체결했다.[13]

2004년 9월 원자바오 중국 총리의 러시아 방문과 2004년 10월 푸틴 대통령의 중국 방문 이후 중·러 관계는 전례 없는 절정에 이르렀다. 특히 중·러 양국의 에너지 분야에서의 협력과 정책공조는 다른 어느 때와 비교할 수 없을 정도로 강화되고 있다. 러시아는 2006년까지 중국의 전략 공급량을 8억KW 수준으로 끌어올릴 것을 2005년 초에 합의했다. 또한 2004년 10월 CNPC는 러시아의 가즈프롬과 일련의 계약서를 체결한 뒤 러시아의 대중천연가스 방안에 대한 공동연구를 진행하고 있다. 원유와 관련해 중국은 2005년 연간 1,000만 톤을 공급받았으며, 2006년 한 해 동안 1,500만 톤이 제공될 예정이다. 2005년 2월 중국의 CNPC는 또한 러시아 로스네프트의 유간스크네프테카즈(Yuganskneftegaz)의 지분을 20% 인수했으며, 유간스크네프테카즈 인수비용 93억 달러 중 60억 달러를 중국의 은행으로부터 지원받은 바 있다.

에너지 질서의 재편과정에서도 중국과 러시아는 공통된 인식과 정책 기조를 가지고 접근하고 있으며, 해당 영역에 대한 미국의 영향력을 견제하는 과정에서도 양국의 협력이 점차 가시화되고 있다. 양국은 특히 중동의 이란, 중앙아시아와 같은 지역에서의 에너지 질서 개편과정에 대한 인식을 같이하면서 미국의 영향력 행사에 대한 통제를 공동으로 추진한다는 입장을 견지하고 있다.

중국과 러시아의 에너지 연대를 살펴보기 위해 반드시 짚어야 할 것은 양국 모두 에너지 정책에 관한 한 국가 정상과 그 최측근이 직접 나서고 있다는 사실이다. 러시아는 푸틴 대통령이 직접 관장하는 가운데 그 옆에서 상트페테르부르크 대학교 출신인 이고르 세친 행정부실장이 푸틴의 분신처럼 움직이고 있다. 중국도 국가주석부터 상무위원까지 에너지 외교에 적극 가담하고 있으며, 중동과 중앙아시아는 물론 남미와 아프리카 대륙까지 포함하는 전세계 대륙들을 무대로 하고 있다. 그 결과 석유를 포함한 자원정책에 있어 일사분란하다 못해 현란하기까지 한 실리 우선의 전략을 구사하고 있다. 이로써 자국 내에서는 에너지 관련 결정 독점권이 정권 강화의 기반이 되며, 국제무대에서는 자국의 발언권 강화에 적극 활용되기도 한다.

이런 가운데 상하이협력기구의 활동상은 단연 국제사회의 관심을 집중시키고 있다. 2006년 6월 15일 정상회담에서 회원국들은 정보 및 기술을 악용한 테러위협에 대응하기 위해 정보보안을 강화하기로 결의하는 등 모두 10건의 문서에 서명했다. 이로써 상하이협력기구의 창설 배경이기도 했던 지역 다자 안보협의의 필요성은 이제 하나의 합의문으로 구현됐다. 이를 지켜본 외부 관측통들은 상하이협력기구가 앞으로 국제 질서의 한 축을 구성하기 위한 첫걸음을 내디뎠다고도 관망하는 한편, 에너지를 매개로 NATO에 대항하는 동방판 군사동맹이 될 가능성도 있다고 전망했다.

중·러 연대와 미국의 이해충돌

오늘날의 국제질서는 중국–러시아 전략연대와 미–일 동맹축의 중간에 인도와 호주가 위치해 있는 형상을 하고 있다. 단, 인도는 중-러 연대 방향으로, 호주는 미-일 동맹 방향으로 조금 더 다가서 있다. 그러나 만약 이러한 역학구도 하에서 중동의 맹주로서의 부흥에 대한 야심을 숨기지 않는 이란이 중·러 연대와 전략적 궤를 함께하게 되면 미국이 우려할 수밖에 없는 상황이 전개될 수 있다.

그러므로 미래의 세계패권 구도를 전망할 때 이란 사태의 향배는 대단히 중요한 변수로 작용한다. 유일 초강국으로서의 미국의 지위가 약화될 경우 1강(미국)-2약(아시아·유럽) 간의 3각 구도가 조성될 가능성이 가장 높다. 이를 고려할 때 이란이나 인도와 같은 중강국들의 비중은 한층 더 커진다. 이란은 (독자적으로 또는 인도와 결탁해) 자국의 전략적 위상을 십분 발휘해 미국의 초강국 지위를 잠식하고자 하는 중·러 연대에 편승함으로써 일방적인 균형자로서의 가치를 극대화하려고 시도할 것이다.

여기서 중요한 것은 이란이 핵무기를 포함한 대량살상무기의 개발 옵션을 갖고 있다는 문제의 심각성 못지않게 이란의 에너지 안보 우산이 중국의 아킬레스건을 보호하는 데 활용되고 있다는 것과, 러시아의 위상회복 의지를 구현하기 위해 이란 사태의 중재역 기능이 활용되고 있다는 것이 이란 핵위기의 핵심이라는 사실이다. 더욱이 이란은 베네수엘라와 더불어 현실적으로 발생 가능한 반미 전략연대를 형성하고자 하고 있으며, 중-러 전략연대와 이어지는 연결고리 역할을 한다는 점에서 가장 높은 긴장을 촉발하고 있다.[14]

더욱 큰 문제는 에너지 갈등이 미국이라는 국가의 지위를 떠받드는 달러화의 기축통화 지위까지 위협한다는 데 있다. 이란은 2006년 5월 석유대금 결제를 달러화에서 유로화로 바꾼다고 발표했다. 동시에 이란은 두바이유 거래시장의 설립을 주도하고 있으며 조만간 시행에 들어갈 예정이다. 이라크가 2000년 11월 석유결제 대금을 유로화로 바꾼 이후 전쟁을 맞이했다는 사실은 눈여겨 볼 대목이다. 중국의 위안화와 러시아의 루블화 역시 달러의 지위를 위협하고 있다. 미국의 입장에서 에너지 안보는 동맹재편의 차원은 물론 초강국의 지위를 통째로 흔들 수 있는 사안이다. 즉, 지금의 자원전쟁은 에너지의 안정적 공급을 도모하는 시장의 차원을 벗어나 국가전략 간의 충돌로 발전하고 있다.

중국과 러시아 양국은 중앙아시아는 물론 이란을 중심으로 한 중동 지역에서도 이른바 '중-러-이란'의 삼각편대를 형성해 역내에서 미국의 일방주의를 견제하기 위해 노력하고 있다. 이 과정에서 미국의 대이란 압박정책이 이라크의 경우와 같이 효력을 발휘할 수 있는지에 대해서는 많은 의혹이 제기되고 있으나 중국과 러시아 양국에게는 도전적인 변수로 작용할 것으로 분석되고 있다. 특히 상하이협력기구를 주도하고 있는 중국과 러시아가 이란을 회원국으로 받아들일 경우 중앙아시아 일대의 에너지 수급질서는 미국에게 매우 불리하게 발전할 가능성이 많다.

이란의 일본에 대한 정책변화도 눈여겨 볼 대목이다. 일본은 이란이 미국과의 대립각을 세우고 있음에도 불구하고 에너지의 수급안정을 위해 이란의 아자데간 유전개발에 투자를 감행한 바 있다. 미국이 이란 리비아 제재 법안를 통해 이란산 원유구매와 대이란 투자를 저지하는 가운데서도 중국이 지속적으로 대이란 투자와 원유사업을 전개하자 이란 역시 향후 자국의 에너지 사업의 주요 파트너와 에너지 자원의 주요 판매 대상국을 일본에서 중국으로 대체하기에 이르렀다. 그리고 2006년 10월 4일, 이란 국영석유공사의 골람 후세인 노자리 사장은 남서부 아자데간 유전과 관련해 일본이 수년 동안 공들여 온 개발의 기회를 상실했다고 공표했다.

패권경쟁의 전장으로 변모하는 이란

중국과 러시아의 이란 사태에 대한 입장은 비확산 체제의 준수 및 유지, 미국의 반테러 전쟁에 대한 공조의 원칙에서 출발하고 있다. 그 결과 미국 주도의 사태변화에 대한 중국과 러시아의 대응은 대미 협력에 바탕을 둔 유연전략과 미국에 대한 견제를 목표로 하는 강경전략이 혼용돼 구사되고 있다. 대량살상무기 비확산에 대한 원칙을 준수하는 데 있어서는 미국과 협력하는 유연전략을, 그 해결방법에 있어 유엔을 통한 제재와 무력사용의 가능성에 대해서는 이를 견제하는 강경전략을 사용하고 있다. 즉, 비확산의 대원칙에서는 미국과 협력을, 비확산 체제를 어떻게 유지할 것인가에 대한 접근방법에서는 미국에 대한 견제전략을 다각적으로 구사하고 있는 것이다.

앞으로도 중국·이란 간의 에너지 협력 전망은 매우 밝다. 미국의 석유 메이저들이 그토록 오랫동안 갈망해 온, 이란을 가로질러 페르시아 만에 곧장 이르는 파이프라인이 건설될 계획이기 때문이다. 이 파이프라인을 통해 카자흐스탄 소재 중국 소유의 우젠 유전이 퍼낼 석유를 운반할 예정이다. 1,000km에 달하는 이 파이프라인이 건설되면 중동·카스피 해 일대에서 생산되는 원유를 페르시아 만의 이란 항구에서부터 동중국해까지 수송함으로써 미래 중국 경제성장의 주 동맥이 될 전망이다.

러시아와 이란 간의 원자력 협력 또한 8억 달러에 달하는 부셰르 프로젝트 액면가 이상의 진가를 발휘하고 있다. 러시아가 언론이 보도한 대로 이란에 대해 세계 유일의 함대함 초음속 미사일 야혼트 체계를 실제로 제공했는가 여부는 아직 확인되지 않고 있다. 그러나 이란군의 주요 무기체계는 소련 시절부터 러시아에 크게 의존해 왔다. 따라서 반미전선에 포진해 있는 국가들은 러시아가 이란문제를 어떻게 처리할지 그 추이를 예의 주시하고 있다.

2006년 10월 초 이란의 원자력에너지기구 측은 이란에서 농축우라늄을 생산하기 위한 컨소시엄을 구성해 달라고 프랑스에 제의했다. 즉, 프랑스의 국영 원전 업체들이 참가함으로써 국제사회가 이란의 우라늄 농축활동을 가시적인 방식으로 통제할 수 있을 것이라는 하나의 해결 아이디어를 제안한 셈이다. 그러나 이미 때는 늦어버린 듯하다. 2006년 10월 4일 이란의 아흐마디네자드 대통령은 테헤란 근교에서 행한 공식연설을 통해 우라늄 농축의 중단과 관련해 어떤 협상도 전개할 의사가 없음을 다시 한번 확인했다.

2006년 9월 초부터 국제사회가 주시하는 가운데 몇 주간 지속되어 온 솔라나 유럽연합 외교정책 대표와 이란 측 핵협상 대표 간의 협상이 결렬됨에 따라 유엔 안보리의 5개 상임이사국과 독일 등 6개국은 또 다시 10월 런던에서 외무장관 회동을 통해 이란대책을 협의했다. 2006년 가을 이란에 대한 유엔 제재와 관련한 논의가 거듭 되풀이되면서 어느 시점에 이르러선 구체적인 제재들이 단계별로 실행되고 이로써 중동에서 또 다시 긴장이 고조되는 사태는 아무래도 피할 수 없을 모양이다. 이른바 미래 이슬람권의 새로운 맹주 이란을 중심에 두고 남부유라시아는 21세기 후반을 겨냥한 패권경쟁의 전장으로 변모하고 있다.

1 합의내용은 인도가 2014년까지 자신의 핵시설들을 '평화용'과 '군사용'으로 분류하고 평화용 시설에 대해 IAEA 사찰을 수용하는 대가로 미국이 정상적인 민간 핵협력을 제공하는 것을 골자로 한다. 김태우 외, '이란 핵문제 : 전망과 파장', 《주간 국방논단》 06(제1116호), 2006년 9월 11일 참조.

2 "Euro-Scepticism", *The Economist*, February 14, 2002.

3 중앙아시아 일대에 대한 미국의 전략적 이익을 이해하려면 Stephen J. Blank, "The United States and Central Asia", in Roy Allison and Lena Jonson, eds., *Central Asia Security: The New International Context*, Washington, D.C. and London: Brookings Institution Press and Royal Institute of International Affairs, 2001, pp. 127~151 참조.

4 John C. K. Daly, "The Caspian oil fix", *The Christian Science Monitor*, Feb. 8, 2001; "Guzzling the Caspian", *The Christian Science Monitor*, September 27, 2002.

5 카스피 해 지역은 2,000억 배럴로 추정되는 석유가 매장되어 있으며 특히 600조m³의 가스가 매장된 것으로 알려진 에너지의 보고로, 1945년 이래 발견된 자원 매장지대 중에서 가장 큰 석유·가스전으로 평가되고 있다. 카스피 해는 러시아, 카자흐스탄, 투르크메니스탄, 이란, 아제르바이잔 등 5개국에 둘러싸여 있는 면적 37만 1,000km²의 염분호수다. 좌측에는 흑해, 우측에는 아랄 해가 위치하고 있으며 아래쪽으로는 이란을 사이에 두고 아라비아 해가 위치하고 있다. 김재두·심경욱, 《미국의 대이라크 확전(擴戰) : 카스피 해아 에너지안보》, 서울 : KIDA Press, 2002년 참조.

6 즈비그뉴 브레진스키, 《거대한 체스판 : 21세기 미국의 세계전략과 유라시아》, 삼인, 2000, 6쪽.

7 Flynt Leverett and Jeffrey Bader, "Managing China-U.S. Energy Competition in the Middle East", *The Washington Quarterly*, Volume 29, Issue 1, Winter 2005-2006, p. 190.

8   이러한 미·중 간의 갈등과 마찰은 2004년 9월 미국이 수단에 대한 경제제재를 유엔에 상정하는 의사를 밝히자 중국이 거부권(veto)을 사용하겠다는 입장을 밝힌 데서도 잘 나타나고 있으며, 2개월 후 미국이 이란의 핵개발 프로그램 문제를 유엔 안보리에 상정하겠다는 의사에 대해 중국이 반대한 데서도 입증됐다. John Calabrese, "The Risks and Rewards of China's Deepening Ties with the Middle East", *China Brief*(The James Foundation), Volume 5, Issue 12, May 24, 2005, p. 4.

9   *New York Times*, January 13, 2004.

10   중국은 사우디아라비아에 대해서도 수출과 투자를 지속적으로 확대시켜 왔다. 지난 10년 간 사우디아라비아가 중국으로부터 수입한 물량은 지속적으로 증가해 대략 600%의 증가율을 기록했다. 중국은 사우디아라비아와의 견고한 관계 설정을 위해 상당히 오랜 기간 노력을 지속해 왔으며 이러한 노력들은 사우디아라비아의 오랜 동맹인 미국으로 하여금 중국을 전지구적 차원의 경쟁자로 더욱 진지하게 숙고하도록 만들 수도 있다. F. Leverett and J. Bader, "Managing China-U.S. Energy Competition in the Middle East", *op. cit.*, pp. 193~194.

11   "The Pipes Carry Clout with the Oil", *New York Times*, May 14, 2006.

12   실제로 이날 회담에 앞서 콘돌리자 라이스 미 국무장관과 세르게이 이바노프(Sergei Ivanov) 러시아 국방장관은 반테러 공조를 위해 휴대용 견착식 미사일 확산을 억제하는 협약에 서명했다.

13   원유는 시베리아 유전지대에서 중국 북동부의 다칭(大慶)유전을 잇는 송유관을 통해 공급하기로 했다. 이로써 시베리아와 중국 북동부를 잇는 송유관 건설의 발판이 마련됐다. 당초 일본은 시베리아 이르쿠츠크와 나홋카 항을 잇는 길이 3,800km의 송유관 건설에 강한 의욕을 보였으나 러시아 당국이 이를 추후로 미루고 중국과의 송유관 건설을 먼저 택했다. 마푸차이(馬福才) CNPC 총경리는 "중러 송유관 건설은 양국경제 협력 중 가장 큰 프로젝트이며 양측 모두에 희소식"이라고 말했다. 중국은 1993년 처음으로 원유 수입국이 된 이후 2004년에는 7,000만 톤의 원유를 수입했고 2005년에는 수입량이 1억 톤에 이르렀다.

14   김재두, '이란은 중국의 에너지우산이 될 것인가?', 《에너지신문》, 2006년 6월호.

08

이란이 중동정세에 미치는 영향

서정민 | 중앙일보 카이로특파원

2006년 5월 3일, 이란을 공식 방문한 카타르의 셰이크 하마드 빈 칼리파 국왕은 방문 마지막 날에 당황스런 일을 겪었다. 칼리파 국왕은 환송식에서 "아랍 페르시아 만 지역의 영광과 화합을 위해 월드컵에 진출한 이란 축구대표팀을 초청한다"고 발표했다. 하지만 이란의 마흐무드 아흐마디네자드 대통령은 칼리파 국왕의 말이 끝나기도 전에 갑자기 끼어들었다. "학교 다닐 때 국왕도 페르시아 만으로 불렀을 텐데. 영국에서 학교를 다녀 잘 몰랐나?"라고 공격한 것이다. 칼리파 국왕은 얼굴이 붉어져 "어쨌든 이 바다는 우리 모두의 것이다"라고 얼버무리고는 자리에 앉아버렸다.

이란과 아라비아 반도 사이에 놓인 바다의 명칭에 대한 양측간의 오래된 갈등이 불거져 나온 사건이었다. 이란은 이 바다를 페르시아 만, 아랍권은 아랍 만이라고 명명하고 있다. 호르무즈 해협 인근에서는 여러 섬들이 이 곳의 소유권을 놓고 분쟁 중이기도 하다. 우리나라의 독도와 바다이름도 그렇듯 이름과 소유권은 밀접한 관계가 있다. 이란이 강성해질수록 양쪽 모두 빼앗길 수 있다는 것이 아랍권의 우려다. 이를 반영하듯 영국의 권위 있는 지도제작사인 콜린스는 이 바다를 단지 '만(灣, The Gulf)'이라고만 표기하고 있다.

하지만 이란-카타르 정상 간 발생한 이 해프닝은 이란 핵사태를 둘러싸고 고조되고 있는 이란과 아랍국 간의 긴장을 그대로 반영한다. 아라비아 반도 동부 해안을 낀 걸프협력기구 수니파 6개국은 한결같이 이란의 핵개발 및 군사강국화에 초긴장 상태다. 이란이 강성해질수록 여러모로 불편하기 때문이다. 우선 자국 내 시아파들을 자극할 수도 있다. 또한 쿠웨이트, 카타르, 사우디아라비아 등은 미군이 주둔하고 있을 정도로 친미성향의 정권들이 통치하고 있기 때문에 반미 강경기치를 내세우는 아흐마디네자드 대통령이 이들에겐 위협요소다. 반면 아흐마디네자드 대통령은 이 국가들을 '친미 하수인'으로 간주하고 있다. 이란 언론은 이번 카타르 국왕의 방문도 핵사태 관련한 미국의 메시지를 전하기 위해서라고 폄하했다.

이란-서방 간 핵대치는 이처럼 중동 국가들에게 골치 아픈 문제다. 점차 강경해지고 있는 이란 정부와 미국이 주도하는 서방 간 전쟁이 발생한다면 중동권은 이란을 지지할 수도 없고 그렇다고 미국을 드러내 놓고 지원할 수도 없는 더 큰 딜레마에 빠지게 된다. 이미 이라크전쟁과 점령으로 반미감정이 고조된 상태이기 때문이다. 이란의 핵무장으로 가장 큰 위협을 느끼는 이스라엘을 제외하고는 아랍권은 분열된 반응을 보일 수밖에 없다. 따라서 국내정치 상황, 이란과 미국과의 이해관계, 국민여론 등에 따라 다양한 대응이 나올 것이다. 또 이란과의 전쟁이 시작된다면 중동권은 또 한번 대지각 변동을 맞이할 것으로 보인다.

이란의 막강한 발전 잠재력

이스라엘을 제외하고 중동에서 가장 발전 가능성이 있는 나라로 전문가들은 이라크와 이란 두 나라를 꼽는다. 넓은 영토, 풍부한 천연자원, 많은 인구 등 두 국가는 다른 어느 아랍국가보다도 큰 경제발전 잠재력을 가지고 있다. 석유자원으로만 따진다면 단연 사우디아라비아가 타의 추종을 불허한다. 하지만 이란과 이라크는 다른 아랍국가들과는 달리 수자원을 가진 나라들이다. 나일 강을 가진 이집트도 있지만 석유자원이 넉넉하지 못하다. 이 때문에 이라크와 이란은 고대부터 메소포타미아 문명, 페르시아 문명을 꽃피웠다.

특히 이란의 경우는 중동에서 최고의 조건을 가진 나라다. 앞서 언급한 천연조건 외에도 7,000만 명 이상의 인구를 가지고 있다. 사우디아라비아의 경우 방대한 영토에도 불구하고 인구는 1,000여만 명에 불과하다. 다른 걸프지역 산유국들도 비슷한 실정이다. 석유 덕분에 경제적 성장은 이뤘지만 엄청난 돈을 들여 바닷물을 담수화해야 하는 형편이다. 강이 없어 농경이 발달하지 못해 인구도 많지 않다. 하지만 이란은 720km에 달하는 카룬 강을 비롯해 10여 개의 큰 하천이 있다. 북부 지역에는 겨울에 눈이 많이 내려 풍부한 수원들이 곳곳에 위치한다.

모든 조건에서 이란은 중동 내 최대의 발전 잠재력을 가진 나라다. 하지만 이란도 예전의 강대국의 지위를 근세에 와서는 많이 상실했다. 영국의 식민지배에 이어 부패한 왕정이 지속되는 바람에 이란의 정치·경제는 제3세계 수준을 벗어나지 못했다. 1979년 이슬람혁명으로 왕정을 타도했지만 뒤를 이은 이슬람 근본주의 정권 하에서 이란은 국제적 고립과 경제적 부진을 면치 못했다. 1979년에는 이란 학생들이 테헤란 주재 미국대사관 직원들을 444일 간 인질로 억류하는 사건이 있었으며, 1980~1988년까지 8년간 중동의 거점을 상실한 미국이 지원하는 이라크와의 전쟁을 겪기도 했다. 이 같은 이유들로 이란은 미국으로부터 지금까지 26년 간 외교적 압박을 당해왔다.

이란의 부활은 1990년대 초부터 시작됐다고 할 수 있다. 1990년 이란의 숙적인 이라크의 사담 후세인 대통령이 쿠웨이트를 침공한 것이 그 시작이다. 견원지간인 인접국 지도부가 스스로 붕괴의 길로 들어섰기 때문이다. 1991년 다국적군에 대패한 이라크는 포괄적인 경제제재와 남부와 북부지역에 대한 비행금지 조치로 크게 약화됐다. 반면 이란은 점차 회복하고 있었다. 보수주의 종교세력의 견제에도 불구하고 느리지만 조금씩 경제개혁이 진행됐다. 1997년부터 8년간 집권한 모하메드 하타미 대통령의 개방정책으로 긍정적인 개혁의 결과가 나타나기도 했다.

2003년 미국 주도 동맹군이 무기력해진 이라크를 침공한 것은 이란에게는 큰 기회로 다가왔다. 최대의 적인 이라크 수니파 정권이 무너지고 친이란 시아파 종교세력의 지지를 받는 새로운 정권이 들어섰다. 원수였던 나라가 몇 년의 점령기간을 거치면서 이란의 동맹국이 될 수도 있는 나라로 변했다. 이 때문에 대부분 수니파인 아랍국가 지도자들은 미국의 이라크 침공에 크게 반대하기도 했다. 후세인 정권이 붕괴하고 민주적인 선거가 실시되면 이라크 인구의 60% 이상을 차지하는 시아파가 정권을 잡을 것이 확실했기 때문이었다. 카이로 알아흐람 전략연구소의 무함마드 술탄 박사는 "9·11 테러 이후 중동 내에서 가장 큰 이익을 본 나라는 결국 이스라엘과 이란"이라고 지적했다. 제1차 걸프전 당시 이라크로부터 미사일 공격을 받기도 한 이스라엘로서는 안보를 위협하는 아랍국이 사라진 셈이며, 이란으로서는 최대의 적이었던 이라크를 또 다른 적인 미국이 알아서 제거해 준 셈이 된다.

이란이 핵기술 개발을 본격화하기 시작한 것도 9·11 테러가 발생한 이후였다. 미국의 아프가니스탄 침공 이후 이라크에 대한 군사조치설이 확실해지는 시점이었다. 이란은 내부적으로는 급증하는 인구 때문에 실제로 전력부족이 심각해지고 있었다. 하지만 이라크전쟁에 몰두한 미국이 이란에 대해 신경을 덜 쓸 수밖에 없는 상황이었으며, 핵개발 강행을 위한 내부 여론조성에도 적기였다. 이라크전쟁과 침공으로 인한 이란 내 반미감정이 더욱 거세졌기 때문이다. 이라크전쟁에 승리를 거둔 미국이 이란의 핵활동에 대한 압력을 가하기 시작하면서 이란 내에는 강경파들이 영향력을 더욱 강화했다. 예상을 깨고 2005년 대선에서 초강경파 아흐마디네자드가 승리를 거둔 것도 이와 무관하지 않다.

이란의 부상에 대한 아랍권의 반응

강경보수파 아흐마디네자드 대통령 집권과 이란의 핵개발 본격화로 아랍권은 좌불안석이다. 아프가니스탄과 이라크에 이어 중동에 또 다른 전쟁이 발생할지 모른다는 우려 때문이다. 하지만 아랍권이 불안해하는 근본적인 이유는 이란이 점차 강대해지고 있기 때문이다. 같은 중동 · 이슬람권이지만 민족과 언어가 전혀 다른 이란이 지나치게 큰 힘을 갖는 것에 대해 아랍권은 반기지 않는 눈치다.

가장 두려워하는 것은 이란의 군사대국화다. 고유가 덕분에 석유 달러가 크게 늘면서 이란의 무장은 급속도로 진전되고 있다. 실제로 이란은 이미 중동 내 군사대국으로 급부상했다. 2006년에만 해도 이란은 여러 신형무기들을 과시하듯 내놓았다. 3월 말부터 '신성한 예언자(Holly Prophet)'라는 작전명으로 대규모 군사훈련을 실시하면서 연일 새 무기 보유 소식을 전했다. 훈련 개시일인 31일 이란군 당국은 스텔스 기능을 갖춘 신형미사일 '코사르(Kowsar)' 발사에 성공했다. 이 기능은 이란이 이미 개발에 성공했다고 주장하는 장거리 고체연료 추진제와 결합돼 샤하브—4 미사일에 장착될 전망이다. 머지않아 사정거리가 3,000km에 달하는 미사일을 보유하게 된다는 전망도 나오고 있다. 4월 2일에는 대형 군함과 잠수함을 파괴할 수 있는 고속 어뢰를 성공적으로 시험발사했다고 발표했다. '후트(고래)'로 명명된 이 어뢰는 수중에서 초속 100m의 속력을 갖고 있어 세계에서 가장 빠른 어뢰 중 하나다. 5일에는 헬기와 제트전투기에 장착할 수 있는 공대함 및 공대지 겸용 첨단 미사일 '누르'를 시험발사하는 데 성공했다.

이란의 전략무기 개발은 몇 년 전부터 본격화됐다(〈표 8-1〉 참조). 이라크전쟁이 발발하면서 지역정세가 어수선해지고 핵문제로 인한 서구와의 대치가 시작되면서다. 2005년 아흐마디네자드 대통령의 취임 이후에는 더욱 탄력을 받았다. 아흐마디네자드 대통령은 당선 직후 7월 국가와 민족, 그리고 자원수호를 위해 강력한 군대를 가질 필요가 있다고 강조했다. 장거리 미사일의 실전배치와 최초 잠수함 건조, 고체연료 추진 미사일 개발도 불과 몇 년 사이에 이뤄졌다. 2005년 10월에는 소형위성을 쏘아 올려 정보전에도 가세했다.

이란의 중무장화는 두 가지 목적에서다. 미국, 이스라엘 등이 계획하는 '경제제재 → 군사적 제재' 위협에서 벗어나기 위한 과시용이다. 걸프 만 북부 해역에서 사상 최대 규모로 실시한 '신성한 예언자' 작전이 한 예다. 이 작전에서는 2만여 명의 병력, 1,500여 척의 선박, 각종 항공기를 동원해 군사력을 과시했다. 작전 기간 중 이란의 해군함정 2척이 인도를 방문하기도 했다. '이란은 이라크와 다르다'라는 점을 확실히 알려 미국의 선제공격을 막겠다는 계산이다. 그러나 이란의 장기적인 목표는 중동의 패권을 장악하는 것이다. 범아랍 군사전문 주간지 〈알디파〉는 2006년 4월 13일자에서 '이란의 실질적인 위협은 재래식 전략무기'라고 지적했다. 최근 서방과의 핵대치도 내부적으로 자유롭게 재래식 대량살상무기를 개발하기 위한 눈가림이라는 분석이다. 이란은 이미 이스라엘에 이어 중동 내 최대 군사대국으로 자리매김했다. 따라서 이란

시 기	무기개발 현황
1990년대 초	걸프전 이후 중동 최초로 러시아제 잠수함 3척 도입
1992년	탱크 · 장갑차 · 전투기 자체 생산 시작
2002년 9월	핵탄두 탑재가능 지대지 미사일 '파테-110A' 시험발사 성공
2003년 7월	'샤하브-3'(사정거리 1,500~2,000km) 실전 배치
2005년 5월	최초 잠수함 '가디르' 건조
2005년 6월	고체연료 추진 미사일 실험 성공, '샤하브-4'에 이용될 전망
2005년 10월	소형위성 '시나-1' 쏘아 올려 '우주클럽'에 합류
2006년 3월	스텔스 기능 신형미사일 '코사르' 발사 성공
2006년 4월	고속 어뢰 '후트' 시험발사 성공, 공대함 및 공대지 겸용 미사일 '누르' 시험발사 성공

미사일의 사정권에 있는 이스라엘과 걸프 친미국가들의 우려는 당연한 일이다.

군사적 위협과 더불어 이란의 역내 영향력 강화도 중동권에 큰 불안 요소로 등장하고 있다. 이란의 패권야심은 이라크전쟁 이후 더욱 두드러지고 있으며, 8년 간의 전쟁을 치른 적대국 이라크와 급속히 가까워지면서 세력을 확대하고 있다. 이란은 2006년 5월 10일 20여 년 만에 처음으로 주(駐)이라크 대사를 임명해 부임시켰다. 앞으로 이라크와의 관계 회복은 급물살을 탈 것으로 보인다.

이라크전쟁 이후 2년 만인 2005년 7월 이라크와 이란의 관계개선이 본격화되기 시작했다. 시아파 출신 이브라힘 알자파리 이라크 총리의 방문을 계기로 양국 관계는 사실상 정상화하기 시작했다. 1967년 이후 40여 년 만에 이라크 정상이 각료급 인사 10여 명을 이끌고 테헤란에 도착했기 때문이다. 당시 모하마드 레자 아레프 이란 부통령은 이라크 대표단에 "이라크를 우리의 형제로 간주하고 있다"고 밝혔다. 주변에 시아파 정권이 들어선 것에 대한 최대의 환영표시였다. 알자파리 총리도 "불편한 기간도 있었지만 양국의 유대는 아주 오래됐으며 양국 간의 화해는 서로의 이익에 부합하는 것"이라고 우의를 과시했다.

기나긴 전쟁으로 인해 양국 국민 간 남아 있는 반감에도 불구하고 양국 지도부는 절실한 필요에 의해 화해와 협력에 나서고 있다. 아픈 과거에 집착하기보다는 우선 자국 내 문제를 해결하기 위한 실리적 정책변화로 볼 수 있다. 당시 양국 정상회담에서는 양국 간 에너지 협력에 초점이 맞춰졌다. 저항세력의 공격으로 정유시설이 제대로 가동되지 못하는 이라크는 이란에게 도움을 청해왔다. 이라크는 원유를 이란으로 보내고 그 대신에 휘발유, 등유 등 석유제품을 받기 위해 바스라－아바단 항구 간 40km의 파이프라인 건설을 시급히 요청했다. 양국은 또 경제성이 뛰어난 남부 국경지대의 유전을 공동 개발하는 방안도 검토했다. 양국 간 안보협력도 논의됐는데, 이라크로서는 치안안정이 급선무이기 때문에 이란의 협력이 필요했다. 알자파리 총리는 양국이 1,600km의 국경을 맞댄 국가라는 점을 강조하며 테러세력 침입차단을 이미 이란에 요청해 왔다. 이란으로서도 반정부 무장단체인 무자헤딘 할크의 이라크 내 활동을 막아달라고 이라크에 부탁했다.

중동권에서도 두 나라뿐인 시아파 국가 간의 이 같은 관계개선 움직임에 아랍권은 모두 경계하는 눈치다. 시아파 종주국 이란이 신생 시아파 정권에 악영향을 미치지 않을까라는 우려 때문이다. 특히 경제·군사대국인 페르시아 민족 이란이 종교적으로 동질성을 띠는 아랍권의 이라크와 뭉치면 막강한 정치블록을 형성할 수 있기 때문이다. 전문가들은 2006년 5월 20일 출범한 이라크 시아파 주권정부가 미국의 반대에도 불구하고 이란과 협력을 강화할 것으로 전망하고 있다. 시아파 내 최대 정파인 통일이라크연맹(UIA) 내 이라크이슬람혁명최고위원회(SCIRI)와 다와당 모두 친이란 인사들로 구성돼 있기 때문이다. 다와당 대표인 알자파리와 주권정부 총리직에 오른 누리 알 말리키는 이란에서 망명생활을 한 정치인이기도 하다.

최근 중동권에서 이란에 관한 최대 화두는 시아파 초승달 시나리오다(〈그림 8-1〉 참조). 이는 2006년 2월 요르단 압둘라 국왕이 직접 언급까지 한 표현이다. 즉, 이라크와 이란을 중심으로 동쪽 파키스탄부터 서쪽 레바논에 이르기까지 중동의 세력판도에서 시아파가 다시 득세할 것이라는 시나리오

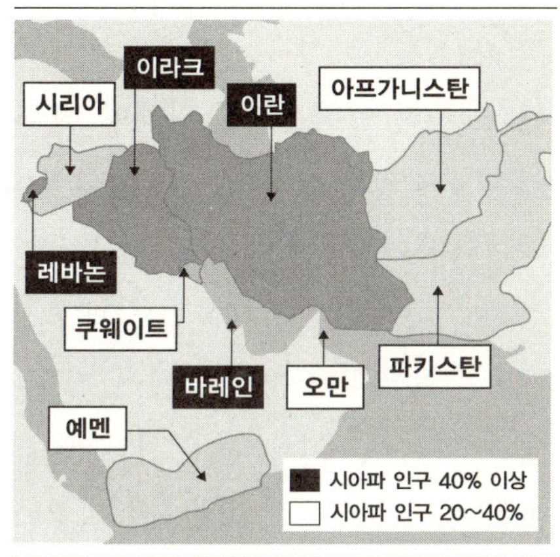

그림 8-1 ● 중동의 시아파 초승달 지대

다. 이라크가 시아파 국가로 변모하면서 이란의 정치영향력 확대를 경계하는 시각이다.

현재 이슬람권 인구의 10% 정도인 시아파가 중동의 전면에 나서고 있다. 또한 이라크 내 시아파 정권의 등장으로 이란의 정치적 입지는 크게 강화됐는데, 문제는 이란의 영향력이 여기서 끝나지 않을 것이라는 점이다. 이란을 축으로 시아파 동맹이 서쪽으로는 이라크, 시리아, 레바논까지, 남쪽으로는 쿠웨이트, 오만, 예멘까지 확대될 것이라는 전망이다. 이 수니파 국가들에는 적지 않은 시아파들이 살고 있기 때문이다. 이처럼 시아파 초승달이 등장하게 되면 요르단, 사우디아라비아 등 상당수 국가들이 초승달 모양의 시아파 권역에 둘러싸이게 된다. 이란의 영향력이 중동정세의 새로운 변수로 떠오를 수밖에 없는 상황이다.

이란에 대한 이스라엘의 입장

이란의 군사대국화, 영향력 확대, 핵개발 등으로 인해 가장 위협을 느끼

는 나라는 단연 이스라엘이다. 미사일 공격을 가했던 사담 후세인 이라크 정권은 사라졌지만 이란은 실제 더 큰 위협으로 이스라엘에 다가오고 있다. 이미 반이스라엘 단체인 레바논 내 시아파 민병조직 헤즈볼라를 이란이 지원하고 있다는 의혹 때문에 양국 관계는 수십 년 전부터 적대적이었다. 이를 잘 알고 있는 이란은 이스라엘을 계속 자극하고 있다. 특히 아흐마디네자드 대통령의 대이스라엘 악담은 끝이 없어 보인다. 핵개발을 둘러싼 서방의 압력이 거세질수록 이란은 물귀신처럼 이스라엘을 물고 늘어지고 있다. 이란의 핵개발이 현재 중동 내 유일한 핵무기 보유국인 이스라엘을 견제하기 위함이라는 것을 알리기 위해서다. 200여 개의 핵탄두를 보유한 것으로 알려진 이스라엘에 대항한 이란의 핵무장 노력에 적지 않은 중동인들도 지지를 보이고 있다.

아흐마디네자드 대통령의 대이스라엘 독설은 2005년 10월부터 시작됐다. 26일 이스라엘에서 자폭공격이 발생한 직후 아흐마디네자드 대통령은 이스라엘을 지도상에서 지워 없애야 한다고 말했다. 그는 당시 "팔레스타인들의 의지 속에 일고 있는 새로운 물결이 이슬람 세계의 얼굴에 남아 있는 오점을 제거할 것으로 확신한다"고 말했다. 그의 발언에 대해 이스라엘과 서방권이 일제히 반발하자 자신의 발언을 비난하는 것은 자유라고 태연하게 반응했다. 대통령의 이 같은 발언에 대해 이란의 최고 지도자 아야톨라 알리 하메네이도 지지를 보냈다. 4일 후인 30일 하메네이는 이란 관영 IRNA통신을 통해 발표한 성명에서 "팔레스타인의 저항은 틀림없이 시오니스트 체제의 몰락으로 이어질 것"이라고 덧붙였다. 이 같은 종교 지도부의 지지에 힘을 얻은 아흐마디네자드 대통령은 그해 12월 14일에도 나치 독일의 유대인 대학살이 일종의 지어낸 얘기라고 말했다. 1948년 팔레스타인 땅에서 완성된 이스라엘 건국운동에 국제사회의 동정여론을 확산시킨 촉매가 됐던 홀로코스트가 지나치게 확대 해석됐다고 주장한 것이다.

아흐마디네자드 대통령의 이스라엘 비난은 여기서 그치지 않았다. 4월 14일 테헤란에서 열린 팔레스타인 지원 회의에서는 "시오니스트 정권은 한차례의 폭풍이 닥치면 제거될 썩고 마른 나무"라고 발언했다. 4월 24일에는 "이스라엘은 중동에서 살아남을 수 없을 것"이라며 "이스라엘로 이주해 온 유대인들은 원래 살았던 곳(유럽)으로 돌아가야 한다"고 주장했다. 5월 11일에는 인도네시아 방문 중 "이스라엘은 악에 기초한 지속될 수 없는 정권"이라며 "언젠가 사라질 것"이라고 강조했다.

그러나 1948년 건국 이후 벌인 수차례의 전쟁에서 아랍권 국가들에 패배를 안긴 이스라엘은 비아랍 이슬람권 국가인 이란의 공세에 위축되는 기색 없이 맞서고 있다. 에후드 올메르트 이스라엘 총리는 2006년 4월 29일 독일 신문과의 회견에서 아흐마디네자드 대통령을 정신병자로 규정했다. 그는 "아흐마디네자드가 유대인 학살을 자행했던 나치 독일을 이끈 히틀러처럼 말하고 있다"고 직격탄을 날렸다. 올메르트 총리는 또 "이런 사람이 핵무기를 수중에 넣도록 놔둬서는 절대로 안 된다"며 이란의 핵 프로그램을 국제사회가 견제해야 함을 강조했다. 이란 태생인 모세 카차브 이스라엘 대통령도 대이란 설전에 가세했다. 그는 2006년 5월 2일 알자지라 방송 회견에서 "이란이 이스라엘 뿐만 아니라 아랍권에도 위협이 되고 있다"고 지적했다. 카차브 대통령은 또 "이란이 유대인 국가인 이스라엘에 위협을 가함으로써 이슬람권의 지지를 얻으려는 것 같다"고 꼬집었다.

이런 설전 속에 이스라엘의 입장은 명확하다. 이스라엘의 존재에 직접적인 위협이 된다면 선제공격을 할 수도 있다는 입장이다. 아랍국가들에 둘러싸여 안보를 최대 현안으로 고집하는 이스라엘 내부 지도부는 선제공격이 최선의 방어라는 입장을 정리하고 있다. 아직 무기생산까지 완료되지 않은 단계에서 선제공격으로 핵무기 개발을 차단하겠다는 발상이다. 사실 이스라엘의 이 같은 입장 정리는 2005년 초에 가시화됐다.

2005년 1월 24일 이스라엘 대외정보기관인 모사드의 메이어 다간 국장은 이스라엘 국회인 크네셋의 외교·국방위원회에 출석했는데, 이 자리에서 그는 "국제사회가 너무 늦기 전에 이란에 대한 조치를 취해야 한다"고 강조했다. 이날 의회 보고서에서 다간 국장은 "이란의 핵개발 프로그램이 돌아설 수 없는 단계(point of no-return)에 거의 도달했다"고 경고했다. 이란이 핵무기 제조에 필요한 우라늄 농축을 자급자족할 단계에 이르렀다는 분석에 기초해서다. 의회보고를 받은 시몬 페레스 이스라엘 부총리는 이날 이란을 이스라엘의 최대 안보위협국이라고 지목하면서 공격 가능성을 시사했다. 부총리는 이스라엘 라디오 방송에서 외교적·경제적인 압력으로 이란을 저지하지 못할 경우 누구라도 나서서 군사행동을 취해야 할 것이라고 강조했다.

현지 전문가들은 실제로 이스라엘을 이용해 이란에 대한 제한적 공격을 할 것이라는 시나리오에 가장 큰 무게를 두고 있다. 10여 년 간의 전면적 경제제재로 무력화된 이라크와는 달리 이란의 군사력을 볼 때 미국이 전면전을 행할 가능성은 적다는 얘기다. 또 이스라엘은 이미 1981년에도 이라크의 오시라크 핵시설을 공중 폭격해 후세인의 핵 무장화 시도를 무력화시킨 경험이 있다. 미국도 전면전보다는 제한적인 공격을 단행해야 중동권 내 반발을 약화시킬 수 있다는 계산을 하고 있다. 이를 위해 미국과 이스라엘 군 관계자들은 2005년부터 이미 몇 차례의 실무자 회담을 갖고 이스라엘의 이란공습을 논의해 왔다는 보도가 나오기도 했다. 이란으로의 최단 공격로인 이라크 영공통과 시 미군과 항공통제 방안도 의논한 것으로 알려지고 있다. 이스라엘은 또 2006년 4월 말 이란 핵 프로그램 감시용 위성을 발사했다. 바로 시베리아에서 이란 핵시설들을 감시하는 '에로스 B' 위성이다. 지상에 있는 70cm의 물체도 식별해 낼 수 있는 이 위성을 통해 핵시설 감시는 물론 대이란 공습준비에 박차를 가하고 있다고 범아랍 일간지 〈알하야트〉는 당시 보도했다.

이 같은 이스라엘의 공격설에 대해 이란도 물러서지 않고 있다. 이란은 공격이 발생할 경우 어떤 세력이든 끝까지 투쟁할 것이라고 이미 여러 차례 선언해 왔다. 2006년 4월 18일 국군의 날 기념사를 통해 아흐마디네자드 대통령은 "이란 군은 이제 강력한 군대로 컸다"면서 "어떠한 침략자라도 손목을 잘라버리고 그들의 이마에는 치욕의 표징을 새길 것이다"고 공언했다. 또한 이라크가 했던 것처럼 전쟁 발발 시 이스라엘에 선제공격을 가할 수도 있다는 경고도 나오고 있다. 5월 2일 이란혁명수비대의 모하마드 이브라힘 데흐가니 장군은 "미국이 어떤 도발을 할 경우 우리의 첫번째 표적은 이스라엘이 될 것"이라고 천명했다.

분열된 아랍권의 대이란 시각

그렇다면 아랍권은 이란의 현재 움직임에 대해 어떻게 반응하고 있을까? 이란과 아랍권의 불편한 관계는 오래된 것이다. 7세기 초 이슬람이 발현하고 아랍 이슬람 제국이 가장 먼저 타민족과 벌인 가장 큰 전쟁은 637년 카디시야 전투다. 페르시아 제국과의 한판 승부였다. 이 전투에서 이슬람군은 대승을 거두고 페르시아에 이슬람을 전파했다. 하지만 집권 수니파 세력이 반발해 이리그를 기점으로 시이파기 발생히면서 디민족인 페르시아는 주류가 아닌 시아 이슬람을 신속히 받아들인다. 압바시야 왕조의 수도 바그다드가 몽골의 침입으로 몰락하고 이후 이슬람 제국의 수도가 터키 이스탄불로 옮겨지면서 페르시아는 여러 왕조를 건설하고 독자적인 시아 이슬람국을 유지해 왔다.

중동권이 서구의 식민지로 전락하고 2차 세계대전 후 독립을 맞이한 이후에는 아랍권과 이란 간 큰 불화는 없었다. 이란에 등장한 친서방 샤 왕정이 온건한 노선을 걸어왔기 때문이다. 대부분 아랍권에 등장한 독재공화정권이나 왕정들도 이란에 특별히 반감을 표시하지 않았다. 특히 걸프 지역의 친미 왕정들은 당시 미국의 중동 내 거점으로 부상한 이란과 좋은 관계를 유지했다. 중동의 정치강국 이집트도 이란과 우호적인 관계를 유지했다. 1979년 이슬람혁명으로 이란에서 도피한 팔레비 국왕에 은신처를 제공하기도 했다. 지금도 팔레비 국왕의 묘는 카이로의 리파이 모스크 내에 위치해 있다.

그러나 1979년 발생한 이란의 이슬람혁명은 아랍권에도 큰 충격이었다. 이슬람을 이념으로 이용한 민중혁명을 통해 독재왕정이 붕괴됐기 때문이다. 당시 이집트를 비롯한 상당수 아랍국가들도 이슬람 과격세력의 준동으로 정치적 불안을 느끼고 있었다. 이란의 이슬람혁명은 아랍권 이슬람운동단체들에게 투쟁을 위한 '모델과 목표'를 제시했다. 1980년에는 이 같은 목표를 시행하려는 과격세력의 공격으로 이집트의 안와르 사다트 대통령도 암살당했다. 같은 해 이라크의 선제공격으로 이란-이라크전쟁도 발발했다. 이란의 이슬람혁명 이념 수출을 두려워한 아랍권은 전폭적으로 이라크를 지원했다. 걸프 아랍왕정들은 물자는 물론 엄청난 전쟁비용을 이라크에 제공하기도 했다. 전쟁을 시작으로 대부분 아랍국가들은 이란과의 외교관계도 단절했다. 이 같은 반감은 아직도 지속되고 있다. 시리아, 수단 등 강경국가들을 제외한 대다수 아랍국가들은 아직도 이란과의 외교관계를 재개하지 않고 있다.

하지만 정부가 아닌 중동인들의 이란에 대한 시각은 다양하다. 이란의 군사대국화와 핵개발에 직접적인 위협을 느끼는 걸프 지역 사람들은 불안해한다. 이란과 인접해 있기 때문이다. 하지만 좀더 멀리 떨어진 이집트, 시리아, 수단 등의 국가에서는 이란 핵개발에 대한 지지도가 최근 상승하고 있다. 미국의 지원 속에 지속되는 이스라엘의 팔레스타인 점령, 미국이 주도한 이라크전쟁 등으로 이란에 대한 중동인들의 시각이 변하고 있다는 얘기다. 이들 국가에서 상당수 과격세력들은 미국의 눈치를 보면서 이란의 핵개발을 반대하는 정권을 비난하기도 한다. 서구에 의해 중동과 이슬람권이 테러의 온상으로 지목되자 이에 대응하기 위해서는 중동의 전반적인 군사력이 강화돼야 한다는 주장도 나오고 있다.

알자지라 방송이 2005년 말 실시한 여론조사는 이 같은 변화를 반영한다. '미국이 이란을 공격해야 하는가' 라는 질문에 응답자 중 76%가 반대한다고 답했다. '예' 라고 답한 14%의 응답자 대부분은 걸프 지역 출신이라는 해설도 나왔다. '잘 모르겠다' 는 응답은 10%였다. 범아랍 시사주간지 〈알마샤히드〉가 2006년 초 실시한 여론조사에서는 34%의 응답자가 '이란도 핵무기를 가져야 한다' 고 답했다. 물론 나머지 66%는 '중동이 비핵화지대가 돼야 한다' 고 답했다. 하지만 역사적인 반감과 함께 외교관계가 단절될 정도로 현재의 감정도 좋지 않은 이란에 대해 30%가 넘는 응답자가 핵개발을 지지한 것은 상당히 이례적이다. 10여 년 전만 해도 상상할 수 없는 일이다. 이처럼 이라크전쟁 이후 극에 달하고 있는 중동권의 반미·반서구 감정이 이란의 핵개발에 대한 지지로 나타나고 있다.

이 같은 여론을 이용하려는 이란의 행보도 빨라지고 있다. 이스라엘에 대한 지속적인 독설과 비난도 이를 익시한 것이다. 이란은 또 서방과 이스라엘이 팔레스타인에 대한 재정지원을 중단하자 중동에서는 처음으로 5,000만 달러라는 대팔레스타인 지원금을 내놓았다. 이란은 또 중동 내 과격단체들을 규합해 '반미 이슬람벨트' 를 구축하고 있다. 팔레스타인의 현 집권세력인 무장단체 하마스, 레바논의 헤즈볼라 외에 여러 나라의 이슬람단체들에 대한 지원도 늘려가고 있다. 이란은 특히 시리아와의 연대에 큰 관심을 보이고 있다. 레바논 하리리 총리 암살사건 개입의혹으로 궁지에 몰린 시리아에 정치적 지원을 아끼지 않고 있다. 2005년 8월 아흐마디네자드 이란 대통령이 취임한 이후 이란을 가장 먼저 찾은 외국 정상은 시리아의 바샤르 알 아사드 대통령이었다. 아흐마디네자드 대통령의 첫 해외 국빈방문지도 역시 시리아였다.

현재 아랍권은 이란 핵문제의 평화적 해결을 원하고 있다. 또 다른 중동 내 전쟁은 안 된다는 것이다. 특히 고유가로 번영을 누리고 있는 걸프 지역 산유국들은 전쟁을 피하기 위해 이란과 서방국 간 중재역할도 나서고 있다. 2005년 12월에는 아랍에미리트의 수도 아부다비에서 걸프협력기구(GCC) 외무장관들이 모여 이란 핵개발에 대한 대응책을 논의했다. 2006년 사우디아라비아 리야드에서 열린 GCC 정상회담에서는 중동 내에서 무력충돌이 발생하는 것을 피해야 한다는 성명을 발표했다. 하지만 이란은 걸프국들의 중재노력을 받아들이지 않을 전망이다. GCC 회원국들이 모두 미국과 밀접한 관계를 가진 나라들이기 때문이다. 이보다는 중동 각국 내 반서방 단체들과 여론을 이용해 서방과의 핵대치에서 지지기반을 구축한다는 계산이다. 중동권 내 독재정권과 국민 간의 괴리현상을 최대한 이용하려는 전술이다. 이라크가 무너진 현 상황에서 이란마저 서방에 무릎을 꿇어서는 안 된다는 인식이 중동인들의 뇌리에 점차 새겨지고 있다.

이란의 전쟁 발발 시 중동권의 선택

'이란에 대한 미국의 작전은 이미 시작됐다.' 범아랍 시사주간지 〈알와탄 알아라비〉는 2006년 3월 둘째주 호에서 이같이 분석했다. 2005년 말부터 이란 내 북부 쿠르드족들과 남부 아랍족들이 움직이기 시작했기 때문이다. 실제로 2005년 말부터 이들 지역에서는 적지 않은 소요와 반정부 폭탄테러가 발생해 왔다. 이란 남부에서는 아흐마디네자드 대통령 방문에 맞춰 그의 목숨을 노린 폭탄공격도 있었다. 당장 전쟁은 아니더라도 미국이 이란 내 반정부 단체들을 사주해 불안을 조성하고 있다고 주간지는 설명했다. 주간지는 또 미국이 대이란 간접전쟁을 시작하고 있다고도 전했다. 3월 초 미 국무부가 워싱턴과 아랍에미리트의 두바이에 이란문제를 전담할 사무소를 개설한 것을 언급하면서다. 이란과의 장기전에 대비하고 반정부 세력의 이란정권 타도를 지원하려는 목적이라고 주간지는 주장했다.

중동 현지 전문가들은 '미국이 중동의 마지막 남은 강대국 이란에 대해 무언가는 할 것'이라고 지적하고 있다. 유엔 안보리 결의안을 통한 경제제재를 비롯해 극단적으로는 전면전도 결코 배제할 수 없다는 설명이다. 2년여 지속되고 있는 대이란 핵협상에 미국이 절대 참가하지 않고 있는 것도 이 같은 조치를 위한 하나의 포석이라고 전문가들은 보고 있다. 일부 전문가들은 9·11 테러 이후 미국의 중동패권 장악 시나리오에 이란에 대한 공격도 이미 포함돼 있었다고 주장하기도 한다.

중동 정권과 시민들은 이 때문에 이란 핵사태에 민감하게 반응하고 있다. 이란에 대한 서방의 군사공격이 단행되면 중동은 다시 한번 큰 지각변동을 겪을 수밖에 없기 때문이다. 이스라엘이 이란 공격에 동참할 경우 중동 전체가 전화에 휩싸일 것이라는 경고도 나오고 있다. 하지만 전문가들은 미국이나 이스라엘이 이란을 공격한다고 할지라도 전쟁에 개입하려는 아랍국가는 없을 것이라고 예상하고 있다. 이란이 최대 동맹국으로 부상하고 있는 시리아와 이라크도 결국은 이란에 직접적인 도움을 주지는 못할 것이라는 얘기다. 시리아는 더 이상 미국과 이스라엘의 압박을 견뎌낼 만한 여력이 없다. 미국이 지원하는 정치세력이 국정을 운영하는 이라크도 중립적인 입장을 보일 가능성이 높다. 오히려 이라크전쟁에서 나타났듯이 일부 걸프 국가들은 미군이나 다국적군에게 군사기지를 제공할 것이라는 분석이 지배적이다. 미국이 요청하면 거부할 수 없는 것이 현재의 중동상황이기 때문이다.

　　그러나 문제는 앞서 언급한 바와 같은 중동의 여론과 과격단체들의 보복공격이다. 중동권에는 이미 국제법에 보장된 핵개발 프로그램을 미국이 저지할 수 없다는 여론이 퍼져 있다. 이라크와 팔레스타인 문제로 극에 달한 중동 내 반미여론은 미국의 이란 공격 시 폭발할 것이라는 경고도 나오고 있다. 전쟁 발발 시 결국 각국의 반정부 이슬람 세력들이 큰 힘을 얻게 되며 각국의 독재정권은 이러한 과격세력들의 준동으로 또 한차례 홍역을 겪어야 한다. 또한 미국 등 서방이 군사적 조치로 이란정권을 무너뜨린다 하더라도 중동권의 반서방 투쟁은 중단되지 않을 것이라는 전망이 지배적이다. 이미 아프가니스탄과 이라크에서 나타난 바와 같이 이란도 반미·반서방 테러의 온상으로 변할 것이기 때문이다. 따라서 이슬람권과 서방 간 무력충돌이 수십 년 지속될 수도 있다.

그림 8-2 ● 이란의 신공항인 호메이니 공항

그림 8-3 ● 호메이니 영묘가 있는 사원

그림 8-4 ● 핵문제 소식을 접하려는 신문 가판대의 이란인들

그림 8-5 ● 버스 뒤 유리창에 붙은 호메이니 지지 포스터

그림 8-7 ● 호메이니 사원 내부에서 기도하고 있는 이란 어린이들

그림 8-8 ● 공원에 놀러나온 이란 가족

그림 8-9 ● 이란-이라크전쟁기념관에 전시된 포획당한 이라크탱크

그림 8-10 ● 26년째 굳게 닫혀 있는 테헤란 주재 미국대사관

그림 8-11 ● 미국대사관 담에 그려진 반미 포스터

그림 8-12 ● 미국대사관 담에 그려진 미국대사관 점거 시 억류됐던 인질 모습

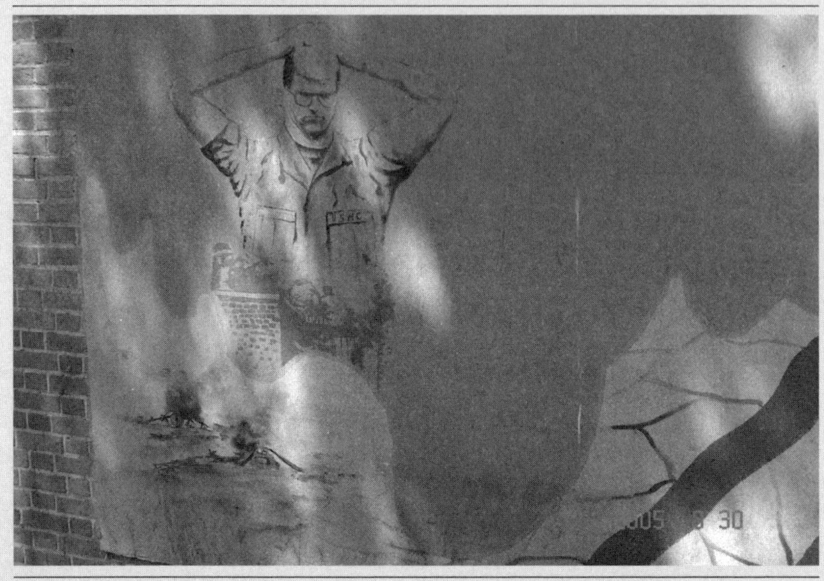

그림 8-13 ● 미국대사관 점거 시 발견된 책들을 전시한 내부 전시장

سی دی
اسناد لانه جاسوسی
Document's From The
U.S. Espionage Den

09

미국의 유라시아 전략과 대이란 정책

이철희 | 동아일보 국제부 기자

미국의 세계전략에서 유라시아의 비중

'2002년 이후 세계는 자유와 민주, 인간존엄의 확장에서 엄청난 진보를 목격했다. 아프가니스탄과 이라크 국민들은 전제정치를 민주주의로 대체했다. … 그루지야, 우크라이나, 키르기스스탄의 '색깔혁명'은 유라시아[1] 대륙에 걸쳐 자유의 새로운 희망을 불러왔다.'[2]

2006년 3월 발표된 미국의 국가안보전략보고서(National Security Strategy : NSS)는 이렇게 시작한다. 2003년 그루지야에서 셰바르드나제 대통령을 내쫓은 '벨벳혁명', 2004년 12월 우크라이나 대통령 선거에서 여당의 개표조작에 항의하는 민중시위로 결국 야당 후보로의 정권교체를 이뤄낸 '오렌지혁명', 2005년 3월 키르기스스탄에서 15년 독재자 아카

예프 대통령을 내쫓은 '레몬혁명' 등이 미국 NSS의 앞 페이지를 장식한 것이다. 그러면서 '2006년 NSS'는 자유와 민주주의, 인권의 전세계적 확장을 전략목표로 전면에 제시했다. '2006년 NSS'는 부시 행정부가 9·11 테러 이후 미국의 새로운 국가안보 전략으로 선제공격론을 제시한 '2002년 NSS'의 연장선상에서 나온 것으로, 기존 전략을 고수하면서 이처럼 민주주의 확산을 키워드로 내세웠다.

민주주의 확산론은 이마누엘 칸트가 19세기 말 '영구평화론'에서 주장한 이른바 '민주적 평화(democratic peace)론'에 근원을 두고 있다. 민주적 공화정은 다른 정치체제보다 덜 호전적이지만 독재체제는 호전적이어서 미국의 국익에 위협이 되기 때문에 그 체제를 바꿔야 한다는 것이다. 부시 행정부가 이라크를 침공할 때 그린 중동평화의 큰 그림도 '독재자 사담 후세인 축출 → 이라크 민주화 → 아랍-이슬람권 전체로의 민주주의 확산'이었다.

민주주의 확산론은 곧 선제공격론과 결합해 세계 유일의 슈퍼 파워로서의 위상을 잃지 않으려는 미국의 새로운 패권전략으로 자리를 잡은 것이다. 미국을 바라보는 경쟁국가도 이를 정확히 꿰뚫고 있다. 중국 사회과학원 산하 세계사회주의연구센터는 '세계 사회주의 보고서'에서 '미국이 이라크전쟁 후 복잡해진 국제형세 속에서 신(新) 국가안보 전략을 유지하면서 정치, 경제, 금융, 외교 등의 영역에서 강온책을 병행해 가며 전세계를 대상으로 군사적 지배력을 확장하고 있다'고 분석했다.[3]

부시 행정부의 안보전략은 전임 클린턴 행정부와 여러모로 비교된다. 탈냉전의 기치 아래 한껏 고조됐던 세계적인 평화 분위기 속에서 좀더 유화적이고 다자주의적 외교안보 전략을 구사했던 클린턴 행정부와는 달리 부시 행정부는 강경일변도의 일방주의적 외교정책을 추구해 왔다. 취임 초 여러 동맹국들의 반대에도 불구하고 거세게 밀어붙였던 미사일 방어(MD) 정책을 비롯해 9·11 테러 이후 테러와의 전쟁이라는 명분 아래 천명된 선제공격 전략, 그리고 이라크전쟁 개시를 통해 보여준 거리낌 없는 군사력 사용과 그에 대한 합리화가 바로 그것이다.

여기에는 이른바 네오콘(Neoconservative)으로 불리는 부시 대통령 측근 신보수주의자 집단의 이론적 뒷받침과 정책적 구상이 영향을 미쳤다. 이들은 미국적 가치의 우월성과 유일 초강대국인 미국의 힘에 대한 강한 믿음을 바탕으로 미국 주도의 세계질서 유지를 주창하며 이를 위한 군사력의 스스럼없는 사용과 미국적인 제도의 전파를 지향하는 외교안보 전략을 강조한다. 이들에겐 미국의 패권적 힘에 대한 자각과 미국적 가치의 우월성에 대한 확고한 신념이 깔려 있다.[4]

하지만 부시 행정부의 안보전략이 과거 민주당 행정부의 안보전략과 크게 다른 것은 아니다. 오히려 과거 민주당 행정부가 구상했지만 구체적인 행동으로 밀어붙이지 못했던 정책들을 9 · 11 사태 이후 부시 행정부 들어 좀 거칠지만 본격적인 실행단계에 들어간 것으로 보는 것이 적당하다.

미국의 안보전략에서 유라시아는 핵심적 위치를 차지한다. 미국의 라이벌이 될 수 있는 유럽연합과 러시아, 중국, 인도, 일본이 모두 유라시아에 있다. 즈비그뉴 브레진스키 전 백악관 안보보좌관은 "유라시아의 국제관계를 어떻게 다룰 것인지, 특히 패권적이고 적대적인 유라시아 강국의 부상을 저지할 수 있는지 여부는 미국이 세계 일등적 지위를 유지하는 데 핵심적인 사안으로 남아 있다"고 지적했다.[5]

이런 유라시아의 심장부에 미국의 안보전략의 핵심인 '유라시아의 발칸' '유라시아의 블랙홀'이 있다. 옛 소비에트연방 국가와 이란, 터키 등을 아우르는 중동 및 중앙아시아, 서남아시아 지역이 바로 그 곳이다. '2006년 NSS'는 유라시아 심장부에 대한 미국의 안보정책을 다음과 같이 명확히 적고 있다. "우리의 목표는 남아시아와 중앙아시아 전역이 민주적이고 번영하고 평화로운 지역이 되는 것이다. … 이 지역은 전체적으로 우리의 더 큰 전략을 위한 요소들에 부합한다. 우리는 이런 요소들, 즉 실질적 민주주의의 증진과 시장개혁 확장, 에너지 공급원의 다변화, 안보증진과 대테러 전쟁 승리 등을 동시에 추구해야 한다."[6]

이란에 대한 미국의 '제2의 이라크' 유혹

브레진스키는 2004년 내놓은 새 저서에서 유라시아의 심장부, 중동 및 중앙-서남아시아 일대를 '글로벌 발칸'이라 새롭게 명명했다.[7] 이 지역은 전세계 석유 매장량의 61%, 천연가스 매장량의 41%를 점하고 있다. 유럽과 미국, 극동의 에너지 목줄을 쥐고 있을 뿐만 아니라 주변 강국들의 패권 각축장이 되고 있는 이 곳을 장악하지 않고서는 미국의 전세계적 헤게모니는 위력을 상실할 수도 있다.

미 국방부의 2006년 '4개년 국방전략 보고서(Quadrennial Defence Review : QDR)'도 비교적 정확하게 이 지역의 불안정성을 평가하고 있다. '2006년 QDR'은 '중동과 중앙아시아, 라틴아메리카는 새로운 지정-전략적 교차점을 대표한다'며 특히 중앙아시아 지역에 대해 다음과 같이 적고 있다. '중앙아시아 국가들은 수십 년의 공산주의 지배로부터 빠져 나왔지만 일부 국가는 여전히 정치적 자유와 자유시장을 채택하기엔 갈 길이 멀다. 이 지역 국가들은 이슬람 극단주의 테러리즘의 위협에 직면해 있다. 이 지역의 에너지 자원은 경제발전의 기회와 동시에 외부세력이 영향력 확보를 추구할 수 있는 위험을 던져주고 있다.'[8]

1990년대 탈냉전 시기에 미국은 중앙아시아 지역에서 러시아를 상대로 새로운 '거대 게임(Great Game)'[9]을 벌였고 9·11 테러 이후 그 경쟁은 군사기지 확보전 양상으로 발전하면서 더욱 치열해졌다. 미국은 처음부터 전략적 관점에서 출발했지만 매우 신중하게 움직였다. 러시아를 너무 자극하지 않으려는 것이었다. 다만 목표는 분명했다. 군사관계에서 미국은 NATO의 평화동반자 프로그램을 통해 조심스럽게 개입했다. 특히 1994~1995년 러시아가 중앙아시아의 에너지 지분을 독점하는 것을 미국이 반대하기로 결정한 것은 상당히 과감한 정책적 결단으로 평가된다. 이미 안보전략 측면에서 러시아의 영향력을 견제할 만큼 이 국가들과 긴밀한 관계가 맺어졌음을 보여주는 것이다.[10]

미국으로선 가장 두려워하는 것이 바로 글로벌 발칸을 중심으로 '반(反)패권 동맹'이 형성되는 것이다. 중국－러시아－이란을 묶는 반미연대가 가시화할 경우 미국의 세계전략은 큰 차질을 빚을 수밖에 없다. 더욱이 이 곳은 이슬람 근본주의가 뿌리 깊은 지역이다. 주변 강국들이 치열한 에너지 자원 및 군사기지 확보경쟁을 벌이게 되면서 이 곳은 미국의 핵심 전략 요충지로 떠올랐다.

최근의 상황을 보면 이 곳이 미국의 헤게모니가 잠식될 가능성이 가장 높은 지역이라는 브레진스키의 우려가 크게 빗나가지 않았다. 카스피 해 연안의 풍부한 석유와 천연가스 자원을 가진 국가들을 향한 패권쟁탈전에서 중국과 러시아 간의 전략연대가 형성되는 듯한 기류가 분명해지고 있다. 요즘 자원 공급국 수장으로서 유럽을 쥐락펴락하고 있는 블라디미르 푸틴 러시아 대통령의 행보나 중국의 발빠른 자원확보 총력전은 이 같은 징후를 여실히 보여준다.

더욱이 최근 불거진 이란 핵문제는 이 같은 기류를 더욱 재촉하는 분위기다. 이란 핵문제의 해결방안을 놓고 중국과 러시아는 미국, 유럽과 대립하고 있고 이란은 이런 주요국 간의 불일치를 즐기며 핵개발을 가속화하고 있다. 심지어 미국의 뒷마당인 남미의 베네수엘라와 이란 간의 반미연대까지 거론되는 마당이다.

이란은 미국의 안보전략에 심각한 도전장을 던지고 있는 게 사실이다. 중동에서 가장 오랜 역사와 가장 많은 인구를 가지고 있으며 이 지역에서는 가장 안정적인 체제를 가진 이란이 지역 강국으로 떠오를 경우 초강국으로서의 미국의 지위에 상당한 위협으로 작용할 것이다. 더욱이 반미전선의 선봉장 격인 이란이 핵무기 보유국으로 당당히 등장하는 상황은 미국에게는 상상조차 하기 싫은 최악의 시나리오일 것이다.

따라서 미국으로서는 어떤 식으로든 이란을 미국의 이익에 위협이 되지 않는 국가로 개조해 미국의 휘하에 둬야 한다는 전략적 판단을 하지 않을 수 없다. 이란 핵문제가 대두되면서 미국 정가에서 군사공격론이 힘을 얻고 있는 것도 미국에게는 심각한 도전인 동시에 귀중한 기회라는 전략적 위기의식을 반증하는 것이라 할 수 있다. 따라서 미국의 전략가들에게는 여력만 있다면 이란을 상대로 한 전쟁이라도 불사해 '제2의 이라크'로 만들고 싶은 유혹이 적지 않을 것이다.

이란에 친미정권이 수립될 경우 미국은 여러 가지로 유리한 전략적 위치를 확보할 수 있다. 이슬람 근본주의의 본거지이자 반미 테러세력의 후원자를 제거함으로써 9·11 사태 이후 대테러 전쟁의 핵심 과제를 달성할 수 있다. 아울러 이란을 통한 페르시아 만으로 카스피 해의 에너지 자원을 빼낼 수 있는 매우 경제성 높은 파이프라인을 연결하는 부수적 효과도 거둘 수 있다.

미국의 유라시아 전략을 방해하는 이란

부시 대통령은 2002년 연두 국정연설에서 이란을 이라크, 북한과 함께 '악의 축'이라고 규정했다. 그는 "이란은 공격적으로 대량살상무기를 추구하고 테러를 수출하고 있으며 선출되지 않은 일부 세력이 이란 국민들의 자유를 위한 희망을 억압하고 있다"고 비난했다.[11]

'2006년 NSS'도 '이란은 미국에게 있어 최대의 위협'이라고 규정했다. 보고서는 '거의 20년 동안 이란 정권은 주요 핵개발의 많은 부분을 국제사회에 감춰 왔다. 이란 정권의 진정한 의도는 신뢰를 바탕으로 한 협상을 거부하고 IAEA에 핵시설에 대한 접근권 보장 의무를 거부하면서 이스라엘을 지구상에서 없애버려야 한다는 공격적 발언을 하는 데서 분명히 드러난다'고 비난했다.[12]

이란은 미국의 유라시아 전략에 여러 가지로 장애물일 수밖에 없다. 최근 핵심 이슈가 된 이란의 핵개발 외에도 이란은 중동 및 중앙아시아 지역에서 여러 가지로 미국의 패권확보 전략을 어렵게 만들고 있다. 나아가 이란은 중동 지역의 강국으로서 미국을 대신하는 헤게모니 국가로서의 성장을 꾀하고 있다고 미국은 보고 있다.

최근 이라크전쟁 이후 이라크에 시아파 다수 정권이 탄생한 것은 이란-이라크 간 시아파 연합을 가능케 해줌으로써 사실상 이란의 승리로 이어질 소지가 다분하다는 해석이 대두하고 있다. 팔레스타인 총선에서 이란의 자금지원을 받아 온 하마스가 승리하면서 이 지역에서 이란의 영향력은 더욱 크게 느껴질 수밖에 없다.

그런 탓에 부시 행정부는 테러단체 지원, 이라크 안정화 방해, 민주주의 억압 등을 들어 이란에 대한 공세적 태도를 누그러뜨리지 않고 있다.

미국이 테러단체로 규정한 레바논의 헤즈볼라, 팔레스타인의 하마스와 이슬람지하드 등에 대한 이란의 물적 · 심리적 지원은 미국의 오랜 골칫거리다. 이들 조직은 한결같이 미국이 추진하는 일련의 중동 평화 프로세스[13]의 반대세력이다. 특히 2006년 1월 선거 승리를 통해 팔레스타인 자치정부를 장악한 하마스에 대한 이란의 자금지원은 미국과 유럽 국가들이 팔레스타인 원조삭감을 통해 평화 프로세스로의 복귀 압력을 가하려는 노력을 더욱 어렵게 만들고 있다.

나아가 이라크전쟁 이후 이라크 안정화 작업에도 방해가 된다고 미국은 주장한다. 이란이 이라크의 시아파 과격단체에 무기와 물질적 지원을 하고 있다는 것이다. 아울러 미국은 이란의 열악한 인권상황과 민주주의에 대한 제한조치를 비난해 왔다.

특히 네오콘은 이란에 대한 강경책이 우선이라고 주장한다. 네오콘 논객들은 "이란은 세계 최악의 테러 국가다. 이란의 율법학자들은 살아남은 알 카에다 지도자를 숨겨주고 있다. 이란은 1983년과 1984년 레바논과 스페인에서 거의 300명의 미군과 미국인을 죽인 테러조직 헤즈볼라를 만들어 지원하고 있다. 1979년부터 이란은 80여 명의 망명 재야인사 살해공작을 배후조종했으며, 팔레스타인의 이스라엘 테러를 부추겨 왔다"고 주장한다.[14]

이들은 부시 행정부 내 일부 온건파까지 비판한다. 이들은 "부시 행정부는 한때 이란의 온건파들과 협상을 통해 뭔가를 꾀할 수 있을 것으로 여겼다. 하지만 이란 핵 프로그램을 막기 위한 다자적 합의는 이뤄질 수 없다"라고 일갈한다.[15] 한때 리처드 아미티지 전 국무부 부장관이 "악의 축 가운데 이란과 다른 두 국가(이라크와 북한) 사이에는 극적인 차이가 있는데 그건 이란의 민주주의다. 민주국가에는 다른 접근법을 쓴다"며 협상의 여지를 남겨두자 네오콘은 일고의 가치도 없는 소리라고 반박했다.

하지만 이 같은 부시 행정부의 대결주의 일변도의 시각은 다소 무리가 없지 않다. 이란이 지원해 온 대부분의 이라크 시아파 조직은 미국이 추구하는 정치적 전환 로드맵을 지원하고 있다. 또한 이란은 서구적 기준에는 못 미치겠지만 대통령과 의회선거 등 다른 중동 국가에 비해 가장 민주적인 제도를 가진 국가다. 이란의 인권상황도 미국에 직접적인 위협요소가 될 리는 없다.

미국과 이란의 역사적 관계

팔레비 왕조 시절, 이란은 중동 지역에서 미국의 가까운 동맹이었다. 1941년 즉위한 모하마드 레자 샤(Mohammad Reza Shah)는 철저한 반공주의자였기에 미국은 이란이야말로 페르시아 만에서 소련의 영향력 확장을 막을 수 있는 보루로 여겼다. 1953년엔 미국 중앙정보국(CIA)이 모하마드 레자 샤가 정치적 숙적이자 석유산업의 국유화를 추진했던 좌파 성향의 모하마드 모사데그 총리를 제거하는 쿠데타를 지원하기도 했다.

돌이키기 어려울 정도로 관계가 악화된 계기는 1979년의 이슬람혁명이었다. 아야톨라 호메이니의 귀국과 함께 세계 최초의 이슬람공화국이 된 이란은 52명의 미국인이 444일 동안이나 붙잡혀 있던 미국대사관 인질 사건을 정점으로 미국과 도저히 화해가 불가능한 관계로 빠져들었다. 미국과 이란은 1980년 외교관계를 끊은 이래 매우 제한적인 접촉만 가져 왔다. 특히 미국은 1980~1988년 이란 – 이라크전쟁 때 이라크 쪽에 정보를 제공하고 페르시아 만에서 이란 해군과 교전까지 벌이는 등 이라크를 적극 지원했다.

이란은 1988년 이란 – 이라크전쟁이 끝난 뒤 점차 혁명적 국가에서 현상유지 국가로 변모하기 시작했다.[16] 중동 지역 내에 이란의 세력권을 구축하기 위해 혁명을 수출하기보다는 지역안정과 상업활동에 더욱 관심을 쏟았다. 궁극적 목표는 주요 경제국가로서 페르시아 만과 아프가니스탄, 중국까지 이르는 상품과 서비스 교역의 허브가 되려는 것이었다. 하지만 미국과의 관계가 불편한 상황에서는 쉽지 않은 일이었다.[17]

1989년 조지 부시 전 대통령은 "선의는 선의를 낳을 것"이라며 이란과의 관계개선을 시도했다. 이란도 성의를 표시하고자 레바논 헤즈볼라에 의해 인질로 붙잡힌 미국인 석방에 협조하기도 하지만 양국 간 결정적인 관계개선 분위기는 조성되지 않았다. 클린턴 행정부가 들어서면서 이란은 이른바 '이중 봉쇄', 즉 중동 지역에서 이란과 이라크를 동시에 봉쇄한다는 전략의 봉쇄 대상이 되면서 관계는 다시 냉각되고 말았다.[18]

1997년 개혁파 모하마드 하타미 대통령이 69%의 압도적 득표율로 당선된 사건은 미국이 포용전략으로 선회하는 계기를 마련해 줬다. '터번을 쓴 고르바초프'로 비유되는 하타미 대통령에 대한 미국의 기대감도 자못 컸다. 클린턴 대통령은 전제조건 없는 직접 대화를 제안했지만 하타미 대통령은 이를 회피했다. 이어 메들린 올브라이트 미 국무장관은 양국관계 정상화를 위한 로드맵을 제안하고 클린턴 대통령이 하타미 대통령의 유엔 밀레니엄 정상회의 연설을 방청하는 등 긍정적 신호를 보냈다.

그러나 이란 내부의 근본적인 변화가 없는 한 미국과의 관계개선은 요원했다. 하타미 대통령이 집권 8년 동안 수없이 약속했던 개혁조치는 거의 이뤄지지 않았다. 안으로부터의 개혁을 추구했던 그는 체제나 헌법의 변화 없이 개혁을 추구했고 그 한계는 분명했다. 국민에 의해 선출되지 않은 이슬람 권력(최고지도자와 혁명수호위원회)과 국민에 의해 선출된 공화제 권력(의회와 대통령) 간의 권력투쟁에서 하타미 개혁세력은 철저히 패배한 것이다. 보수 세력은 후보 자격 심사권, 법안 거부권 등 사용할 수 있는 모든 수단을 동원해 개혁세력을 배제했고, 그 결과 강경보수파 마흐무드 아흐마디네자드 대통령이 선출됐다.

보수파가 개혁파를 패퇴시키기 위해 우선적으로 이용한 것은 안보 이슈였다. 보수파는 미국의 테러와의 전쟁, 아프가니스탄과 이라크의 미군 주둔, 미국의 이란 정권교체론 등을 들어 이란의 생존문제를 최대 국내정치 이슈로 만들었고 개혁세력의 욕구표출을 막아내는 효과적인 억제장치로 이용했다.

현 부시 행정부 내부에선 이란과의 관계설정을 어떻게 해야 하느냐를 놓고 적지 않은 논쟁이 있었고 그 논쟁은 여전히 계속되고 있다. 하지만 기본적 라인은 이란의 핵 등 전략적 능력을 제한하기 위한 제재를 우선적으로 한다는 것이다.

미국의 대이란 정책방안

최근 미국-이란 관계의 가장 큰 장애물은 이란의 핵 프로그램이다. 미국은 이란이 국제사회를 속이며 비밀 핵 프로그램을 가져 왔다고 비난하고 있다. 이란이 최근 시험 발사한 샤하브-3 미사일은 소련 모델에 따라 핵탄두를 장착할 수 있는 능력을 갖고 있다는 게 서방 정보 당국의 판단이다.

이란은 평화적인 연구개발(R&D) 권리를 갖고 있고 자신의 핵 프로그램은 순전히 평화적 목적이며 핵무기를 개발할 의도도, 그런 프로그램도 없다고 주장한다. 특히 이란 정부는 종교적으로 핵무기 사용이 금지돼 있다고 덧붙인다.

하지만 이란이 궁극적으로 핵무기 보유국의 길로 갈 수밖에 없는 이유도 상당하다. 핵개발은 무엇보다 핵무기로 무장한 위험한 이웃국가 이스라엘에 대한 가장 좋은 억지수단이 될 것이다. 핵무기와 그 운송수단인 미사일의 결합은 서방 및 이스라엘에게는 악몽이 아닐 수 없다.

이에 대해 미국이 가진 정책적 방안은 정권교체 전략, 포용전략, 군사적 행동, 국제적 제재 등으로 나눌 수 있다.[19]

정권교체 전략

미국 외교팀 상당수가 이란 정권 또는 체제를 교체해야만 이란의 위협을 감소시킬 수 있을 것이라고 주장한다. 부시 대통령의 '악의 축' 발언은 이들의 입장을 대변한 것이다. 미국은 이란의 인권상황에 대한 비판과 이란 내 반정부 활동가 및 해외 망명그룹과의 접촉 등을 통해 이를 구체화해 왔다. 최근 이란 핵문제가 대두하면서 정권교체 주창자들의 목소리는 높아지고 있다.

그러나 직접적 개입이 아닌 반체제 세력 지원을 통한 간접적 정권교체 전략의 한계는 분명하다. 양국 간 긴장만 높일 뿐 현실적이지도 않으며 역풍을 낳을 소지도 다분하다. 더욱이 이란은 중동의 어느 국가보다 안정적 체제이며 급박한 붕괴위험도 없다. 과거 역사를 거슬러 봐도 외부로부터의 위협이 있을 때 이란 정권은 더욱 효율적인 체제관리 능력을 보여줬다. 미국은 지난 45년 동안이나 쿠바의 체제교체를 시도했으나 실질적으로 이룬 성과는 거의 없었다.

포용전략

부시 행정부는 한때 이란과의 직접적 대화를 통한 포용전략을 추진했지만 핵문제가 불거지고 이란의 비타협적 강경 입장이 부각되면서 포용전략 주창자들의 목소리는 잦아들었다.

하지만 일각에서는 여전히 이란과의 직접 대화를 통해 포괄적인 양국 관계의 큰 틀 속에서 핵문제를 다뤄야 한다고 주장한다. 미국과 이란은 페르시아 만과 남아시아 지역의 안정이라는 공통의 이해를 갖고 있다는 전제 아래 이 같은 주장은 계속되고 있다.

군사적 행동

이란 핵문제가 이슈로 급부상하면서 군사적 제재에 대한 논의도 가능성 차원에서 빈번히 대두했다. 〈뉴요커〉의 세이무어 허시(Seymour Hersh) 기자는 소형 핵무기를 이용한 공격도 고려하고 있다고 보도했고, 이에 발맞추기라도 하듯 최근 부시 대통령도 모든 가능성을 고려하고 있다고 말했다. 하지만 전세계에 걸친 미군의 과부하로 인해 이란에 군사적 행동을 취할 여력이 없다는 반론 등과 함께 외교적 해결의 창이 완전히 닫히지 않은 상태에서 군사적 행동을 거론하는 것은 시기상조라는 주장이 대세인 듯하다. 더욱이 러시아와 중국은 물론 유럽 국가들마저 이에 반대하고 있다.

미국도 전면전은 고려하지 않고 있다. 다만 알려진 이란 핵과 미사일 시설, 혁명수비대 기지 등에 대한 제한적인 군사공격, 즉 정밀타격 공습을 수행할 수는 있다.[20] 그러나 가장 큰 맹점은 이란의 주요 핵시설이 이란 전역에 걸쳐 산재해 있는 데다 미국으로서도 핵시설의 전모를 모르고 있다는 점이다. 더욱이 이란은 이미 핵시설을 숨기기 시작했다. 또 이란의 핵시설을 공격하기 위해서는 국제사회에 명백한 증거를 제시해야 한다. 군사공격을 한다면 이란의 반격도 배제할 수 없으며 이럴 경우 전면전의 위험까지 각오해야 한다. 그 어떤 공격도 이란을 단결시키고 보수세력을 강화하는 한편 반미감정을 불러일으킬 것은 불을 보듯 뻔하다. 과거 사담 후세인이 이슬람혁명 직후의 혼란을 틈타 이란을 공격했을 때 이란은 아야톨라 호메이니를 중심으로 더욱 단결했고 이는 혁명을 공고하게 만드는 결과를 불러일으켰다. 이란이 대대적 보복에 나설 경우 15만 병력의 이라크와 아프가니스탄 주둔 미군의 일부 희생도 각오해야 한다. 또한 이란이 조종할 수 있는 중동 전역의 테러세력도 감안해야 한다.

부시 행정부는 2002년 '핵태세 검토 보고서(Nuclear Posture Review : NPR)'를 통해 잠재적 적들이 미국과 동맹국 우방을 해칠 수 있는 군사적 능력, 특히 핵무기를 갖는 것을 막기 위해 소형 전술 핵무기 등을 개발할 것이라고 밝힌 바 있다. 미국이 이런 기조를 유지하는 한 이란 핵은 미국의 새로운 핵전략에 대한 결정적인 시험무대가 될 것이 분명하다.[21]

국제적 제재

군사행동이나 정권교체는 장기적으로 생각할 방안인 반면 유엔 안보리에 회부된 이란의 핵활동은 즉각적인 국제적 제재로 이어질 수 있다. 일부 전문가는 국제적 제재는 곧 이란 정권의 붕괴를 가져올 것으로 기대하기도 한다.

이 방안은 이란 관료들의 여행제한, 국제여객선 취항금지, 정제된 석유의 이란수출 금지, 이란 해외자산 동결 등 금융제재, 이란에 대한 무기판매 금지, 유엔 주도 대량살상무기 사찰, 이란 석유구매 금지 등을 통해 단계적으로 제재 수위를 올려간다는 제안이다. 하지만 이를 위해서는 안보리 상임이사국 등 제재조치에 회의적인 주요 국가들을 이 대열에 얼마나 효과적으로 동참시키느냐가 관건이다.

이란의 새 지도부와 권력투쟁의 징후

마흐무드 아흐마디네자드 대통령의 등장은 이란이 최근 20여 년 동안 보여준 예상 밖의 사건 가운데 하나였다. 하지만 과거의 이란 역사를 볼 때 통치자와 피치자 사이의 긴장은 계속돼 왔고 그 가운데서 정치적 굴곡이 심했다는 점에서 보면 그리 놀랄 만한 사건은 아니다. 현재도 이슬람 공화국에는 갈등의 기운이 맴돌고 있다.[22]

이란-이라크 간의 8년 전쟁은 이라크의 범아랍주의와 이란의 이슬람 근본주의의 충돌이었다. 아흐마디네자드는 이런 8년 전쟁의 포화 속에서 교육받아 철저하게 이슬람 근본주의로 세뇌된 이른바 '전쟁 세대'를 대표한다.[23] 2차 세계대전 당시 유태인 학살(홀로코스트)을 부인하는 시대착오적 발언들도 이란-이라크전쟁 과정에서 투쟁 교육을 받은 세대의 일면을 보여주는 것이다.

그는 2006년 5월 핵사태 와중에 부시 대통령에게 편지 한 통을 보냈다. 그가 쓴 편지엔 핵문제에 대한 언급은 한 마디도 없다. 대신 그는

1953년 미국 CIA가 주도한 쿠데타와 이란의 합법정부 붕괴, 이슬람혁명 반대와 스파이활동, 이란-이라크전쟁에서의 이라크 지원, 이란에 대한 각종 제재 등 미국의 대이란 정책은 물론 미국의 위선을 다음과 같이 신랄하게 통박했다. '신의 위대한 메신저 예수 그리스도의 추종자라는 사람이, 인권을 존중한다는 사람이, 리버럴리즘을 문명의 모델로 제시하는 사람이 어떻게 다른 국가를 공격하고 생명들을 앗아가고 마을들을 불태우는 야만을 저지를 수 있는가? 수천 명을 죽이고 수백만 명을 난민으로 만든 이스라엘 정권을 어떻게 지원할 수 있는가?'[24] 시종 의문부호가 끊이지 않는 이 편지는 9·11 공격에 대해 '첩보 및 안보기구의 협력 또는 광범위한 침투 없이 그것이 계획되고 실행될 수 있겠느냐'고 음모론까지 제기한다. 그러면서 '리버럴리즘, 서구 민주주의는 인류의 이상 실현에 도움이 되지 않는다. 신의 의지가 승리할 것'이라는 주장으로 마무리하고 있다.

이런 단선적 세계관을 가진 아흐마디네자드의 강경한 주장이 이란의 대외적 입장을 그대로 보여주는 것인가에 대해 많은 전문가들은 고개를 갸웃거린다. 일각에선 과연 아흐마디네자드가 권력 2인자인지 모르겠다고 의문을 표시하기까지 한다. 이란의 권력서열 1위가 최고지도자 아야톨라 하메네이라는 것은 의심할 여지가 없다. 의회가 통과시킨 법률도 거부할 수 있는 혁명수호위원회 위원 12명 전원에 대한 사실상의 임명권을 가진 그의 권력은 무소불위에 가깝다.

세계 유일의 이슬람공화국인 이란의 정치체제는 교묘한 신권 통제 장치들로 유명하다. 의회와 대통령이 국민에 의해 선출되긴 하지만 이란을 실질적으로 통치하는 종교적 과두체제의 승인 없이는 누구도 공직에 출마할 수 없다. 군과 비밀경찰, 법원을 통제하는 것이 바로 헌법수호위를 장악하고 있는 율법학자들이다. 그들은 입법부가 통과시킨 법을 불허할 수 있고 모든 후보의 출마 여부를 승인하는 권한까지 가졌다.

이 같은 정치구조 탓에 이란의 권력 서열 2위는 누구인지에 대한 의문은 전혀 엉뚱하지 않다. 헌법상 아흐마디네자드 대통령이 당연히 2위이지만 이란 내에서는 아흐마디네자드는 얼굴마담에 불과하고 실권은 국정조정회의(Expediency Council) 의장인 하셰미 라프산자니 전 대통령이 갖고 있다는 의견이 우세하다.

국정조정위는 의회와 헌법수호위가 충돌할 경우 이를 최종 판정하는 권한을 지닌 최고지도자의 자문기구다. 국정조정위의 라프산자니 의장은 2005년 대선에서 아흐마디네자드에게 패배한 인물이다. 하지만 최고지도자 하메네이는 2005년 10월 자신의 권한이었던 행정 각 부에 대한 감독권까지 국정조정위에 부여했다. 정치적 동맹관계에 있는 라프산자니에게 엄청난 권한을 위임해 사실상 '제2인자'로 만든 것이다. 외신들도 핵문제에 관한 한 조건부 우라늄 농축중단 등의 협상 가능성을 내비치는 라프산자니의 입을 주목하고 있다.

이 같은 조치는 아흐마디네자드의 포퓰리즘 정책에 대한 성직자들의 견제라는 해석이 많다. 아흐마디네자드가 취임한 이후 서민층 우선정책과 자원개발의 현지화 등 폐쇄적 민족주의로 흐르면서 성직자와 부유층의 불만이 높아진 데 따른 것이라는 지적이다.

아흐마디네자드 역시 이 같은 견제조치에 나름대로 기득권층에 대한 권력투쟁을 벌이고 있다는 시각도 있다. 아흐마디네자드는 매달 지방에서 각료회의를 열며 각종 서민층 우선정책을 쏟아내고 있다. 과감한 부패척결을 내세워 은행가, 비밀경찰 등 일부 고위층에 대한 사정의 칼날도 휘두르고 있다. 특히 이란－이라크전쟁 당시 의용군이자 그의 정치적 기반인 바시즈 강화에 공들이고 있다. 이에 20여 년 만에 선출된 비성직자 출신 대통령인 아흐마디네자드가 '밑으로부터의 혁명'을 꿈꾸며 성직자와 부유층을 향한 저항 또는 반란의 행보를 보이고 있다는 시각이 대두하고 있다.

핵문제에 대한 이란 국민의 여론

필자는 2006년 5월 초 한국국방연구원(KIDA)과의 공동 취재차 이란을 6일 동안 둘러볼 귀중한 기회를 가졌다. 불과 며칠 동안 살펴본 것으로 이란 사회에 대해 어떤 평가나 판단을 하는 것은 무리겠지만 이전에 외신이나 책을 통해 짐작하던 '폐쇄적 신정독재' 사회와는 전혀 다른 곳인 것만은 분명했다.

이란 핵사태가 이란의 보수파를 더욱 단단하게 결집시키고 있는 것은 분명했다. 이란 보수층의 목소리를 대변하는 〈케이한 인터내셔널(Kay-han International)〉의 하미드 라자피 사장은 "이란 국민들은 전쟁을 두려워하지 않는다. 이란은 결코 '제2의 이라크'가 되지 않을 것이다"고 단언했다. 그는 특히 "이란 사람들은 매우 친절한데 국가로서의 이란은 왜 그렇게 공격적이냐"는 다소 도발적인 질문에 "그것은 미국의 강력한 '선전(프로파간다)' 때문이다. 매일 24시간 전세계를 향해 이란에는 테러리스트와 무식한 국민들만 있다고 떠들고 있다"고 받아쳤다.[25] 테헤란 대학 교수나 일반인의 반응도 비슷했다. 대체로 이란 정부의 공식적인 설명을 되풀이하는 수준이었지만 이들은 "미국이 결코 이란을 얕잡아봐서는 안 된다"는 경고의 메시지를 잊지 않았다. 실제로 테헤란에서는 외신을 통해 전해지는 긴장감을 찾아보기 어려웠다.

그러나 필자가 만난 이란 젊은이들은 이슬람혁명 이후 이란을 지배하는 성직자와 정치인에 대해 매우 비판적이었다. 아흐마디네자드 대통령에 대해서도 예외가 아니다. 마지드라는 30대 소규모 의류업체 사장은 "대통령은 자기 지지자들만 확보하려 한다"고 비판했다. 팔레비 왕가의 여름궁전을 안내한 모하메드라는 청년은 "팔레비 왕가 초대 레자 왕은 성격은 포악했지만 항상 딱딱한 바닥에서 잠을 자고 평복으로 시내를 돌아다니는 등 국민을 위해 노력한 왕이었다"고 말했다. 그러면서 "차라리

옛날의 왕정이 더 나았다"고 덧붙였다.

철저한 통제와 감시로 유명한 사회에서 이런 얘기를 듣게 된 것은 의외였지만 이란이 왕정국가가 대부분인 중동 내에서는 그래도 가장 민주화된 국가라는 것과 동시에 드러나지 않는 사회 저변에서는 불만의 기류가 흐르고 있다는 것을 반증하는 사례다. 테헤란 바자의 한 상인도 "핵문제로 외국 관광객이 줄면서 장사가 안 된다"고 정부를 겨냥했다. 특히 한 청년은 어떤 혁명인지에 대해서는 언급하지 않았지만 "혁명이 한 번 더 일어나야 한다"고 말하기도 했다. 핵개발로 대표되는 폐쇄적 민족주의가 이란 내부에 또 다른 정치적 불만세력을 키워가고 있는 것만은 분명했다.

이란 핵의 평화적 해결 가능성

이란 핵문제를 둘러싸고 전개되는 미국의 '이란 때리기'와 이란의 '맞불 놓기'는 험악한 협박과 공갈의 말싸움으로 얼룩지고 있다. 당장 한쪽의 도발과 이에 맞선 응전으로 한바탕 열전으로 치달을 듯한 형국이지만 '엄포 놓기 게임'은 여전히 계속되고 있다.[26]

미국 등 서방국가들은 이란 핵 프로그램 자체가 중동 지역뿐 아니라 전세계에 대한 심각한 위협이라고 강조하면서 이란의 군사공격 가능성을 계속 흘리고 있다. 이란은 아직 원심분리기 164개로 소량의 원자력 발전용 농축우라늄만 추출한 상태다. 핵무기급 농축우라늄을 만들어 내려면 최소 몇 년은 걸릴 것으로 대부분 관측하지만 이란 핵 프로그램은 당장의 위협으로 과대 포장되기 일쑤다.

반면 이란 사람들은 미국의 군사공격 위협을 한낱 심리전의 일환으로 보면서 "미국이 군사공격을 감행할 경우 반드시 2배로 보복하겠다" "첫

보복 대상은 이스라엘이 될 것이다"라고 맞서고 있다. 이런 보복위협만으로도 미국의 섣부른 군사공격을 사전에 예방할 수 있을 것으로 기대하는 눈치다.

문제는 미국이나 이란 모두 핵이슈를 국내 정치적으로 이용하고 있다는 점이다. 미국 부시 행정부는 2006년 11월 중간 선거를 앞두고 이란에 어떠한 양보안도 제시할 수 없다는 각오이고, 이란의 새 지도부 역시 국내 정치적으로 권력을 공고화하기 위한 수단으로 핵이슈를 활용하고 있는 분위기다.

비록 미국의 이란에 대한 군사공격 가능성을 배제할 수는 없겠지만 여러 가지 여건을 볼 때 당장 실행에 옮겨질 것 같지는 않다. 적어도 2006년 말까지는 이런 교착상태가 이어질 공산이 크다. 최소한의 명분을 축적하고 국제사회의 동의를 거쳐야 하기 때문이다. 따라서 관건은 시간과의 싸움이며 주어진 시간 동안 광범위한 협상을 통해 평화적 해결을 하는 것이 유일한 해법이라고 상당수 전문가들은 지적한다.

옥스퍼드 대학교의 티모시 가튼 애시 교수는 체이덤하우스와 AP통신이 공동으로 마련한 좌담에서 '두 개의 괘종시계'를 비유로 들었다. 현재의 이란 상황을 특징짓는 것은 핵 시계와 민주주의 시계로, 미국의 합리적인 전략은 핵 시계의 속도를 낮추면서 민주주의 시계의 속도를 빨리 해야 한다는 것이다.[27] 핵문제에 대한 미국의 강압적 외교는 민주주의 시계에 오히려 역효과를 가져올 것이라는 진단이다. 이를 바탕으로 애시 교수는 과거 동-서 양 진영이 이룬 '헬싱키 프로세스'[28]와 같은 건설적 개입 또는 공세적 데탕트(Offensive detente)를 제안했다. 핵문제뿐 아니라 양국관계 전반을 포괄하는 의제들에 대한 일괄협상을 통해 해법을 찾아야 한다는 지적이다. 그러면서 유럽연합의 중재자 역할에 기대를 걸어보도록 제안하기도 했다.

브레진스키와 같은 전략가도 미국이 단독으로 이란의 변화를 유도하기는 어려워 보이는 만큼 미국과 유럽연합의 전략적 협력이 어느 때보다 필요하다고 지적한다. 브레진스키는 미국과 유럽연합의 전략적 파트너 십만이 이란을 궁극적으로 '지역의 괴물'로부터 '지역의 안정자'로 변 신시킬 수 있다고 말한다. 나아가 이 지역의 지리적 중심에 있는 이란이 국제사회에 다시 편입돼야만 지역 전체가 더욱 안정을 찾을 수 있다고 덧붙였다. 또 그러기 위해선 유럽연합이 앞장을 서고 미국이 따라가는 것이 낫다고도 지적했다.[29] 이란 핵문제를 둘러싸고 하루가 다르게 급박 하게 상황이 바뀌는 형국에서 이처럼 느긋한 장기 전력은 '핵무기 보유 국 이란'의 탄생을 방조하는 꼴이라는 반론이 당장 제기될 것이다. 하지 만 이란 핵문제는 미국의 유라시아 전략과 이란의 지역 전략이 근본적으 로 충돌하는 지점에서 불거져 나온 하나의 사안일 뿐이다. 따라서 핵문 제만으로 복잡하게 얽혀 있는 양국관계가 해결될 수 없다는 점에서 이제 라도 좀더 진지하고 포괄적인 접근이 요구된다는 지적은 귀담아 들을 만 한 대목이 아닐 수 없다.

1   흔히 '유라시아' 라는 용어는 유럽과 아시아를 포괄하는 넓은 의미로 사용되지
     만, 좁은 의미에서는 유럽과 아시아의 중간 지대, 특히 국제정치학에서는 옛 소
     비에트연방(USSR) 소속 국가들에 한정해 사용되기도 한다.

2   The White House, The National Security Strategy of the United States of
     America(White House, March 2006), p. 2.

3   연합뉴스, '美 신안보 전략, 중국경제의 최대 위협', 2006년 5월 13일.

4   남궁곤 편, 《네오콘 프로젝트》, 사회평론, 2005, 313~335쪽.

5   즈비그뉴 브레진스키, 《거대한 체스판 : 21세기 미국의 세계전략과 유라시아》,
     삼인, 2000, 16쪽.

6   The White House, NSS, pp. 39~40.

7   Zbigniew Brezezinski, *The Choice : Global Domination or Global Leader-
     ship*, New York: Basic Books, 2004, p. 41.

8   The Secretary of Defense, *Quadrennial Defense Review Report*, Department
     of Defense, 6 February 2006, p. 28.

9   대영제국과 제정러시아가 19세기 말 중앙아시아를 놓고 벌인 치열한 쟁탈전을
     말한다. 당시 두 제국은 인도로 가는 길목인 히말라야, 힌두쿠시, 카라코룸 산
     맥의 협곡과 구릉지역, 카스피 해 일대를 장악하기 위해 경쟁을 벌였다.

10   Roy Allison and Lena Jonson, Ed., *Central Asian security*, RIIA and Brook-
     ings: London and Washington D.C., 2001, pp. 130~131.

11   http://www.whitehouse.gov/news/releases/2002/01/20020129 11.html

12   The White House, NSS, p. 20.

13   일례로 부시 행정부가 2002년 야심차게 제시한 미국의 중동협력구상(Middle
     East Partnership Initiatives : MEPI)은 경제, 정치, 교육, 여성 등 4개의 주요 과
     제별로 중동과 아프리카 여러 국가에 민주주의와 시장경제 제도를 확신하려는
     프로젝트다.

14   David Frum and Richard Perle, *An End to Evil*, Random House, New York,

2003, p. 105.

15 *Ibid*, p. 106.

16 Mohsen M. Milani, "Iran, the Status Quo Power", *Current History*, Jan 2005, Vol. 104.

17 일례로 미국의 지속적인 제재조치로 인해 이란에서는 어떠한 신용카드도 사용할 수 없으며 현금만 통용된다.

18 Congressional Research Service, "Iran: U.S. Concerns and Policy Response", Updated May 12, 2006, pp. 24~25.

19 *Ibid*, pp. 25~32.

20 미국 대신 이스라엘이 이란 공격이 나설 것이라는 관측도 있다. 1981년 이라크 사담 후세인 정권의 핵 프로그램 중심에 있던 오시라크 핵시설에 대한 예방적 공습을 단행한 전례도 있는 데다 이스라엘이야말로 이란으로부터 위협을 느끼는 최대 당사자이기 때문이다.

21 The International Institute for Strategic Studies, "US military option against emerging nuclear threats", *Strategic Comment*, Vol. 12 Issue 3, April 2006.

22 Patrick Clawson and Michael Rubin, "Patterns of Discontent : Will History Repeat in Iran?" *Middle East Review of International Affairs*, Vol. 10, No. 1, March 2006, p. 106.

23 Ray Takeyh, "A Profile in Defiance", *The National Interest*, Spring 2006.

24 http://www.commondreams.org/cgi-bin/print.cgi?file=/views06/0510-21.htm24

25 '우리 국민은 전쟁이 두렵지 않다', 〈동아일보〉, 2006년 5월 5일 16면.

26 Ali Ansari, "Iran", Chatham House Featured Article.

27 "US Military Action Against Iran: Hype or Possibility?", Middle East Forum Debate, The Middle East Program, Chatham House and Associated Press Television News, 30 March, 2006.

28 1975년 미국과 소련, 유럽 등 35개국은 헬싱키에서 유럽안전보장협력회의(CSCE)를 열고 헬싱키협약을 체결했다. 주권존중, 전쟁방지와 함께 경제교류, 인권보호를 중요한 원칙으로 규정했다. 서방은 이 협약을 근거로 소련과 동구의 인권개선을 촉구했고 이는 궁극적으로 공산권의 붕괴를 가져왔다. 이 과정 전반을 흔히 '헬싱키 프로세스'라고 부른다.

29 Z. Brzezinski, *The Choice*, p. 74.

이란전쟁
가상 시나리오

문광건 | 한국국방연구원 책임연구위원

이란의 핵개발을 에워싼 긴장은 좀처럼 진정될 기미를 보이지 않고 위기로 치닫고 있다. 반면에 이란의 실질적인 핵능력 보유는 앞으로도 5~10년이라는 상당 기간을 필요로 하기 때문에 국제적인 노력과 이란의 행동에 따라 어떻게 해결될지 단기적인 예단이 불가능하다.

이런 상태에서 '제4차 걸프전쟁'으로 명명될 이란전쟁의 전개 시나리오를 상정한다는 것은 부시 대통령의 표현대로 '억측(wild speculation)'에 지나지 않을 수도 있다. 그럼에도 불구하고 정치의 연장으로서 전쟁은 어느 때보다 가능성이 높은 것도 사실이다. 특히 미국은 이미 전술 핵무기를 포함한 '모든 방안'을 검토하고 있다고 암시한 상태이며, 이란도 미국의 선제공격 가능성에 대비해 핵능력의 구비를 암시하면서 이스라엘에 대한 보복위협 등으로 맞대응하고 있다. 여기에서는 미국과 이란

의 군사태세와 능력을 기초로 무력분쟁이 발생할 경우에 예상되는 전쟁
양상을 추정하고자 한다.

미국과 이란의 전쟁 가능성

9·11 테러는 미국의 군사력 사용과 세계적 역할에 관한 사고방식을 근
본적으로 변화시켰다. 특히 호전적인 이슬람 극단주의자들의 테러활동
과 대량살상무기의 결합은 전혀 새로운 안보위협으로 등장했다. '대량
살상무기에 의한 테러리즘'이 미국의 제1차적인 안보위협이라는 인식
은 선제공격 전략을 채택한 2002년 9월의 NSS에 분명하게 명시되어 있
다.[1] 따라서 미국의 입장에서 핵무기를 보유한 테러 수출국 이란의 등장
은 절대로 용납할 수 없는 악몽이다.[2]

반대로 이란의 끈질긴 지연전술은 제3세계의 지지를 받는 한편,[3] 협
상에 의한 해결을 선호하는 주요 선진국들의 인내심은 한계치에 도달해
가고 있다. 특히 2006년 3월 28일 이란에 대해 우라늄 농축을 중단하도
록 요구한 의장성명을 무시한 것은 유엔 안보리의 권위에 정면으로 도전
하는 행위로 해석되고 있다.

미국은 이란에게 강도 높은 압력을 가하기 위해 유엔 안보리에서 유
엔헌장 7조의 제재를 준비하고,[4] 동시에 거부권을 가진 중국과 러시아를
의식해 코소보전쟁에서 결성했던 '유지동맹(有志同盟, coalition of the will-
ing)'도 시도할 것으로 보인다.[5]

비록 미국인의 48%가 '다른 나라와 함께라면 이란을 공격해도 된다'
고 생각하지만,[6] 미국 정부는 냉전 이후의 무력분쟁에서 다자주의적인
노력이 아프가니스탄 침공 외에는 제대로 작동되지 못했던 경험을 가지
고 있다. 따라서 다자주의는 장기적인 문제해결에는 필수적이지만 중기

적인 위험의 억제에는 실효성이 없다는 인식을 가지고 있다.[7] 더욱이 세계경제의 연료창고인 유전지대에서의 또 다른 무력분쟁을 두려워할 뿐 아니라 이란에 대한 다양한 이해관계를 맺고 있는 영국, 프랑스, 독일 유럽연합 3개국과 러시아, 중국이 미온적인 태도를 보이고 있어 이들 국가의 직접적인 전쟁 참여도 현재로서는 기대하기 어려운 실정이다.

따라서 절망적인 상태에 빠진 이스라엘이 단독으로 선제공격으로 나서고[8] 미국이 직·간접적으로 지원작전을 수행하는 경우가 아니라면 미국은 재앙의 가능성을 무릅쓰고라도 필요하다면 일방주의적인 예방조치에 나설 것이다. 이는 곧 이란전쟁은 미국과 이란 간의 무력분쟁이 된다는 것을 의미한다.[9]

따라서 양국 간의 분쟁이 이미 평화적인 해결이 불가능해 보이는 경로로 접어든 미국과 이란 간의 상호작용이 2002년 이라크전쟁 때와 같이 하나의 분기점(tipping point)을 맞게 되면 그 이후는 되돌릴 수 없는 상황에 빠져 전쟁이 불가피해질 수밖에 없다.[10] 전쟁이 가능한 상황은 3가지로 상정해 볼 수 있다.

- 궁지에 몰린 이란이 폭발할 경우
- 이란이 비밀리에 핵무기를 획득했다고 정보공동체가 평가하고, 미국의 예방공격이 요구되다고 결정할 경우
- 양측의 군사활동 증대로 인한 접촉이 통제불능의 사태로 확산될 경우

이 3개의 시나리오에 대해 미국 군부는 필연적으로 분석, 시뮬레이션, 방책의 발전 및 보완 등으로 우발계획을 수립하고 계속 수정해 나가고 있을 것이다. 또한 각 시나리오마다 대규모 작전, 소규모 작전, 점령 또는 방치라는 군사적 정책수단을 대입하고 평가할 것이다. 그러나 국

가안보를 포괄하는 작전 분야는 과거의 예에서 보듯 부시 행정부의 각별한 비밀주의와 외골수 성향으로 인해 외부에서 예측하기란 결코 쉽지 않을 것이다.[11]

전쟁 시기는 유엔의 통첩에 대한 이란의 답변 시한이었던 2006년 9월이 한때 유력했으나 이미 지나간 일이 됐으며 2015년까지 여전히 다양한 예측이 존재하고 있다. 그러나 피터 페이스(Peter Pace) 미 합참의장의 내셔널프레스클럽(National Press Club : NPC) 연설에 따르면 미군은 부시 대통령의 명령만 있으면 언제라도 수시간 내에 작전 실행이 가능한 상태로 볼 수 있다.[12]

미국이 발동할 수 있는 군사작전

대부분의 전문가들은 미국의 선제공격이 성공하더라도 엄청난 후유증을 가져와 큰 실책으로 귀결될 것으로 주장하나, 테러지원국의 핵무기를 결코 용납할 수 없는 미국의 입장에서는 군사적 대안수립 자체가 실행 가능성 여부를 떠나 이란에 대한 압력이 될 것이다. 또한 이라크에서 실패한 교훈을 잘 살린다면 실제로 작전을 수행하지 못할 바도 아니다. 당연히 미 국방부는 모든 종류의 계획을 발전시킬 것이지만, 골격은 기존의 중동 지역 작전기획 개념의 연장선상에서 최근에 구상한 전지구적 타격계획인 '콘플랜(Concept Plan : CONPLAN) 1025'를 기초로 수행하는 구조일 것이다.

이란의 핵개발을 저지하기 위한 미국의 외교적 노력이 실패할 경우 미국이 발동할 수 있는 군사작전의 양상을 과거의 작전계획과 새로운 우발계획으로 나누어 분석한다.

아라비아 반도 방어 작전계획

1980년대까지 미국은 사우디아라비아에 부대, 기지, 보급품은 물론 기반시설조차 유지하지 못하고 있었다. 당시 중부 사령부(CENTCOM)의 작전계획(Operational Plan : OPLAN) 1002-88에는 이란에 대한 작전도 포함되어 있었다. 원래의 전략은 소련군이 이란의 유전지대를 장악하지 못하도록 걸프 만에서 자그로브 산맥까지 약 6개 사단을 투입하는 것이었다.[13]

1988년 11월, 중부군사령관으로 부임한 슈바츠코프(Schwarzkopf) 장군은 소련의 위협 감소를 감안해 좀더 현실적인 시나리오로 작전계획을 변경했다. 중동 지역 미군의 임무도 역내 석유공급에 대한 접근을 유지하고 우방국의 안보 및 안정을 촉진하는 것으로 수정됐다.

1988~1989년 중부군의 작전계획 1002는 '소련의 개입이 없는 역내 분쟁에 대한 대응'에서 '쿠웨이트와 사우디아라비아에 대한 이라크의 공격에 대응할 능력의 정비'로 수정됐다. 이어서 1990년 국방장관의 지침에 따라 중부사령부의 임무를 적대세력이 석유공급의 일부나 통항로에 대해 영향력을 장악하지 못하도록 예방하는 것으로 변경시켰다.

1990년 8월, 이라크의 쿠웨이트 침공으로 제3군과 중부군의 주요 임무가 중부유럽에 대한 지원에서 주요 전구(戰區)에서의 전쟁수행으로 전환됐다. 1991년 4월 걸프전쟁이 끝나면서 완성된 작전계획 1002-90은 정치적으로 덜 민감한 색깔 코드로 전환시켜 빨간색(Red, 이라크), 오렌지색(Orange, 이란), 노란색(Yellow, 예멘)으로 세부계획을 발전시켰다. 그러나 이란이 주요 위협으로 상정된 것은 작전계획 1002-92부터이며, 이후 주기적으로 상황에 맞도록 계획을 보완해 오고 있다. 이란에 대해 수립해 온 다음 작전계획은 정상적인 조건에서의 공격 시나리오다.[14]

● 작전계획 1002-94 : 이란이 지상군과 공군의 현대화를 추구하면서

중립적인 통항 및 GCC 국가를 위협하는 현존 능력에 대응하기 위한 작전계획.

- 작전계획 1002-96 : 평시의 동반관계와 역내 접근을 통한 전쟁물자의 사전배치, 연합훈련 및 안보지원으로 인한 긴장의 증대에 따른 점진적인 대응능력과 함께 위기 시에는 신속하게 투입할 능력을 구비한 작전계획. 전략은 저지, 방어 및 반격으로 구성됨. 저지 단계는 1차 자체방어, 2차 지역 안전보장, 3차 신속투사 능력에 두었으며, 이를 위한 신속억제방안(FDO)을 발전시킴.

- 작전계획 1002-98 : 이란의 재래식 군사력 증강과 더불어 북한의 지원으로 새로운 위협으로 등장한 미사일과 화학무기에 대응하기 위한 작전계획.

- 작전계획 1002-00 : 중부군의 전략을 5대 지주(전방현시, 연합훈련, 안보지원, 무력투사, 전투준비태세) 전략 개념으로 통합한 작전계획.

- 작전계획 1002-02 : 평시 억지전략에 중점을 둔 계획으로, 억지가 실패하면 침략을 패퇴시키는 전쟁전략으로 전환됨. 지역으로부터 전구 전반까지 전 영역의 작전을 포괄하며, 미국의 기술적 우위와 연합작전을 중시. 따라서 전시 목표는 차후 침략의 억지·패퇴, 적대행위의 확산 통제, 유리한 조건으로 적대행위 조기 종결로 설정.

- 작전계획 1002-04 : 이라크에 전방 전개된 미군을 이용한 미국의 신뢰성 공고화, 억지력 강화, 평시에서 전시로의 전환 촉진을 추구하는 작전계획. 미군의 대규모 사전전개에도 불구하고 여전히 지역에 대한 추가적인 무력투사를 위해 항구와 비행장에 대한 접근을 필요로 하고 있음. 이를 위해 일부 이란 영토의 선점계획을 준비했음.

우발계획

2002년 6월, 럼스펠드 국방장관은 9·11 사태 이후 새로운 안보환경에 대한 구체적인 계획지침을 제공하기 위해 최초로 '비상계획지침(Contingency Planning Guidance : CPG)'을 하달했다. 부시 대통령의 서명을 받아 각 지역 전투사령부가 적국의 성격에 따른 구체적인 우발계획을 발전시키도록 지시한 이 문서는 대테러 전쟁을 각 사령부의 최우선적인 해외임무를 제도화시킨 것이다. 당시 이라크전쟁의 기획 및 준비에 여념이 없었던 중부 군사령부에게는 이란전쟁 계획을 발전시키도록 지시했다.

2003년 우발사태기획지침은 좀더 미래적인 작전에 초점을 두되, 럼스펠드의 구호인 융통성과 신속성이 강조됐다. 여전히 중부 군사령부는 '기능계획(functional plans)'으로서 완전한 형태의 작전계획을 보유했으나 좀더 융통성 있는 형태의 '적응계획(adaptive plans)' 또는 '실질계획(living plans)'으로 전환하도록 지시받았다.

이러한 적응적 기획개념에 의거해 새로운 계획은 우발계획이 필요로 하는 구체성의 정도에 따라 레벨 1~4라는 4개의 계획으로 발전됐다. 레벨 1 계획은 최소한의 기획요소만 강구되며, 레벨 4 계획은 최대한의 구체성이 요구된다. 레벨 1~2 수준의 계획에는 합참의장이 '경고명령(alert order)'을 하달해 신속하게 반응하고 우발사태에 대한 더욱 구체적인 '위기조치(crisis action)'를 기획할 수 있는 내용과 방안이 포함된다. 이는 더욱 신속하고 융통성 있게 실전계획으로 전환될 수 있다. 레벨 1~2 수준의 계획은 중요성이 떨어지는 국가나 관심사에 대해 적용된다.

완성도가 높은 레벨 3~4 수준의 계획은 실제 우발사태를 계획하고 위기 시에 더욱 신속하게 전쟁으로 전환하도록 준비된다. 레벨 3 계획은 과거 이란에 적용하기 위한 콘플랜과 거의 유사하며, 세부 부록이 포함된다. 레벨 3 계획이 완성되면 전투사령관은 군사력, 군수 및 수송의 가용성과 준비태세와 관련해 계획의 가능성을 평가하게 되며, 국방장관은

지속적으로 발전사항을 브리핑 받는다.[15]

　이는 과거 국방부가 모든 것을 계획하던 운영방식과 같은 듯하지만 실상은 과거 절차상의 복잡성과 일단 완성된 계획의 경직성, 특히 군사적 조언을 무시하는 성급한 고위층이 존재할 경우 더욱 악화되는 경직성에서 크게 탈피한 것이다. 이란전쟁이 이와 같이 좀더 신속하고 적응적인 시스템으로 치를 첫번째 전쟁이 될 것으로 예상되나 자칫 현실세계의 복잡한 요구조건을 경시할 우려도 크다.[16]

평가

오늘날 극도로 피로도가 높아진 미 지상군의 열악한 준비태세도 당분간은 대규모 지상작전의 가능성을 극히 제한하고 있다.[17] 탈냉전 이후 중동, 유럽, 아프리카 등지에서 계속된 분쟁개입으로 인한 인원과 장비의 부족은 예비군과 방위군의 대규모 동원으로도 해소되지 못하고 있어 지상군은 새로운 대규모 작전에 투입되기 전에 재편성 노력과 휴식의 시간이 상당히 많이 필요할 것이기 때문이다. 다만 사전에 침투해 전장준비를 수행하는 특수전 부대와 최근의 무력분쟁에서 원거리 정밀타격 능력을 극적으로 향상시킨 항공세력과의 합동작전은 언제라도 가능하며, 이 작전이 모든 군사작전에 활용되리라는 점은 거의 확실하다.[18] 따라서 대이란 전쟁은 화이트맨 공군기지(Whiteman AFB)를 이륙한 B-2A가 대서양 상공에서 KC-135R 공중 급유기의 지원을 받고 19시간 후에 이란 중부의 카르카스(Karkas) 주위에 산재한 핵단지에 4,500파운드 벙커버스트를 투하함으로써 시작될 것으로 보고 있다.

　그러나 신생 이라크군과 치안부대에 이라크 내 반군과 테러조직의 퇴치를 인계하고 교전에서 미군이 손을 뗄 수 있는 상황이 도래한다면 기존의 작전계획 1002를 수행할 수 있을 것이다.[19] 특히 작전계획 1002-04가 수행될 경우 미군은 이란의 유전과 항구시설이 대부분 집중된 쿠제스탄(Khuzestan)을 지상군으로 선점해[20] 이 지역의 자치권을 허용하거나 경제적인 압박을 가함으로써 핵문제의 양보를 이끌어 낼 수도 있을 것이다. 이때 가장 적합한 지상작전 부대는 미 해병대가 될 것이다. 육군이 침공하기 위해서는 이란에 주둔한 영국군과의 부대교대가 선행되어야 하며 알 아람 수로 및 소택지를 극복하는 것도 신속한 작전 전개에 방해 요인으로 작용할 것이기 때문이다. 반면 해병대는 함정에서 목표까지의 기동하는 'STOM(Ship to Objective Maneuver)' 작전으로 이러한 장애요인을 쉽게 극복할 수 있다. 이를 위해 2003년 4월 30일에 개념계획(concept of operation : CONOPS) '카로나(Karona)'를 작성했고 워게임을 통해 지속적으로 보완해 오고 있다.[21]

이라크의 방어전략

현재 이란은 자국에 대해 이라크처럼 쉽게 군사공격을 할 수 없을 것이라는 태도로 미국과 유럽연합을 대상으로 장·단기적인 게임을 벌이는 한편,[22] 이라크전쟁 직전의 후세인과 같이 미국의 공격을 억지시키는 데 있어 러시아와 중국의 역할에 거대를 거는 듯하다.[23] 그러나 미국의 군사력 사용 가능성이 이란이 직면한 가장 현실적인 위협인 것만은 사실이다. 따라서 외부위협에 대해 이란의 재래식 군사력을 이용한 억지전략을 방어정책으로 채택하고 있다. 억지전략은 주로 공격자로 하여금 수용 가능한 비용으로는 목적을 달성할 수 없다고 믿게 함으로써 공격 자체를 못하게 하는 '거부적 억지(deterrence by denial)'에 의존한다. 그러나 거부적 억지로 미군의 최초 타격을 예방할 수 없을 때는 비대칭 전력으로 다양한 형태의 손실을 가하는 '처벌적 억지(deterrence by punishment)'에도 호소할 수 있다.

이란의 재래식 군사력

외부침략에 대항하는 이란의 국방력은 핵무기의 획득 여부에 관계없이 재래식 전력이 주축을 이룰 것이다. 이란의 재래식 전쟁수행 전략은 공격의 대가를 가능한 한 최대화해 침략을 억지하는 것이다. 따라서 방어교리는 군사적 수단으로 이러한 거부적 억지를 달성할 수 있는 전략을 조성하는 것이다.

이란의 방어교리

과거 서구적 영향을 받은 이란의 방어교리는 재래식 군사력에 중점을 두고 있으며 이는 탈냉전 후의 여러 분쟁에서 도출한 교훈을 통합한 것이다. 공중 및 해안 방어를 함께 실시하기 때문에 침공하기에는 무척 까다로우며 공격용 자원을 상당히 많이 투입하도록 만든다.[24] 오늘날 이란의 군사문화는 이라크, 시리아, 리비아 등 주요 아랍 군사강국에 큰 영향을 끼친 전통적인 소련군의 그림자를 거의 찾아볼 수 없다. 비록 서구식 훈련을 받은 수많은 장교들이 이슬람이란공화국군(IRIAS)에서 숙청됐지만, 살아남은 군 고위층은 소련식보다 서구식 군사교리 및 장비를 유지하려 노력해 왔다. 따라서 이란은 서구 군대의 강점과 약점이 변모하는 모습을 관찰해 왔다.

1988년 4월 18일 이란 – 이라크전쟁 당시 이란은 '사마귀(Praying Mantis)' 작전을 수행하던 중에 '민첩한 궁수(Nimble Archer)' 작전을 수행 중인 미국군과 직접 충돌했다. 미 해군이 공중타격을 하자 이란은 과거의 비대칭적 해군전술에서 탈피해 주요 수상함을 앞세워 미군과의 대적을 시도했다. 이란은 이 분쟁에서 패한 뒤 호르무즈 해협에서는 기뢰부설과 같은 작전에 대해 직접 대적하지 않고 모호성을 유지하는 것이 미 해군을 가능한 한 이란 연안에서 멀리 쫓아버리고 게릴라전술을 사용하는 데 있어 중요하다는 점을 재인식했다.

걸프전쟁을 통해 이란은 교리적 측면에서 서구식 교리 및 기술을 더욱 선호하게 됐다. 작전 및 전략적 측면에서는 이란에 대한 미국의 침공을 억제하는 데 필요한 능력, 특히 대량살상무기 개발의 중요성을 깨닫게 됐다. 또한 이란은 지역 항공기지에 대한 접근 및 병참건설을 거부하지 못한 이라크의 실책을 교훈 삼아 접근거부(anti-access and area denial : A2AD) 능력을 개발해야 할 필요성을 점차 인지했다.[25]

지휘통제 능력

이란군이 기계 및 전기영역의 한계를 극복하지 못한다면 이란은 계속 2등급 군사력에 머물 것이다. 자체개발 및 해외도입을 통한 이란의 C4ISR 기술적 성공은 전세계적 및 지역적 군사력 균형 측면에서 이란 군사력의 강도를 좌우할 것이다.

이란이 미군의 의사결정을 곤란하게 하고 이란군 수색 및 탐지능력을 감소시킬 만한 전략을 개발했더라도 현대전에서 이란군이 지휘통제통신(C3) 체제를 유지하는 데에는 여러 가지 한계가 있을 것으로 보인다. 또한 지하 및 해저 광섬유 통신선을 부설하고 자체 개발하거나 수입한 비화통신을 통해 지휘소 간 제한된 전산화를 이루었지만, 일단 공격을 받으면 이란군은 지역 사령부 간의 대용량 저술통신 능력을 조기에 상실할 것이다.

이란군이 보유한 지상용 감시레이더 네트워크는 기동성이 낮고 공중조기경보 부대는 느리게 확장되어 미군의 공격에 취약하기 때문에 더욱 생존성이 뛰어나고 효과적인 ISR 센서 네트워크를 개발해야 할 것이다. 이란은 영해와 영공의 상황을 효과적으로 인식하기 위해 감시소, 청음초 및 해양음향센서 등과 같은 수동형 센서를 광범위하게 배치했다. 하지만 군사적·경제적 핵심 허브를 방어하는 데 기본적으로 요구되는 조기경보 정보를 제공하기 위해서는 레이더 체제와 생존장비를 보완해야 할 것이다. 초수평상륙작전(over the horizon)을 전개하는 미군 항공모함의 추적 등 더욱 중요한 과업을 수행하기 위해서는 좀더 첨단화된 광역 감시 능력을 개발해야 한다. 여기에는 위성정찰 능력과 생존성을 보유한 장거리 무인항공기(UAV)를 고려할 수 있다.

공군 및 방공능력

이란 공군은 2003년 이라크전쟁 당시의 이라크 공군보다 공중전에서 생존할 가능성이 조금 더 높은 편이다. 이란의 지휘통제 체계는 비화통신, 전자전, 네트워크, 디지털 자료송신 측면에서 심각한 한계를 지니고 있다.

이란의 최대 방공용 항공기 능력은 미그(MiG)-29A 2개 대대, F-14A 2개 대대이지만, 미그-29A는 수출용으로서 심각한 항공역학적 제약 및 역대책에 대한 취약성이 있다. F-14A는 수동형 장거리 센서를 갖추고 있지만 30년 전의 노후된 기술로 인해 역대책에 취약하다.

이란의 방공부문은 수적 능력은 갖추었지만 질적 능력은 취약하다. 공군요원 1만 2,000~1만 5,000명을 지대공 방공임무로 전환시켰으며, 추가로 정규군 8,000명과 혁명수비대 4,000명이 방공기능을 수행한다. 먼저 지대공 미사일(Surface to Air Missile : SAM)이 요격기와 동등한 비중으로 중요한 역할을 하는데, 레이더 지원은 지상 센서보다는 공중 센서에 더욱 의존한다. 이란은 1979년 이래 단 1개소의 지상 레이더 기지를 추가했는데 이는 아프가니스탄 국경 부근에 배치했다. 주로 의존하는 F-14A는 45~50대를 단계적으로 교대 운용하며 30대를 항상 현역으로 사용할 수 있다. 이러한 체제는 면허생산 중인 공중조기경보 An-140가 운용될 예정인 2015년까지 지속될 것이다. 이와 같이 소규모 공중조기경보 관제기(airborne warning and control system : AWACS)로 이란은 위기 시에 걸프 연안에 대한 주야 24시간 감시를 위해 충분한 수의 F-14A를 투

입할 것이다.[26]

이와 같이 이란의 방공체제는 이란혁명 이래 25년 간 독특한 형태로 발전해 왔다. 무기, 센서, 전자전 능력개선에 약간의 진전도 있었고 1992~2003년 미국이 설정한 비행금지선을 무력화시키고자 노력했던 이라크로부터 얻은 교훈도 많지만 현재의 방공망은 여전히 구식이며 통합성도 부족하다.

이란의 방공부대는 핵심기지와 시설에 대해 제한적으로 방공할 수는 있으나 시설들이 지나치게 분산되어 있어 그 이상은 불가능하다. 따라서 지상용 방공은 대체로 국지방공 모드로 운용해야 한다. 전투관리 시스템과 데이터의 연동은 미사일 체제 간 중복 방호의 이점을 극대화할 만큼 신속하지도 효율적이지도 못하다. 이러한 문제점은 영국, 러시아, 중국, 미국이 제공한 잡다한 종류의 방공무기로 더욱 심각해진다.

이와 같이 이란은 주요 무기체계가 35년 이상 됐기 때문에 미군의 능동적 및 수동적 역대책에 취약하다. 즉, 국토 전체를 완전하게 통합 감시하기는 힘들기 때문에 주로 테헤란, 이스파한, 칼크, 압바스, 부셰르와 같은 전략 요충지에 최강의 방어력을 배치하는 국지방공 전략을 채택할 것이다.[27]

핵심지역 방호를 위해 개발한 미사일 교전 지대는 러시아제 첨단 SAM을 중심으로 편성된다. 부셰르 원자로 지역에는 고도로 첨단화된 S-300PMU(NATO 코드명 SA-10 'Grumble') 1개 포대가 배치되어 있다. 또한 저고도 방어를 위해 곧 토르(Tor) M-1(SA-15) 국지방공시스템을 통합할 것이다.[28] S-300V(NATO 코드명 SA-12a 'Gladiator' 또는 SA-12b 'Giant') 광역 방공시스템도 핵심시설로부터 반경 200km까지 방호하기 통합되고 있다. 현재 유동식 SAM 방공도 운용하는데, 서구의 SAM을 이동식 버전으로 역설계하고 성능을 크게 개선시킨 무기체제로 구성되어 있다.

각 요충지에는 요격기와 SAM을 중첩 배치해 고도로 통합된 방공망을

표 10-1 ● 이란의 방공능력(단위 : 대)

종류	임무	보유	현역
I-Hawk	SAM 체계	150	150
Rapier	저고도 SAM	30	30
HQ-7 (FM-80)	이동식 초저고도 SAM	n/a	n/a
HQ-2J	저고도 SAM	60	45
HQ-23/2B	저-고 고도 SAM	n/a	n/a
Antey (SA-5)*	중고도 SAM	n/a	n/a
2K12 (SA-6)*	중고도 SAM	n/a	n/a
샤하브 Thaqeb**	저-중 고도 SAM	n/a	n/a
57mm SZ-60	자동식 대공포	50	35
40mm M1	자동식 대공포	40	20
40mm L/70	자동식 대공포	100	95
23mm ZU-23-2	쌍열 대공포	250	250

* 제공여부 미확인

** 샤하브 Thaqeb SAM 시스템은 크로탈(Crotale) R440과 유사

제공할 것이며, 매복작전도 사용할 것이다. 매복작전은 미군 침공기 및 각종 지원기에 대해 장거리 SAM, F-14A의 시계밖 공대공 미사일 (BVRAAM), 단거리 공대공 미사일 등을 일시에 다량으로 사격하는 방식이다. 그러나 전반적으로 이란의 방공체제가 낙후됐기 때문에 미군 타격부대는 이란의 핵심시설을 타격하기 위한 안전한 공중회랑을 만들기 위해 언제라도 주변의 방공자산을 파괴할 수 있으며, 이후에는 재사용을 위해 무한정 회랑을 유지할 수 있을 것이다.

해군 및 연안 방어

적의 공격 시 이란의 걸프 만 도서기지 및 유정장비는 가장 취약한 표적이 되기 때문에 이란은 이러한 시설에 대한 증원훈련을 수없이 반복해왔다. 도서기지는 유도탄정에 대한 관측소 및 계류장을 설치해 이란의 미사일과 포격 사정 밖으로 상선을 이동할 수 없게끔 만들었다. 가장 중

요하면서도 가장 멀리 떨어진 아부무사(Abu Musa)가 제일 취약하다. 1999년 상업위성 사진에 따르면 요새화는 비교적 제한적일 것으로 판단된다. 하지만 시리(Sirri) 같은 다른 섬들은 60~90일 간 지탱할 시설과 보급품을 비축하고 있다. 4,500명이 주둔한 아부무사는 SAM 및 화학포탄으로 무장하고 있다.

이란은 직·간접적인 경험을 통해 미군과의 교전은 접근거부(A2AD)가 최상의 전략임을 터득했으므로 미군에게 가용한 역내 공군기지, 걸프 만 내외의 미 해군 항공모함 및 수상함을 표적으로 할 것이다. 지역거부 전략은 미군의 걸프 만 접근을 지원하는 기반시설을 물리적으로 파괴하거나 기능을 저하시키는 데 집중할 것이다. 이러한 공격의 위협은 역내 국가로 하여금 미군의 접근에 대한 지원을 정치적으로 주저하도록 만들 것이다.

이란의 순항 및 탄도 미사일 기술이 발전함에 따라 대부분 요새화되지 않은 GCC 국가들의 군사시설에 대해 강력한 지역거부 공격을 수행할 수 있게 됐다. 따라서 미군은 사전배치 장비와 병력을 결합시킬 접근지점 및 수용시설 또는 원정군의 숙영시설을 갖추지 못할 수도 있다. 이러한 사태는 무력투사에 기초한 걸프지역의 억지태세의 일부 핵심적인 승수요인에 손상을 줄 수 있다.

이란 해군은 광역 감시에 취약하므로 항모 전투단이나 수상 전투군과 같이 분산되고 이동하는 A2AD 표적을 표정하고 공격하는 능력이 훨씬 떨어진다. 비록 표적처리 정보가 수집되더라도 그 가치는 급속히 떨어진다. 예를 들어 사정거리 430km인 무기를 발사할 경우 탄착할 때까지 항공모함은 5,000m을 이동하기 때문에 78.5km² 넓이를 탐색할 수 있는 스마트탄이 필요하다. 설령 명중한다 하더라도 특수 대형 대함 미사일(AShM)이나 핵무장 미사일이 아니라면 항공모함은 여러 발 명중해도 견딜 수 있다.

미 해군을 이란 연해에서 멀리 쫓아내기 위해 운용할 수 있는 가장 강력한 잠재능력은 3척의 러시아제 877 EKM 킬로급 잠수함 3척을 인도양에서 운용하는 것이다. 그러나 잠수함의 생존성, 이란 해군과 잠수함 간의 통신 능력, 또는 초수평상륙작전 교전 수행능력 등에서 여전히 의문이 남는다. 호송함에 대해 어뢰 같은 무기로 공격하는 공세전술을 고려하고 있다는 징후는 있다.

이란의 군사저널 《사프(Saff)》에 따르면, 1999년 해군교리에서는 '공세적·수세적 태세로 잠수함을 전개시킬 특수 작전지역으로 오만 해를 고려해야 한다'고 명시했다. 이러한 작전을 수행하기 위해 교리는 해양작전부대를 지원하기 위한 특수 병참정 및 부두시설을 개발하도록 요구하고 있다.

챠바하르(Chah Bahar) 항은 이러한 역할을 위해 개발 중이며, 이란의 킬로 잠수함은 러시아와 인도의 기술지원을 받아 작전능력의 신뢰성을 제고시키고 있다. 또한 자체 개발한 병참보급선으로 해상 재보급 능력도 발전시키고 있다.

이란의 보복능력

이란의 재래식 방공능력이 비교적 취약하다고 해서 미국이 군사적 대안이 용이하다는 의미는 결코 아니다. 방어력이 낮은 부셰르 핵시설과 같은 핵심표적은 미군의 초기 기습에는 취약하지만 분쟁 중 사용할 수 있는 다양한 옵션을 가지고 있다. 미국의 제한적인 공격이 시행된 이후 이란이 채택할 가능성이 가장 높은 위협은 지역 내에서 미군의 군사표적이나 미군 함선에 대해 제한된 공격을 가하는 것이다. 봉쇄 또는 제재조치에 대해서는 GCC 국가들에 대한 원유수출 중단으로 위협할 가능성이 높다.[29]

비대칭전

미국의 선제공격에 대해 이란이 효과적으로 대응할 수 있는 강력하고도 유일한 수단은 해외의 급진적이고 반정부적인 집단을 운용하는 것이다. 미국으로부터 테러 후원국으로 지정된 이란은 GCC 국가에 대한 테러를 조종할 수 있다. 이스라엘에 대해서는 헤즈볼라 및 하마스를 동원할 수 있으며, 이라크에 대해서는 시아파 민병대를 동원할 가능성이 있다.

이러한 비대칭적 위협의 전조는 1980~1988년의 이란-이라크전쟁에서 나타났는데, 이란은 북부 GCC 국가를 전복할 목적으로 바레인, 쿠웨이트, 사우디아라비아의 시아공동체를 이용해 사회적 불만 선동, 종교행사 거부, 공공질서 교란 등을 조작한 사례가 있다. 미국의 세계전략 자체가 수렁에 빠져 있는 이라크에 대해서는 통합정권의 주도 세력이자 반항적인 민병대의 다수를 장악하고 있는 시아파와 강력하게 연대해 수니파 반군에 대한 군사지원을 하고 있다. 뿐만 아니라 특수부대의 침투 공작까지도 가능하다.

이란의 대표적인 후원세력인 레바논의 헤즈볼라는 1980년대부터 1990년대 초반까지 자살테러를 창안해 수백 명의 미국인과 이스라엘인을 살해한 전력이 있다. 특히 이란 아흐마디네자드 대통령이 2006년 1월 20일 시리아의 다마스커스를 방문해 헤즈볼라 사무총장, 하마스의 지도자, 팔레스타인 해방인민전선 총사령부(PFLP-GC) 지도자들과 회합을 가진 것은 테러조직의 국제적 네트워크를 과시한 것으로 볼 수 있다.[30]

이란이 직접 운용할 수 있는 테러조직은 정보부(Ministry of Intelligence and Security : MOIS) 공작원 및 IRGC의 해외 타격 수단인 알 카에다 부대가 있다. MOIS은 2,000명 규모의 대외정보국을 유지하며 전세계의 이란 대사관 및 문화원에 배치되어 있으며, 지금까지 국가의 적으로 간주되는 사람을 100명 이상 살해한 것으로 추측된다. IRGC도 비이란인 민

병대를 이용해 GCC 국가의 시아파 10만 명 공동체에 침투할 수 있으며,
전세계적으로 외교적 보호를 받는 네트워크 조직을 가지고 있다.[31] 미군
에 대한 직접적인 비대칭적 보복 대안은 다음과 같다.

- 이라크와 아프가니스탄에 주둔한 미군에 대해 화생방 탄두를 장착한 샤하브 미사일로 공개적으로 보복
- 미군과 이라크 보안군에 대한 공격을 증대시키고 반란을 격화시키기 위해 이라크 내 사드르(Sadr) 민병대나 알 카에다 테러조직 등과 같은 대리인을 이용
- 이라크 시아파로 하여금 미군의 존재를 거부하고 철수를 요구하도록 유도
- 대리인을 통해 미국 본토에 대한 자살폭탄 공격을 감행하거나 알 카에다에게 미국을 공격하도록 화생방 무기를 제공
- 대사관, 상업 중심지, 미국 시민 등과 같은 연성 표적을 포함해 지역 내 미국의 이익을 공격하기 위해 비대칭 능력을 사용
- 대함 미사일, 비대칭전, 기뢰 등으로 걸프지역에 위치한 미 해군을 공격
- 화생방 탄두를 장착한 미사일로 이스라엘을 공격해 이스라엘의 개입 유도
- 석유가격을 폭등시키고 미국과 세계경제에 타격을 주기 위해 석유 및 가스 수송을 전면 중단

해로거부 능력

이란 해군은 세계의 핵심적인 석유수송로에 혼란을 줄 수 있는 능력을
입증한 바 있다. 이란 매체들도 걸프 만에서 이란군이 최신 무기와 장비
를 시험하고 있다고 보도하고 있다. 미국의 군 소식통은 이란의 미사일

전개가 걸프 지역의 미군, 특히 해군에게 가장 심각한 우려를 낳고 있다고 경고하고 있다.

걸프 만이 갖는 유일한 출구는 이란의 해안 산악지대에 감제되는 호르무즈 해협뿐이다. 일일 약 1,500만 배럴의 원유를 수송하는 이 전략수로는 세계적인 전략적 핵심 생명선 중의 하나다. 이란은 미사일을 한 발도 발사하지 않더라도 세계적 교역에 잠재적인 파멸을 가져 올 수 있는 해협의 폐쇄능력을 이미 갖춘 것으로 판단하고 있다. 그러나 호르무즈 해협의 유조선 교통차단은 이란의 주요 억지무기이지만, 이란의 석유수출이 봉쇄되기 전까지는 시행하지 않을 것이라는 정책이 1983년 이래 지속되고 있다.[32]

이란－이라크전쟁 간 대함정 공격의 경험은 항공기, 미사일, 기뢰, 잠수함 및 해상 특전부대의 결합이 없으면 걸프 만의 모든 운항을 지속적으로 폐쇄할 수 없다는 교훈을 주고 있다. 그럼에도 불구하고 이란은 GCC 국가들에 대해 직접적인 재정적 손실을 끼칠 수 있으며 석유시장의 점유율에 직접적인 피해를 줄 수 있다. 이것은 세계 석유시장에 불확실성과 보험료 증액을 불러일으켜 심각한 연쇄효과를 줄 수 있다.

이란의 해로차단 능력은 주로 기뢰전, 고속공격정 및 대함 미사일에서 유래된다. 또한 지리적 이점도 해상거부 능력의 효과를 배가하는데, 자그로스(Zagros) 산맥과 불규칙한 해안선은 수많은 대함 미사일과 해안포, 고속정의 천혜적인 기지를 제공한다. 얕으면서 좁고 긴 걸프 만 수로는 표적이 될 함선의 취약지역 통과를 불가피하게 만들고 있으며, 또한 이란군이 점거한 걸프 만의 섬들은 호르무즈 해협의 항로를 통제하는 전략적인 위치를 차지하고 있다. 아부무사, 케심(Qeshm) 및 시르리(Sirri) 섬에 배치한 러시아제 SS-N-22 선번(Sunburn) 미사일 등 장거리 대함 미사일은 함선이 기동하거나 숨는 것을 불가능하게 만든다.

먼저 군사력에 대해서는 심각한 교란 및 지연을 발생시키고 상업교통에 대해서는 새로운 비용과 불확실성을 강요하는 기뢰전이 가장 경제적이면서 효과적인 해로거부 수단이다. 이란은 다양한 수단으로 기뢰를 투발할 수 있어 미리 막기는 어렵다. 헬기와 전용 기뢰부설함뿐 아니라 상선이나 어선을 개조해서 기뢰부설에 사용할 수 있다. 호르무즈 해협 입구에 매복하면 탐지하기 어려운 킬로급 잠수함의 기뢰부설 및 어뢰능력도 위협적이다.

이란은 소형고속정을 집중적으로 사용해 해로를 차단할 수 있다. 이란은 이런 종류의 함정을 공중투발 대함 미사일과 합동으로 사용한 경험이 많아 이는 해상차단에 상당히 유연한 수단이다. 경무장 고속정은 주로 해로에 대한 교란작전을 위해 '치고 빠지기(hit and run)' 전술을 사용할 것이다. 이란 해군은 약 50척의 고속 미사일 공격정을 보유하고 있는데, 이는 더욱 심각한 위협이 되고 있다. 그 외에도 중국이 제공한 후동(Houdong)급 다목적 함정 10척과 고속 공기부양정(catamarans)을 보유하고 있는데, 이들은 각각 C-701 대함 미사일 8발을 무장하고 있다. 북한은 2002년 12월에 미사일정을 제공했다.

마지막으로 이란의 해상·공중·지상 발사 미사일은 걸프 만에서 상업 및 군용함선에 대규모 피해를 줄 핵심 자산으로, 거의 전부 IRGC가 통제한다. C-801K 및 C-802 대함 미사일은 첨단 시스키밍(sea-skimming) 미사일이며, C-802 대함 미사일은 누르(Noor)라는 이름으로 자체 생산되고 있다. 이들 미사일은 기지의 위치에 들어온 표적에 대해 초수평상륙 공격 능력을 가지고 있으며, 최소한 지원용 차량 및 순간 발사능력(12발)으로 인해 생존성을 보장받을 수 있다. 이란은 사정 150km의 지상기지용 라드(Raad) 대함 미사일이자 본토에서 걸프 만 너머로 공격할 수 있는 미사일인 현대식 대형 실크웜(Silkworm)도 생산하고 있다.

GCC 국가에 대한 위협능력

이란은 대외적으로 억지 및 행동 강요를 위해 다양한 강압능력을 발전시켰다. 이란-이라크전쟁은 석유 생산 및 수출 시설, 산업 및 군사 기반시설 등과 같은 전략표적에 대한 공격도 수행됐는데, 테헤란과 바그다드에 대해 미사일을 교환한 1988년의 '도시의 전쟁(War of the Cities)'이 그 실례다. 이 전술은 걸프전쟁 당시 이라크도 사용했으며, 장차 이란도 상대적인 염가 및 요격의 곤란 등의 장점 때문에 활용할 가능성이 크다.

이란의 미사일 프로그램의 분석은 샤하브-3에 초점을 두었는데, 이는 1998년 7월에 첫 실험이 있은 후 현재 약 1,000km 사정거리를 갖는 것으로 보고 있다. 대함 미사일도 첨단 지상공격 순항 미사일의 개발로 전환될 수 있다. 지금은 이란이 다수 보유한 전역탄도 미사일(TBM)과 전술 로켓 포병이 더욱 가시적인 위협이다. 걸프 만의 폭이 200~250km임을 감안할 때 현재 배치한 사정거리 200~600km인 수십 기의 이동식 탄도 미사일은 GCC 국가의 핵심 정치 및 군사 지역, 인구밀집 지역을 위협하는 존재다.

극단적인 경우 이란은 멀리 떨어진 GCC 국가에 대해 이란-이라크전쟁 때와 같이 정밀하지 않지만 장거리 TBM을 대규모 시설이나 인구밀집 지역에 사격할 수 있다. 이와 같이 최후의 수단으로 사용될 무기는 물리적인 파괴보다는 정치적인 효과를 겨냥하게 될 것이다.

군사작전 대안별 시나리오

이란에 대한 미군의 군사적 행동은 결코 용이하지 않다. 최근에 비교적 구체적으로 공개된 자료에 따르면 미국의 군사작전은 극단적인 대안부터 은밀한 대안까지 모두 포괄하고 있다. 하지만 그 중간에 있는 대안은

주로 제한된 공중공격부터 지속적이고 광범위한 공중공격이라는 대안
으로 이루어져 있다. 미국은 이란인 반체제운동을 후원하거나, 특수전
부대로 은밀한 작전을 수행해 핵시설을 사보타지하거나, 핵심 과학자를
암살할 수 있다. 그러나 이러한 작전은 대규모 군사작전의 일부로서는
가치가 있으나 이란의 핵 프로그램 중단에는 불충분하다.

반대로 극단적인 방법은 전면적인 침공인데, 이는 이란 전 지역의 크
기나 산악지형을 감안할 때 작전 소요의 측면에서 감당하기 어려우며,
이란인의 저항도 그만큼 더 클 것으로 판단하고 있다. 또한 미국이 절감
한 이라크전의 최대 교훈은 '침략은 금물(don't invade)' 이라는 것이다.[33]
비록 규모는 작지만 세계 최강의 전쟁기술로 이라크전쟁에서 전무후무
한 작전적 성공을 거두고도 이라크 저항군의 끈질긴 '로테크' 공격으로
다른 '악의 축' 국가인 이란과 북한의 대량살상무기를 제거하려던 세계
전략이 심각한 위기에 처해 있기 때문이다.

따라서 미 지상군의 이라크 주둔이라는 전략적 이점에도 불구하고 이
란에 대한 전면공격은 거의 불가능하다. 그나마 제한된 군사적 대안도
위험이 따르며, 공중타격은 엄청난 후유증을 가져 올 수도 있다. 여기서
는 이란의 억지능력이 미군의 군사적 대안 선정에 미치는 영향을 살펴보
고, 공중타격 위주의 시나리오 전개를 검토하고자 한다.

이란의 억지능력이 군사적 대안에 미치는 영향

이란도 거의 실시간 첨단 정보축적 및 검색(IS&R) 네트워크와 결합된 순
항 미사일, 스텔스기, 원격 정밀무기 등을 보유한 미군의 공격을 방어하
는 것은 어려울 것이다. 그러나 이란도 미군의 공격효과를 저하시킬 거
부적 억지와 보복작전으로 분쟁을 지역 내외로 확산시키는 처벌적 억지
능력을 개발했다.

거부적 억지의 영향

잠재 적국들의 침공을 어렵게 만드는 거부적 억지(deterrence by denial) 측면에서 이란군이 보유한 재래식 방어능력은 이란으로 하여금 고도로 유연성 있는 억지방안을 제공하고 있다. 미군이 작전을 수행하는 데 있어 핵심적인 고려사항은 표적정보를 처리할 수 있는 규모로 제한시켜 이란의 핵표적에 초점을 두는 것이다. 이러한 최소한의 공격은 이란의 핵 프로그램에 대해서도 최소한의 지연이라는 효과밖에 기대할 수 없다. 따라서 미국의 입장에서 보면 이러한 이란의 재래식 방어능력은 선별적이고 단기적인 공중타격 방안을 어렵게 만들며 궁극적으로는 값비싼 대가를 치러야 할 수도 있다.

먼저 미군의 첨단무기가 이란이 준비해 온 지하요새의 대부분을 파괴할 수 있을 것인지는 큰 의문이다. 이란의 방공체제는 소수의 표적을 스텔스기로 공격하는 미군의 기습적 공격을 방어할 수 있도록 조직되지는 않았기 때문에 부셰르 원자로 등의 핵심표적은 원격 순항 미사일이나 스텔스기의 기습공격으로부터 무방비 상태에 가깝다고 볼 수 있다. 특히 BLU-28 벙커버스트는 최소한 심각한 타격을 줄 수 있을 것이다. 그러나 이 첨단무기는 아직 실험이 완료되지 않았으며 수량도 제한적이다.[34]

다음은 이란의 핵능력을 실질적으로 방해하는 데 요구되는 더욱 지속적이고 대규모적인 공격을 수행하려면 미군에게도 상당한 난관이 예상된다. 이스라엘의 경우는 단독작전이 불가능하다고 판단된다. 미국이나 이스라엘이 수행할 공격 모드에는 결코 무시할 수 없는 제한사항이 있다. 즉, 모든 공격은 역내 주둔국의 태도 및 영공통과권의 제한 등으로 인해 군사적·기술적 대안이 크게 제한된다는 것이다.[35]

마지막으로, 이란은 이란의 잠재표적에 대한 요새화, 분산 및 은폐능력 이외에도 방공체제를 예측할 수 없도록 분권화시키는 방식으로 재구성할 능력도 보유하고 있다. 이는 이미 수립된 방대한 작전기획의 범위와 복잡성을 더욱 확대시킬 수 있다. 마찬가지로 이란의 광범위한 연안 방어 체제는 미 해군의 걸프 만 진입 및 활동 능력이나 무력투사를 위한 항공사하지점(air point of disembarkation, APOD) 허브의 사용을 크게 제한시킬 수 있다.

처벌적 억지의 영향

이란이 보유한 처벌적인 재래식 군사력은 이란에 대한 군사적 또는 경제적 제재를 가하고자 하는 미국의 고려사항에 불확실성의 수위를 크게 높인다. 이란은 비대칭적인 테러 형태의 공격을 제외하고 처벌적 억지전력은 극단적인 상황을 위해 유보할 것이다. 이란 영토에 대한 군사적 공격이나 이란의 수출입에 대한 부분적이거나 전면적인 봉쇄가 이러한 상황에 포함될 수 있다. 미국의 최초 공격이 예상했던 정도를 넘어서거나 이란이 추가적인 공격을 억지하고자 원한다면 신속하고도 단호하게 보복할 테지만 그렇지 않다면 절제되고 은밀한 보복을 추구할 것이다.

이란과의 긴장고조로 인한 지구적인 분쟁은 미국의 중동정책에 대단히 불편한 상황이기 때문에 이란은 미국의 현지 동맹국들이 자국의 안보와 번영이 위험에 처할 수 있다는 인식을 주기 위해 분쟁 확대를 지속할 것이다. 이란이 개발한 처벌방안으로 인해 야기된 지역 동맹국의 피해를 미군으로 방호해 준다는 것은 거의 불가능하며, 이러한 위기가 세계경제에 미치는 부정적인 영향도 엄청날 것이기 때문이다.

이러한 요인들이 결합해서 미군의 대이란 군사행동을 더욱 불확실하게 만들고 있다. 이라크의 정치상황과 주이라크 미군에 대한 공격 가능성, 걸프 만에 대한 장기적인 견제 등으로 이란은 부시 행정부의 군사적 모험을 억제시킬 것으로 보인다. 그러나 부셰르 원자로가 작동되기 시작하면 위기가 무력분쟁으로 전환될 가능성은 급격히 높아질 것이다.

미국의 군사대안

대규모 미군 지상군이 이라크에 주둔해 있고 이라크전쟁 당시의 군사적 기반시설이 거의 그대로 남아 있지만 이라크의 치안 부재와 미 지상군의 극심한 인적·물적 소모로 인해 상당 기간 이란에 대한 전면공격은 거의 불가능하다. 전구적 타격계획을 통해 언제라도 가능한 원거리 공격도 엄청난 후유증을 가져 올 수 있어 위험한 대안이기는 마찬가지다.[36] 그러나 미국의 안보전략과 부시 대통령의 성향으로 보아 현 외교적 위기가 계속 확대될 경우 부셰르 원자로에 첫번째 핵연료를 장착하기 직전에 군사적 위기로 발전될 가능성이 높다. 러시아 정부에 따르면 부셰르 원자로의 가동은 2006년 중으로 계획되어 있지만 현 상황에서는 2007년으로 지연되는 것이 불가피해 보인다.

부셰르의 가동은 미국과 이스라엘에게 외교적 노력이 이란의 핵개발 지연에 충분한 역할을 했는지 여부를 재검토할 핵심적인 시점이 될 것이다. 우선 해상봉쇄를 통해 구체적으로는 핵물질을 겨냥하겠지만 전면적인 봉쇄의 일부로 수행될 수도 있다. 직접적 군사행동인 공중타격은 핵개발 지연에 필요한 최소한의 피해를 주기 위해 극히 선택적인 표적에 대해 공격을 가하는 것에서부터 통합방공체제(Integrated Air Defence System : IADS)를 포함해 광범위한 표적에 대해 최대하의 피해를 주는 공격까지 모두 가능하다.

이란은 제한적인 공격도 전면적인 적대행위의 시작으로 간주할 것이기 때문에 논리적으로 미군은 가능한 한 많은 표적을 타격하기로 결정할 수도 있다. 반대로 제한된 공격은 작전을 통해 정치적·군사적 문제를 크게 감소시킬 수 있다. 즉, 우군과 이라크의 민군에 대한 피해를 줄일 수 있으며 걸프 만 지역 내외에 위치한 우방국의 군사기지를 사용하지 않아도 된다. 모든 작전은 규모와 관계없이 이란의 핵산업이 핵심표적이 될 것이다. 대규모 공격을 감행하려면 광범위한 방공체제에 공격

을 해야 하지만 장기적인 능력저하를 가져 올 공격은 추구하지 않을 것이다.[37]

이 외에도 2가지 종류의 작전이 수렴된다. 실질적인 작전은 화학·생물학무기센터와 같은 대량살상무기 프로그램의 비핵 요소에 대한 광범위한 타격이 포함될 것이다. 미국은 이란의 대량살상무기 전개 기반이 되는 전략적 미사일이나 장거리 항공기와 같은 투발수단도 공격할 것이다. 미국이나 이스라엘의 타격에 요구되는 최소한의 군사력 패키지는 다양하다. 항공기를 통해 발사되는 원격타격용 포파이(Popeye) 미사일이나 잠수함 발사용 하푼(Harpoon), 또는 포파이 터보(Popeye Turbo) 미사일은 견고한 핵표적을 관통할 수 없어 연안에 위치한 표적으로 제한될 것이다. 이러한 제한사항으로 인해 이스라엘이 타격할 경우 효과를 볼 수 있는 시설은 부셰르 원자로뿐이다.

미국은 더욱 큰 대규모의 작전을 수행할 수는 있지만 부셰르 및 핵심 농축시설과 같은 특정 표적에 한정시킬 것인지 아니면 군사적·정권적 표적을 폭넓게 포함시킬 것인지 선택해야 한다. 미국은 지역동맹국은 물론 디에고 가르시아(Diego Garcia) 섬의 공군기지 사용권을 갖고 있는 영국의 지원도 기대하기 어려울 것이다. 따라서 주력자산은 장거리 지상공격용 순항 미사일과 소규모이지만 결정적인 표적을 타격할 B-2 스텔스 폭격기가 될 것이다. 가장 먼 표적에 대한 해상발사용 토마호크(Tomahawk)나 B-52의 재래식 공중발사 순항 미사일(CALCM)을 사용하기 위해서는 걸프 만이나 호르무즈 해협 입구에 화력기지를 설치해야 하는데 이는 이란의 보복공격에 노출되므로 부대방호 측면에서 심각한 문제를 야기한다.

이러한 위협에 직면하면 CALCM은 지속적으로 사용할 수 없기 때문에 해상발사 순항 미사일에 크게 의존할 수밖에 없다. 심지어 제한적인 B-2 스텔스기로 이란공역에 비교적 깊이 침투해야 한다. 만일 핵 또는

대량살상무기 투발 표적에 대한 광범위한 타격을 시도하거나 B-2 운용
에 완벽한 방공망 제압작전(SEAD) 및 전자전 패키지를 감행한다면 전력
소요가 급격히 증가해 1개 이상의 항모전투단 항공자산을 통합시켜야
한다. 효과적인 타격을 위해 다양한 미국의 특수작전부대 자산도 사용
될 수 있다.

　미국의 군사적·전략적 대안을 조합해 보면 몇 가지의 포괄적인 시나
리오를 작성할 수 있다.

무력과시, 강압 또는 억지를 위한 최소한의 공격

- 이란이 유럽연합 3개국나 유엔의 요구조건에 부응하지 않으면 미
  국의 의도가 심각하다는 것을 과시하거나 경고하기 위해 몇 발의
  순항 미사일이나 스텔스기로 타격 실시
- 이란에게는 신뢰성을 보이는 한편 국제사회의 비판을 최소화하기
  위해 IAEA 및 유럽연합 3개국이 인정하는 고가치 표적 최소 1개소
  를 타격
- 이란이 유럽연합 3개국이나 유엔을 무시하고 핵개발을 비밀리 진
  행하거나 확대할 수 없다는 것을 보여주기 위해 새로운 장소 및 활
  동을 공격
- 항모전단을 위치시켜 걸프동맹국의 영토사용을 배제
- 미국의 조치수준과는 무관하게 국제적 반응이 문제임
- 이라크, 아프가니스탄에서 이란의 대응조치를 촉발해 헤즈볼라의
  활동을 격화시킬 우려가 있음

미군 단독의 제한적인 공격

- 제한적인 타격은 약 16~20소티(sortie, 1회 비행횟수)의 순항 미사일
  및 항공력으로 타격. 걸프 지역에서의 총 소티는 호위, 지원, 재급

유를 포함해 100소티 이상일 것으로 예상됨
- B-2, 항모함재기 및 해상발사 순항 미사일로 구성. 전개, 재급유, 회수를 위한 지상기지를 걸프 지역에 운용할 수도 있음
- 목표는 가장 고가이면서 주요한 시설을 최소 2~3개소를 결정적으로 파손하거나 파괴하는 것임
- 이란에게는 신뢰성을 보이는 한편 국제사회의 비판을 최소화하기 위해 IAEA 및 유럽연합 3개국이 인정하는 고가치 표적을 타격
- 이란이 유럽연합 3개국이나 유엔을 무시하고 핵개발을 비밀리 진행하거나 확대할 수 없다는 것을 보여주기 위해 새로운 장소 및 활동을 공격
- 견고한 지하표적을 타격하기 위해 스텔스기를 사용한다면 이란의 핵활동을 지연시키거나 좌절시키기보다는 여전히 능력과시에 중점
- 견고한 지하표적에 대한 공격은 자칫 임무수행 간 복합적인 타격이 요구될 수 있으며 후속제대의 재공격이 효과적임
- 전투피해, 특히 대형 건물 및 지하시설에 대한 피해가 중요한 문제로 부각
- 규모 및 효과는 미군이 피해를 주고자 하는 시간, 정보의 질, 주어진 무장의 적합성 등에 의해 크게 좌우됨
- 이란의 기술적 기반은 온전히 남을 것이며 공격 받은 시설도 많은 장비가 파괴되지 않을 것임. 과학자 및 기량에 대한 피해는 아주 적을 것임
- 확산 측면에서 이란의 대응은 매우 다양해 예측이 불가능함 : 억제/지연 대 동원/도발
- 기껏해야 이란의 표면적인 행동변화를 유도할 수 있음. 핵 프로그램을 더욱 광범위하게 분산시키고 지하시설을 더욱 깊은 곳에 구

축하도록 전환할 가능성이 큼. 더욱 적극적인 생물학전 프로그램을 수행하도록 자극할 수도 있음
- 석유 금수는 과시적
- 이라크, 아프가니스탄에서 이란의 대응조치를 촉발해 헤즈볼라의 활동을 격화시킬 우려가 있음
- 국제적 반응이 심각한 문제가 될 수 있음. 미국은 이란 시설에 대해 광범위한 공격을 실시한 것과 같은 수준의 정치적인 문제에 직면할 개연성 있음

이란의 대량살상무기 표적에 대한 광범위한 공격
- 200~600소티의 순항 미사일 및 항공력으로 타격. 이와 유사한 수의 호위, 지원, 재급유 소티. 공격기간은 3~10일까지 연장 가능
- 핵, 미사일, 생물학 및 관련 C4I에 대한 모든 의심 시설을 타격
- 향후 행동의 자유를 보장하기 위해 핵심 SAM 기지와 레이더를 무력화
- B-2, 항모함재기 및 해상발사 순항 미사일로 구성. 전개, 재급유 및 회수를 위한 지상기지를 걸프 지역에 운용할 수도 있음
- 이란은 걸프 지역의 유조선 운행 및 인접국에 대해 실시할 수 있는 비대칭전 능력을 광범위하게 타격하겠다고 위협
- 충분한 작전수행 및 효과 달성에 최소 7~10일 소요
- 목표는 가치가 높은 주요한 시설의 최소 70~80%를 결정적으로 파손시키거나 파괴하는 것임
- 이란에게는 신뢰성을 보이는 한편 국제사회의 비판을 최소화하기 위해 IAEA 및 유럽연합 3개국이 인정하는 고가치 표적을 타격. 추정되는 기지에도 타격 가능
- 이란이 핵개발을 비밀리에 진행하거나 확대할 수 없다는 것을 보

여주기 위해 일부 표적을 향후 인질로 유보하지 않는다면 모든 기지의 새로운 장소 및 활동을 공격

- 시간이 경과함에 따라 충격으로 큰 손실은 입겠지만 이란은 여전히 은밀히 일부 핵장치를 조립할 것임. 이란이 생물학무기 노력을 중단하는 것은 불가능함
- 견고한 지하표적에 대한 공격은 자칫 임무수행 간 복합적인 타격이 요구될 수 있으며 후속제대의 재공격이 효과적임
- 전투피해, 특히 대형 건물 및 지하시설에 대한 피해는 중요한 문제로 부각
- 규모 및 효과는 미군이 피해를 주고자 하는 시간, 정보의 질, 주어진 무장의 적합성 등에 의해 크게 좌우됨
- 이란의 기술적 기반은 많은 부분 온전히 남을 것이며 공격 받은 시설도 많은 장비가 크게 파괴되지 않을 것임. 과학자 및 기량에 대한 피해는 일부 있을 것으로 예상
- 확산 측면에서 이란의 대응은 매우 다양해 예측이 불가능함 : 억제/지연 대 동원/도발
- 사실상의 심각한 타격은, 특히 후속타격 위협과 결합될 경우 이란의 행동을 변경시키는 억지력으로 충분함. 그러나 여전히 이란의 표면적인 행동변화만 유도할 가능성 있음. 핵 프로그램을 더욱 광범위하게 분산시키고 지하시설을 복합적이고 소규모로 더욱 깊은 곳에 구축하도록 전환할 수도 있음
- 이란이 생물학전 프로그램을 가속화하도록 자극할 수도 있음
- 석유 금수는 심각
- 미국과 동맹국들의 공격에 대해 이란군 및 정부 기관이 이라크와 아프가니스탄의 테러활동을 지원하고 헤즈볼라로 반격하려는 시도를 할 경우 이란 정부가 이를 저지할 수 없을 가능성이 큼. 하지

만 군과 정부기관이 시도하지 않으리라 예상됨
- 국제적 반응이 심각한 문제가 될 수 있음. 하지만 미국은 이란 시설에 대해 소규모 공격을 실시한 것과 같은 수준의 정치적인 문제에 직면할 개연성 있음

군사 및 관련 민간 표적에 대한 광범위한 공격

- 1,000~2,500소티의 순항 미사일 및 항공력으로 타격
- 핵, 미사일, 생물학, 관련 C4I, 대학 및 이중용도 시설을 포함한 잠재적 기술기반 표적에 대한 모든 의심 시설을 타격
- 이란의 유조선 운행 및 인접국에 대해 실시할 수 있는 비대칭전 능력을 광범위하게 타격하거나, 이란이 이러한 행동을 위해 전개한다면 타격하겠다고 위협
- 미국의 전구적 자산 대부분이 요구될 수도 있음. B-2를 포함한 폭격기, 함재기 및 해상발사 순항 미사일의 조합이 요구됨. 전개, 재급유, 회수를 위한 지상기지를 걸프지역에 운용해야 함. 디에고 가르시아를 벗어나 전개하는 것이 바람직함
- 충분한 작전수행 및 효과 달성에 수주에서 2개월까지 소요될 수 있음
- 목표는 최소 가장 고가이면서 주요한 CBRN, 미사일 및 여타 투발체계, 핵심 재래식 해·공군 타격 자산, 그리고 주요 군 생산시설의 70~80% 이상을 결정적으로 파손시키거나 파괴하는 것임
- 이란에 대해 신뢰성을 보이고 국제사회의 비판을 최소화하기 위해 IAEA 및 유럽연합 3개국이 인정하는 고가치 표적을 타격. 추정되는 기지에도 타격 가능
- 이란이 핵개발을 비밀리에 진행하거나 확대할 수 없다는 것을 보여주기 위해 일부 표적을 향후 인질로 유보하지 않는다면 모든 기

지의 새로운 장소 및 활동을 공격

- 견고한 지하표적에 대한 공격은 자칫 임무수행 간 복합적인 타격이 요구될 수 있으며 후속제대의 재공격이 효과적임
- 시간이 경과함에 따라 충격으로 큰 손실은 입겠지만 이란은 여전히 은밀히 일부 핵장치를 조립할 것임. 이란이 생물학무기 노력을 중단하는 것은 불가능함
- 전투피해, 특히 대형 건물 및 지하시설에 대한 피해는 중요한 문제로 부각
- 규모 및 효과는 미군이 피해를 주고자 하는 시간, 정보의 질, 주어진 무장의 적합성 등에 의해 크게 좌우됨
- 이란의 기술적 기반은 많은 부분 온전히 남을 것이며 공격 받은 시설도 많은 장비가 크게 파괴되지 않을 것임. 과학자 및 기량에 대한 피해는 일부 있을 것으로 예상
- 확산 측면에서 이란의 대응은 매우 다양해 예측이 불가능함 : 억제/지연 대 동원/도발
- 향후 행동의 자유를 보장하기 위해 핵심 SAM 기지와 레이더를 무력화
- B-2, 항모함재기 및 해상발사 순항 미사일로 구성. 전개, 재급유
- 이러한 일련의 타격은, 특히 후속타격 위협과 결합될 경우 이란의 행동을 변경시키는 억지력으로 충분함. 그러나 여전히 이란의 표면적인 행동변화만 유도할 가능성 있음. 핵 프로그램을 더욱 광범위하게 분산시키고 지하시설을 복합적이고 소규모로 더욱 깊은 곳에 구축하도록 전환할 수도 있음
- 이란이 더욱 활발한 생물학전 프로그램을 수행하도록 자극할 수도 있음
- 석유 금수는 심각

- 미국과 동맹국들의 공격에 대해 이란군 및 정부 기관이 이라크와 아프가니스탄의 테러활동을 지원하고 헤즈볼라로 반격하려는 시도를 할 경우 이란 정부가 이를 저지할 수 없을 가능성이 큼. 하지만 군과 정부기관이 시도하지 않으리라 예상됨
- 국제적 반응은 심각한 문제가 될 수 있음. 명백한 이란의 확산 노력과 연계될 수 있는 공격에서 훨씬 큰 문제로 부각

지연 후에 타격

- 미국은 이들 방안 중 어떤 것을 수행할 수도 있으며, 이란의 확산 행위가 증명될 때까지 기다릴 수도 있음. 이러한 결정적 증거는 훨씬 큰 동맹의 지원 또는 국제적 묵인이나 동의를 만들어 낼 수 있음
- 이란은 주요 자원을 투입할 것임. 이는 훨씬 큰 고가치 표적을 제공
- 대위험(counter-risk) 조치가 예상치 못한 이란의 돌출행동 야기 : 이란의 경고시발사(LOW), 피격간발사(LUA), 또는 생존을 위한 회피능력 등과 같은 형태
- 이란의 소산 및 엄폐는 더욱 심각해질 것으로 예상됨
- 이란은 대응수단으로 생물학무기 보유
- 동맹 및 지역 반응은 불확실. 시간이 지날수록 확산을 용인하는 분위기로 이어질 가능성이 큼

이란의 확산을 무력화

- 이란의 군사 및 CBRN 시설과 도시에 대한 핵 표적화를 발표하거나 조용히 과시
- 탄도·유도 미사일 방어체제를 전개해 걸프 및 인접 국가들에 판매

- 이란의 전력생산, 가스, 정유시설을 파괴시킬 미국의 재래식 대안을 전달
- 걸프국가에 대한 미국의 확대억제를 보장
- 암묵적으로 사우디아라비아의 핵무기 및 장거리 타격능력 획득을 수용
- 예방적·선제적 방안의 지속적인 전투준비 태세 유지. 경고 없이 행동에 옮김
- 이스라엘이 타격방안을 억제력으로 사용한다고 공개하도록 격려
- 이란의 생물학무기 사용은 핵보복을 초래할 것이라는 교리를 선언

전망

2002년 미국은 북한과 이란을 주표적으로 불량국가에 대한 선제공격 교리를 확정했다. 그러나 오히려 핵개발로 인한 긴장이 어느 때보다 높은 아이러니가 연출되고 있다. 북한의 핵개발 방식을 답습하고 있는 이란은 미국과 유럽연합의 경고를 무시하면서 국제사회가 설정한 금지선(red line)도 차례로 넘고 있다. 이러한 이란의 대결적 자세는 능력의 과시라기보다 오히려 자신의 약점을 인정하는 측면이 더 강하다는 것이 전문가들의 대체적인 평가다. 그렇다면 핵심적인 의문은 이라크의 실질적인 핵무기 획득이 아직은 중장기적인 희망사항인데 이란은 왜 극단적인 표현을 구사하면서 고의적으로 긴장을 높이는가라는 점이다. 이란 정권은 외부간섭으로 인해 핵 프로그램이 중단되는 사태를 두려워하며 국내의 낮은 정치적 지지를 끌어올리기 위해서는 '승리'가 필요하기 때문이라는 분석이다.

그렇다면 과거 냉전시대의 교훈에 비추어 볼 때 어떤 국가가 핵클럽

에 가입할 때마다 긴장이 고조됐지만 결국 핵클럽 가입국의 책임의식과 태도변화로 히로시마와 나가사키 이래 실전에서 핵폭발이 없었다는 점을 들어 끝까지 외교적인 노력을 포기하지 말고 이란의 정권교체를 기다려야 한다는 주장이 가장 합리적이다.[38]

이란의 핵개발에 미국만큼이나 신경을 곤두세우고 있는 이스라엘의 많은 학자들도 이란의 정권교체를 바라고 있지만 이번 사태에 대해 심각하지만 돌이킬 수 없는 지경이라고는 보지는 않고 있다. 따라서 이란의 핵능력을 논할 때 '돌이킬 수 없는 시점(point of no return)'이라는 표현 대신 연구개발의 '기술적인 문지방 넘기(crossing the technological threshold)'라는 표현을 사용한다. '기술적인 문지방 넘기' 단계는 향후 6~12개월이며, 이후 수만 개의 원심분리기를 생산하는 데 1~3년이 걸릴 것으로 판단하고 있다. 이를 기초로 이란의 핵무기 획득은 향후 5~10년 후로 예상할 수 있다.

미국은 이 기간을 이용해서 장기적인 이란의 정치적·사회적 발전 전망을 고려한 대이란 전략을 다시 수립하라는 주문이다.[39] 나아가 이란에 대한 폭격은 우발적이든 계획적이든 간에 이라크전쟁에 이은 또 하나의 혼란으로 귀착될 가능성이 크기 때문에 미국이 핵기술을 포함해 크게 양보함으로써 이란의 핵무기 개발만은 막도록 해야 한다는 주장도 있다.[40]

분명한 사실은 미국이 '전구적 대테러전쟁(GWOT)'이 이라크에서 수렁에 빠짐으로써[41] '폭정의 전초기지'에 대한 미국의 군사적 대안이 제약을 받고 있다는 것이다. 모든 분쟁은 시작이 있으면 끝도 있게 마련이다. 단지 상호교섭에 의한 타협으로 해결되느냐 폭력에 의한 일방의 굴복으로 종결되느냐만 다를 뿐이다. 따라서 부시 대통령이 행동을 취하지 않을 수 없는 최종 금지선이 어디이고 언제 도달할 것인가가 주요 관심사가 된다. 그러나 현재의 진행상황으로 추정해 본다면 이라크 동합 정부가 치안을 전담하고 미군의 재편성이 완료되기 전까지는 앞으로도 여러 번의 위기가 닥칠 것이다. 하지만 이란의 주도에 세계가 끌려가는 형태를 취할 것이다. 이것은 일종의 시간과의 싸움인데 시간은 미국의 편이 아닌 것 같아 보인다.

오늘날의 국제환경을 보면 대부분의 선진국은 기회주의적이고 단기적으로 국가이익을 추구하기 때문에 행동에 나서기를 주저한다. 따라서 미래적 재난과 불행을 예방하기 위해 거의 홀로 세계인을 설득하고 잠재위협에 대항해야 하는 미국의 처지가 이해되지 않는 바도 아니다. 하지만 불안정한 국가들의 광신적이고 민족주의적인 비이성에 대항하는 미 행정부가 신중하게 사태를 대비해야 하는데 네오콘들의 집단사고 및 폐쇄적 의사결정 시스템으로 인해 또 하나의 호전적이고 성급한 반응으로 표출되고 있다는 우려가 제기되고 있다.[42]

결론적으로 국제사회의 단결된 의지가 강압적으로 표현되거나 미군의 전력회복이 이루어지기 전까지는 이란의 고집으로 인해 현 대치상태가 긴장을 계속 더해갈 가능성이 극적인 위기해소의 가능성보다 훨씬 높다. 이와 같이 높은 긴장이 지속되다 보면 예상치 못한 조그만 사건도 통제 불가능한 폭발로 연결될 수 있다. 따라서 중동 에너지와 북핵으로 인해 큰 영향을 받을 수밖에 없는 우리나라는 실질적인 국가적 위기관리 체제를 하루빨리 정비해야 한다.

1　이 보고서에는 '미국은 반드시 불량국가와 그 테러 하수인들이 미국과 동맹국
들에게 대량살상무기로 위협하거나 사용하기 전에 저지시킬 준비가 되어야 한
다'고 명시하고 있다.

2　미 국무부 니콜라스 번스(Nicholas Burns) 차관은 "지난 3년 간 북한이 협상전
략으로 핵개발을 계속했던 방식을 이란이 생각한다면 오산"이라고 주장했다.
북한과의 차이점으로 이란은 테러활동의 주도적인 중앙은행이자 세계에서 가
장 불안정한 지역에 위치해 있다는 점을 지적했다. DAVID E. SANGER and
ELAINE SCIOLINO, "Iran Strategy : Cold War Echo", *NYT*, April 30, 2006.

3　9월에 쿠바의 하바나에서 개최된 비동맹그룹 정상회담에서 118개국은 만장일
치로 평화적 목적의 핵에너지 개발에 대한 이란의 권리를 지지했다. Iran Wins
Backing From Non-Aligned Bloc, PRAGUE, September 17, 2006(RFE/RL).

4　유엔헌장 7조는 국제 평화안전을 유지하거나 회복하기 위한 경우(42항), 자위
를 위한 경우(51항)에만 무력사용을 허용하도록 규정하고 있다.

5　VICKI ALLEN, U.S. Could Seek Iran Sanctions Outside U.N. : Bolton,
REUTERS, February 6, 2005.

6　〈중앙일보〉, 2006년 4월 30일자.

7　Fred Hiatt, "Going It Alone? It Depends", *The Washington Post*, May 1,
2006, p. A19.

8　1981년 이스라엘가 이라크의 오시라크 원자로를 공격했던 사례를 교훈으로 이
란은 핵 기반시설을 전국에 분산시켜 지하에 견고히 구축하고 위장시켰다. 따
라서 이란의 핵 프로그램을 손상 내지 파괴시키기 위해서는 다수의 표적을 동
시에 타격해야 한다. 이는 500파운드 BLU-109 벙커버스터 지하관통탄을 보유
한 이스라엘 공군이라도 기습적인 제1격의 범위를 벗어난다. 따라서 이스라엘
은 NATO 형태의 연합작전에 기초한 공중공격 계획을 발전시키고 있으며, 단
독작전은 모든 방안이 실패할 경우의 최후의 선택으로 남겨두고 있다. "Israel
considers military options against Iran", *Foreign Report*, December 15,

2005.

9 미국은 이란의 대량살상무기 위치를 알고 있어 표적처리가 가능하며, 지하시설
을 파괴할 수 있는 특수무기를 사용할 수도 있다. 또한 특수전 부대와 CIA 준군
사부대의 침투능력, 호의적인 쿠르드족과 협조 가능한 이란 반체제 민병대를
유력한 자산으로 활용할 수 있다. 전투준비 상태의 군사력과 몇 개월 간의 병참
준비도 가능하다. 최소한 불가리아와 이라크 등지에 지원기지를 세울 수 있다.
따라서 지상전이 시작되더라도 확실히 승리할 수 있고 정권을 교체할 이란 망
명정부도 수립할 수 있다.

10 Phillip Kurata, "Iran Approaches Point of No-Return on Acquiring a Nuclear
Program, State's Joseph says nuclear-armed Iran cannot be tolerated", *NYT*,
April 21, 2006.

11 New Report : Administration Moving Forward on Plans for Bombing Attacks
in Iran, The Century Foundation, September 18, 2006. 퇴역 공군대령 가드너
(Sam Gardiner)는 보고서('The End of the 'Summer of Diplomacy' : Assess-
ing U.S. Military Options on Iran')를 통해 부시 행정부가 공중타격으로 이란
의 핵 프로그램뿐 아니라 이란 정권까지 제거할 수 있을 것으로 믿고 있다고 지
적했다. 특히 의회의 사전승인 없이 이란을 공격하기 위해서는 범세계적 대테
러 전쟁(GWOT)을 수행해야 하는데, 이를 위해서 알 카에다와 이란과의 연계
를 추구하고 있다고 주장했다.

12 페이스 합참의장은 이 연설에서 "군사적 옵션이 필요한 것은 먼 장래의 일이다.
그러나 어쩔 수 없는 상황으로 몰리면 행정부는 프로그램을 되돌리고 대량살상
무기 투발을 저지하는 한편 미국의 결의를 보이고 추가적인 군사적 후과를 위
협하기 위해 최상의 표적을 선택할 것이다"라고 밝혔다. *The Washington Post*,
March 8, 2006.

13 작전계획 1002 관련 부분은 http://globalsecurity.org 참조.

14 시사월간지 〈어틀랜틱〉 2004년 12월호의 보도에 따르면, 공격 시나리오는 3단
계로 실시된다. 1단계는 이란 핵시설에 대한 족집게 선제공격을 가하는 것이
다. 미국은 대략 300개 공격 목표를 정해 3일 간 집중화력으로 타격한다. 2단계
에서는 이란의 최정예 부대인 혁명수비대에 대한 기습공격을 단행하고, 3단계
로 후세인 이라크 정권 전복과 같은 이란의 정권교체 작전을 펼친다는 것이다.
미군의 침공작전은 이라크 주둔 미군 3개 사단 6만 명과 중화기 부대, 별도의
3~4개 여단병력 1만 5,000~2만 명, 특수전부대 등이 맡고, 이라크, 아프가니

스탄, 아제르바이잔 등 3개 방향에서 동시 공격하는 것으로 되어 있다. 또 페르시아 만에 배치된 항공모함 전단에서 크루즈 미사일과 전폭기 공격, 미 본토에서 출격하는 B-2 스텔스 폭격기를 동원한 공습을 병행하게 된다. 미군은 신속하게 테헤란까지 진격해 정권을 전복시키고 대체 인물을 세우는 동시에 핵시설 등을 파괴한 후 재빨리 철수한다는 전략이다.

15 약 2년 전까지만 해도 작전적 기획과정은 지나치게 한정적이고 경직된 것으로 간주됐다. 대부분의 노력이 작전을 지원하기 위한 부대전개 데이터베이스 및 군수조직의 수정에 투입됐다. 이러한 관행은 역설적으로 전략과 운용에 초점을 두어야 할 작전이 세부사항보다 홀대 당하는 결과를 가져왔다. 예를 들어 이라크전쟁에서는 2001~2002년에 후세인과 싸울 완전한 계획(작전계획 1003)이 존재했지만, 2003년 3월에 정권교체를 위해 군소 도시를 우회해 바그다드로 돌진한 실제로 수행된 계획(작전계획 1003V)은 9 · 11 사태 이전에 문서화된 적이 없었다. 이론상 럼스펠드 미 국방장관의 새로운 방식은 일단 완성된 계획의 세부사항에 더 이상 시간을 낭비하지 않는다는 것이다. 대신 작전개념과 우발사태의 투사가 중핵이 되는 좀더 적응적인 방식(mode)으로 초점이 전환된 것이다. William M. Arkin, "Rumsfeld's Fast Iran Planning", *The Washington Post*, April 18, 2006.

16 분명한 것은 미국 대통령이 12시간 전에 승인하면 작전계획이 이행될 수 있는 선제공격 계획인 '콘플랜 8022'를 포함하고 있다는 점이다. 또한 대부분의 언론은 지상침공을 논외의 사항으로 간주하지만 지상군이 포함되는 대규모 전쟁 계획인 '콘플랜 1025'가 준비됐다는 주장도 있다. William M. Arkin, "Goldilocks and Iran", *The Washington Post*, April 10, 2006.

17 Robert H. Scales, "Military Strategies Boost Ground Forces, Rethink Air Transport", *Washington Times*, April 20, 2006, p. 21. 전직 미 육군대학 학장은 미군이 공중공격에 지나친 강조점을 둔 반면, 전장에 신속하게 공수할 지상군 기계화 부내는 줄였다고 지적하면서 다음과 같이 말했다 "이란의 핵무기를 제거할 방도를 찾으려 노력하고 있으나 선택할 수 있는 유일한 전쟁수행 도구는 충격과 공포뿐이다. 쉽게 말해 지상전의 대안이 없다. 또한 다른 적은 고사하고 진행 중인 전쟁에서 싸울 병사도 너무 적다. 지상군이 있다 하더라도 공중기동 방안 없이는 지상침공으로 이란의 핵시설에 도달할 희망이 전혀 없다. 따라서 폭탄으로 전부 날려버릴 것이다."

18 미군은 이미 이란 내에서 비밀작전 중이라는 관측이 잇달아 제기되고 있다. 아

시아 전문 인터넷 사이트인 '아시아 타임스'는 최근 이란 내부 소식통을 인용해 '미군이 이미 이란 영토 내에서 비밀작전을 개시했다'며 '이는 미국의 이란 침공을 준비하고 있다는 징후일지 모른다'고 보도했다. 그러나 이 사이트는 내부 소식통의 신원을 밝히지는 않았다. 또 아시아 타임스는 전직 이란 외교관의 말을 인용해 '미국이 이란 출신 용병을 모집하고 있다'며 '워싱턴의 이 같은 활동은 이란의 반발과 반작용을 불러일으킬 공산이 있다'고 경고했다. 또한 '미국이 이런 식으로 이란에 대한 압박을 강화할 경우 이란의 선택은 핵개발'이라고 덧붙였다. 앞서 미국의 시사주간지 〈뉴요커 매거진〉의 탐사 전문기자인 세이모어 허시 기자는 펜타곤의 고위 소식통을 인용해 '미국의 특수부대가 이란 침투를 명령받았다'며 '특수부대는 교묘하게 위장한 상태에서 공격 목표 및 이란 내 반정부 조직과 접촉을 하고 있다'고 보도했다. 이와 관련해 미국 UPI통신의 정보전문 기자인 리처드 세일 기자도 미군이 이란의 반정부 조직인 무자헤딘 할크를 활용해 이란 내에 침투했다고 보도했다. 미국은 이라크전쟁 직전에도 특수부대를 이라크 영토 내에 침투시킨 바 있다. 이미 도널드 럼스펠드 국방장관은 테러와의 전쟁에서 승리하기 위해 미군 특수부대의 병력과 역할을 대폭 강화하기로 했다. 2007년도 특수부대 예산만 해도 80억 달러에 이른다. 〈중앙일보〉, 2006년 4월 28일자.

19 오늘날 이라크 군사작전은 주로 수니파 지역인 중부 및 서부 지역에 집중되고 있다. 이 지역에서도 이라크 수니파 지도자들은 알 카에다 테러조직을 반대하는 조치를 취해 나가고 있다. 그러나 시아파와 수니파 간의 내전 가능성과 시아파 사드르 민병대와 이란의 연대에 의한 대미 항전 가능성은 여전히 높다.

20 쿠제스탄의 지정학적 중요성 및 반정부 활동에 관한 내용은 "Khuzestan: Iran's Achilles' heel?" *Jane's Intelligence Digest*, March 10, 2006 참조.

21 William M. Arkin, "Iran: Send in the Marines?" *The Washington Post*, April 12, 2006.

22 "Rice: Iran 'playing games' with nuke deadlines", *The Associated Press*, Updated: 1:03 p.m. ET April 30, 2006.

23 "Iranian FM Says Russia, China Oppose Sanctions, Military Action", *VOA News*, May 2, 2006.

24 Michael Knights, "Iran's conventional forces remain key to deterring potential threats", *Jane'S Intelligence Review*, February 1, 2006.

25 군사저널 〈사프(Saff)〉에 따르면, 발칸분쟁, 아프가니스탄 및 이라크전쟁에서의

미군 교훈을 이란의 군사기획에 통합했다. 여기에는 미군의 항공우세권에 대한 추가적인 조치와 기동전 및 심리전의 수행이 포함된다.

26 팔레비 국왕 시대부터 이란은 광대한 크기의 국토와 산악지형으로 인해 공역방호의 어려움을 인식하고 있었다. 지형으로 인한 레이더 사각지대인 섀도(shadows)를 메워 통합된 레이더 식별체제를 갖추기 위해서는 수백 개의 지상배치 전탐소와 지대공미사일 부대가 필요했는데, 공중조기경보 네트워크의 채택에서 그 해답을 찾았다. 이를 위해 이란은 7대의 E-3A 공중조기경보 관제기(AWACS 및 79대의 F-14A 톰캣(Tomcat) 전투기를 획득하려 했다. F-14A는 강력한 장거리 AWG-9 레이더 체계를 탑재하고 있다. 비록 AWACS는 인수받지 못했지만 F-14A는 이란혁명 이전에 획득해 오늘날까지 이란은 '소형 – 공중조기경보 체제(mini-AWACS)' 항공부대를 유지하고 있다.

27 이란이 방공체제를 현대화하기 위해 러시아제 SA-300 미사일을 획득하려 한다는 보고도 있으나 이를 운용할 수 있는 준비가 됐는지, 심지어 러시아가 제공할지조차 의문스럽다. 2006년 1월에 러시아 국방장관은 이러한 거래에 대해 분명하게 부인했다.

28 러시아는 이란분쟁을 둘러싸고 이중전략을 구사하고 있다. 핵개발에 있어서는 미국에 대해 협력과 견제를 반복하고 있다. 이스라엘의 대이란 감시위성을 제공하는가 하면, 이란에 토르 미사일 시스템 29기를 7억 달러에 판매한다는 내용으로 2005년 12월에 체결한 계약을 중단하라는 미국의 요청을 거부했다. 이 타르타스통신에 따르면 니콜라이 스파스키 러시아 국가안보회의 부의장은 "우리가 이란에 판매하는 것은 방어용 시스템이며 우리는 이란에 약속한 군사적 · 기술적 협력을 다할 것"이라고 말했다. 토르는 중 · 저고도로 침투하는 적기를 SAM으로 격추하는 이동식 방공 시스템이다. 토르 미사일의 배치는 이스라엘의 대이란 일방적인 공격능력을 상실시켜 중동의 안보구도를 극적으로 바꾸고 지역 내 전쟁위험을 크게 증대시킬 것이라는 주장도 있다. 그러나 토르는 15년 전부터 배지되어 1980년대 기술이리고 볼 수 있다. 또한 최대 사정거리가 25km, 유효 사정거리가 14~15km로 미국의 원격타격 능력에 큰 위협이 되지 못한다. 또한 NATO 국가인 그리스가 이미 보유하고 무기특성을 파악해 역대책에 취약하다.

29 Michael Knights, "Deterrence by punishment could offer last resort options for Iran", *Jane'S Intelligence Review*, April 1, 2006.

30 아흐마디네자드 이란 대통령은 1982년 헤즈볼라 창설을 지원한 이슬람혁명수

비대(Islamic Revolutionary Guards Corp : IRGC)의 지휘관을 역임했으며, 지금은 당시 동료들을 정보기관의 고위급으로 충원하고 있다. 지금도 매년 무기와 1억 달러 정도를 헤즈볼라에 지원하고 있는 것으로 추정된다. 팔레스타인의 하마스 정권에 대해서도 서구가 지원을 끊어버리자 이란이 매년 5,000만 달러씩 지원하기로 했다. "Iran to give Palestinian government $50 million : Promise of funds comes after U.S., Europe cuts off aid to Hamas leadership", *The Associated Press*, ET April 16, 2006.

31 이란의 해외 비대칭전 능력은 "Iran's global network in focus", *Jane's Intelligence Digest*, March 17, 2006 참조.

32 당시 이란 대통령 알리 라프산자니(Ali Rafsanjani)는 "석유를 수출할 수 없을 때 우리는 호르무즈 해협을 봉쇄할 것이다. … 이라크가 우리 석유의 2분의 1을 공격한다 해도 호르무즈 해협의 봉쇄는 우리의 이익이 되지 않을 것이다"고 말했다. 1년 후에는 "우리가 걸프 만을 사용할 수 없게 되면 호르무즈 해협을 폐쇄할 것이다. 우리가 걸프 만을 사용할 수 없게 되면 타국도 사용할 수 없게 만들 것이다"고 말했다. 이는 적의 선박을 공격해 해양의 사용 능력을 거부하는 '해상거부(sea-denial)'는 이란의 석유수출이 공격받을 경우에만 사용될 최후무단의 무기임을 천명한 것이다.

33 Matthew B. Stannard, "How An Attack Would Unfold: A Military Assault On Nuclear Plants In Iran Remains An Option For U.S.", *San Francisco Chronicle*, October 1, 2006, p. F1.

34 이란이 1만m²의 지하 공간을 구축하고 각 공간은 수백 미터에 달하는 터널을 갖는 거대한 지하공사를 수행 중이라는 정보의 정확성에 좌우될 것이다. 나탄즈와 이스파한에서는 이미 북한의 터널 굴착기술을 이용하는 독립기업(Shahid Rajaei Company)이 작업 중이라고 한다. 이 시설은 방탄 출입문, 광범위한 격벽, 천정의 보강, 20cm 두께의 벽체, 흙을 채운 이중천정 등으로 지중침투탄을 무력화시킬 수 있다고 한다. 그러나 이러한 정보는 가끔 과장되는 경우도 있다.

35 이스라엘은 이란 핵시설에 대해 단 1회 출격하더라도 장거리 타격능력 면에서 힘에 부칠 것이기 때문에 기지배치와 재급유 방안에 대한 독창적인 해법이 요구된다. 이스라엘 공격기가 통과해야 할 가장 직접적인 통로는 대륙횡단이다. 통과할 국가별로 이라크는 1,500km, 사우디아라비아는 1,900km, 터키는 2,600km의 침투가 요구된다. 작전에 투입될 항공기는 F-15I로서 이륙 후 재급유 지원이 제한되는데, F-16I로 새로 개발된 상호재급유 방법을 사용해도 마찬

가지다.

36 "Strikes on Iran Too Risk, Says U.S. General", *London Daily Telegraph*, May 2, 2006, p. 13. 미합참 기획국장인 빅터 레뉴어트(Victor Renuart) 중장은 "이란에 대한 군사행동은 상당한 위험이 있으며, 지역 전체에 큰 반향을 가져 올 것"이라고 말했다.

37 이란의 핵시설은 광범위하게 분산되어 있으나 위성정찰로 대부분이 위치가 파악되어 있다. 이들 시설은 지하 45피트에 철근콘크리트로 구축되어 있어 1개 표적을 타격하기 위해 여러 번 출격해야 한다. IAEA는 중요 타격 표적으로 18개의 핵기지를 제시했다. 하지만 가드너와 같은 전문가들은 새로운 시설을 구축했으므로 핵 프로그램에만 필요한 타격지점이 약 400개라고 한다. 그러나 비핵 정치 및 군사적 표적을 포함하면 수개월 간 2,500개 정도의 표적을 타격해야 할 것이라고 군사 전문가 앤서니 코즈먼(Anthony Cordesman)은 평가하고 있다.

38 Harvey Simon, "A Lesson for Bush From the Cold War", *San Diego Union-Tribune*, April 20, 2006 참조.

39 즈비그뉴 브레진스키 전 백악관 안보보좌관은 다음과 같이 주장하고 있다. "이란의 교육 및 사회상황 등을 고려할 때 이란은 터키처럼 변할 것으로 보인다. 이슬람의 지배는 앞으로 약화될 것이다. 미국은 북한의 경우처럼 이란과도 직접 협상에 나서야 한다. 이란과의 직접 협상을 통해 미국은 중동 지역의 비핵화를 추구할 수 있을 것이다. 협상을 통해 이란의 민족주의와 이슬람 근본주의를 약화시키는 것이 미국의 전략적 목표가 돼야 한다." Zbigniew Brzezinski, "U.S. Preemptive Strike On Iran Would Be Counterproductive", *The Washington Times*, April 30, 2006.

40 미군의 폭격에서 살아남은 핵 프로그램의 일부가 오히려 새로운 핵 프로그램의 촉진제가 될 수 있다고 일부 전문가들은 지적하고 있다. 한 예로, 1981년 오시라크 원자로의 파괴는 이라크의 대폭적인 투지확대를 불러일으켰다. 즉, 400명의 기술자와 4억 달러 규모의 프로그램이 7,000명의 기술자와 100억 달러 규모의 사업으로 팽창했다.

41 미 의회 보고서에 따르면, 이란전쟁은 매월 약 100억 달러가 소요될 것으로 예상된다. 아프가니스탄과 이라크의 전쟁비용은 2006년에만 1,179억 달러가 되리라 예상하고 있다. *New York Daily News*, April 24, 2006, p. 8.

42 중동 지역 전문가들은 이란 아흐마디네자드 대통령이 점차 종교적 표현의 강도

를 높이는 것에 대해 큰 우려를 하고 있다. 한 정치학자는 신성한 사명감이라는 종교적 메시아니즘의 위험성을 감지하기도 한다. 이러한 성향은 점차 이란의 고위 성직자들조차 침묵시키는 현상으로 발전하고 있다. "Iran: bluff or real danger?" *Jane's Intelligence Digest*, April 21, 2006.

이란과 미국의 무기체계 분석

김종국 | 한국국방연구원 선임연구원

향후 전개될 가능성이 있는 이란과 미국 간의 전쟁은 미국과 이란의 쌍방 전쟁이 될 수도 있고 이란과 다국적군 간의 전쟁이 될 수도 있다. 여하튼 이 전쟁의 양상은 이라크전과 비슷한 측면도 있겠지만 다른 측면도 있을 것으로 진망된디. 왜냐하면 지정학적으로 이란은 이라크와는 달리 전세계 원유공급 물량의 40%를 담당하는 페르시아 만을 끼고 있기 때문이다. 미국을 비롯한 공격 측의 전략, 그리고 이에 대응하는 이란의 전략에 세계경제의 존망이 걸려 있다고도 할 수 있다. 따라서 만일 이 지역에서 전쟁이 발발한다면 미국은 원유공급로 확보를 최우선시하는 전략을 구가할 것이다. 반면 이란은 원유공급로를 신속하게 차단함으로써 미국을 비롯한 국가들에게 최대한의 압박을 가할 것으로 예상된다.

　이러한 전략에 대한 근거로 이란이 2006년 3월 31일 시작한 대규모 군사훈련을 들 수 있다. 연합뉴스에 따르면 이란군은 1만 7,000명의 병력과 1,500여 척의 선박, 그리고 각종 항공기를 동원해 페르시아 만과 오만 해에 이르는 걸프 지역에서 1주일 간 훈련을 실시했다고 한다. 이란 태생의 군사 전문가 자베단파르는 이 훈련이 걸프 지역을 장악하지는 못하더라도 최소한 원유수송로는 붕괴시킬 수 있다는 것을 과시하려 한 것이라고 분석했다. 이 훈련에서 이란은 그 목적을 달성하기 위해 이란이 보유한 최첨단 무기를 국영 TV를 통해 선보였다. 이 훈련에서 공개된 무기체계를 보면 레이더망에 포착되지 않는 스텔스 기능을 갖추고 여러 개의 목표물을 동시에 타격할 수 있는 파즈르-3 미사일, 보통 어뢰보다 4배 정도 빠른 속도로 목표물에 접근할 수 있는 후트어뢰, 그리고 최고 100해리의 시속으로 이동하며 미사일을 발사할 수 있는 스텔스형 초고속 미사일이 포함되어 있다.

　공격하는 미국 측에 대해 이란은 총력전으로 저지하려고 할 것이다. 미국 측은 이라크전에 동원됐던 각종 첨단 무기체계를 다시 선보이고, 이에 이란은 재래식 무기체계와 일부 첨단 무기체계로 맞설 것으로 예상된다. 이러한 취지에 따라 여기에서는 미국 및 이란의 무기체계를 이라크전쟁 시 사용된 무기체계, 그리고 이란이 현재 보유하고 있는 전략 및 전술 무기체계를 중심으로 전개하고자 한다.

이란의 무기체계

이란은 1960년대 미국으로부터 5MW급 연구용 원자로를 획득한 이래 최근 핵사태에 이르기까지 핵개발을 지속해 오고 있으나 현재 이란이 핵무기를 보유하고 있다는 증거는 어디에도 없다. 한편 이란은 1999년,

과거에 화학무기를 보유했다고 공표했다. 그리고 이란은 1997년 국제화학무기금지조약(CWC)에 가입하면서 화학무기를 폐기했다고는 하지만 아직도 화학무기를 생산, 저장하고 있다는 의심을 받고 있다. 비확산연구를 위한 몬트레이 센터에 따르면 이란은 1980년대 이라크와의 전쟁 때 사용했던 염화시안, 염화카르보닐, 머스터드가스, 그리고 상당한 양의 신경가스를 보유하고 있다고 한다. 이러한 화학 작용제는 사람과 접촉시 피부나 호흡기를 손상시키거나 신경을 마비시켜 심할 경우 사망에까지 이르게 할 수 있다. 이란은 1980년대 이라크와의 전쟁에서 효과를 확인한 바 있다. 또한 이란은 국제 생물학무기조약에 가입하고 있으나 2000년대 초 생물학무기를 만든 혐의로 미국으로부터 비난을 받은 바 있다.

이러한 핵무기 및 생화학무기를 장거리에 효과적으로 운반할 수 있는 수단은 역시 미사일이다. 서방세계가 이란의 미사일 개발을 경계하는 것은 이런 이유 때문이다. 이란은 현재 약 20여 기의 스커드 미사일 발사대를 갖고 있는 것으로 알려져 있다. 이란이 보유한 스커드 미사일은 B형이 300발 정도, C형이 100발 정도다. 구소련이 개발한 스커드 미사일은 사정거리 300~500km인 지대지 탄도 미사일이다.

스커드와 아울러 이란이 현재 보유한 것으로 알려져 있는 탄도 미사일은 사정거리 600km급의 사하브-2(보유량은 미상), 사정거리 1,300km급의 샤하브-3(6기 보유), 사정거리 150km급의 CSS-8(16기 보유)이다. 현재 개발 중인 탄도 미사일 체계는 샤하브-3 미사일 개량형과 샤하브-4 미사일을 들 수 있다. 이스라엘 미사일 방어 프로그램의 전 책임자인 우지 루빈(Uzi Rubin)에 따르면 샤하브-3 미사일 개량형은 레저용 차량(RV)의 형상을 변경하고 유도방식을 정밀화함으로써 정확도를 높였다고 한다.

샤하브-4 미사일은 코사르라 불리기도 하는데, 북한이 개발하고 있는 것으로 추정되는 대포동 미사일 정도의 사정거리(2,000~5,000km)를 가진 것으로 추정되고 있다. 이 미사일의 개발이 완성되면 이스라엘은 물론 미국까지도 사정거리에 포함될 수 있다는 우려를 낳고 있다. 그러나 한편으로는 샤하브-4 미사일이 위성발사를 위한 발사체일 수도 있다는 주장이 제기되고 있다. 그 근거로 현재 이란이 추진하고 있는 위성발사 계획을 꼽는다. 현재 이란은 50m 분해능을 갖는 '시나-1'이라는 영상위성을 운용하고 있다. 이 위성은 민간용으로 운용되고 있을 것으로 추정되며 이 위성의 후속으로 사피르(Safir) 313, 메스바(Mesbah), SMMS, 조흐르(Zohr) 등의 위성사업을 계획하고 있다. 이 중 사피르와 메스바는 연구용이며 SMMS는 다목적 위성으로 2006년 발사될 예정이다. 조흐르는 러시아 통신위성으로 2007년 발사될 예정이다. 이러한 이란의 위성사업은 초보단계이기 때문에 군사용으로 활용하기에는 아직 이르다는 것이 전문가들의 견해다.

이란의 지상전력

《밀리터리 밸런스(Military Balance)》 2004~2005년판에 따르면 이란의 정규병력은 총 54만 명, 예비군은 35만 명 수준으로 추산되고 있다. 지상전력은 32개 사단 87개 여단에 이르며, 전차, 장갑차, 포병 무기체계 등으로 무장하고 있다. 또한 지상전력은 12개의 육군과 20개의 혁명수비대 사단으로 구분되어 있다.

공군전력은 전투기, 수송기, 헬기 등 총 1,025대에 이르고 있다. 방공전력은 중장거리 SAM과 중거리 미사일, 그리고 단거리 미사일을 갖추고 있다. 해군전력은 최근에 배치한 잠수함을 비롯해 전투함, 초계함 등으로 구성되어 있다.

지상전력 중에서 주력 무기체계는 역시 전차다. 이란이 현재 운용하고 있는 전차는 7종에 이른다. 이 중 최신 전차로는 T-72 S/M과 줄피카르(Zulfikar)를 들 수 있다. T-72 전차는 1990년 배치됐다. 이 전차는 이란 자체적으로 제작한 것으로 현재 배치량은 422문에 이른다. 쥴피카르는 1996년 배치됐으며 현재 배치량은 100문 정도다. 이들보다 구형의 전차 로는 치프텐(Chieftain) Mk3/Mk5 100문, T-62 50문, T-55 550문, M60 A1 150문, M48/47 150문 등이 있으며 이들 합계는 총 1,000문에 이른다. 경전차로는 1977년 배치한 스코피온(Scorpion) 80문과 1998년 배치한 타 우잔(Towsan)이 있다. 이란은 향후 구형 전차를 도태하고 T-72나 쥴피카 르와 같은 신형 전차를 배치할 것으로 예상되고 있다.

장갑차로는 M113, 보라흐(Boragh), BTR-50/60, MT-LB 등을 운용하고 있으며 보유량은 650문에 이른다. 보병전투 차량은 BMP-1과 BMP-2를 운용하고 있으며 보유량은 713대 정도다. 향후 보병용 전투차량은 BMP-2로 계속 증강될 전망이다. 정찰차량은 잉게사(Engesa) EE-9 카스 카벨(Cascavel)을 35대 운용하고 있다.

이란 지상군의 포병전력은 자주포, 견인포, 박격포, 다련장 로켓, 로 켓 등으로 구성되며 이들은 8,000여 문에 이르는 것으로 추정된다. 상세 한 구성 무기체계 및 보유량은 〈표 11-1〉과 같다.

이란 지상군 포병 전력구성을 보면 다련장 로켓과 로켓이 전체 수량 의 10% 이상을 차지하며 지상전력이 어느 정도 현대화되어 있음을 짐작 할 수 있디. 다련장 로켓은 한번에 수발에서 수십 발의 포탄을 발사할 수 있는 능력을 가진 무기체계로 재래식 야포 수문 정도의 화력을 발휘한 다. 또한 333mm 이상의 대구경 로켓을 보유함으로써 수십 킬로미터 이 상의 장거리 타격능력을 보유하고 있는 것으로 짐작된다.

공격하는 적의 전차 및 병력을 손상시키기 위해 이란에서 운용 중인 정밀 미사일로는 AT-11 스팬드럴(Spandrel), AT-4 스피것(Spigot), AT-3 새 거(Sagger), BGM-71A TOW, SS-11/SS-12, 타우잔, 투판(Toophan), 라드 (Raad), 크래스노폴(Krasnopol)-M 등이 있다.

표 11-1 ● 이란 지상군의 포병 무기체계 현황(단위 : 대)

구 분		보유량	운용량	배치시기
자주포	203mm M110	-30	-30	1976년
	175/170mm M-1978	40	40	1994년
	175mm M107	25	25	1975년
	155mm M109/ Thunder	440	180	1978/1998년
	122mm Thunder			1998년
	122mm 2S1	60	60	1993년
	소계	535+	335+	
견인포	203mm M115	30	20-30	1974년
	155mm G-5/GHN-45/M114	250	250	1989년
	152mm PRC	30	30	
	130mm M-46/Type 59	985	985	1973년
	122mm D-30/Type 54/60	600	600	1982/1990년
	105mm M101	1900	1900	1966년
	소계	3795	3795	
박격포	320mm	5000	5000	
	120mm M-65			1980년
	107mm M-30			1981년
	소계	5000	5000	
다련장 로켓	240mm Fadjr-3	10	10	1994년
	230mm Oghab			1987년
	122mm BM-21/Hadid/Nur	150	150	1978/1994년
	107mm type 63	700	700	1986년
	소계	960+	960+	
로켓	610mm Zelzal			1998년
	355mm Nazeat			1988년
	333mm Fadjr/Sahin 2			1998/1989년
	소계			

* 자료출처 :《Military Balance》 2004~2005년판, www.tau.ac.il/jcss/balance

이란의 항공전력

이란이 보유하고 항공 무기체계는 보유 대수와 운용 대수에 있어 차이가 많이 난다(〈표 11-2〉 참조).《밀리터리 밸런스》2004~2005년판에 따르면 이란이 보유한 항공기 중 미국산은 60%, 러시아산은 80% 정도만 운용 가능하다고 한다.

이란의 전투기는 요격기, 전폭기, 폭격기(지상공격기) 및 기타 구형 항공기로 구성되어 있다. 요격기로는 미국제 F-14A 톰캣, 러시아제 미그-29 등을 55대 운용하고 있으며(94대 보유), 다목적 항공기는 미국제 F-4D/E/RF 팬텀(Phantom), 프랑스제 미라주(Mirage) F1-E 등을 49대 운용하고 있고(91대 보유), 폭격기로는 러시아제 SU-24와 SU-25를 23대, 고유 모델인 아자라크시(Azarakhsh)를 6대 운용하고 있다(36대 보유). 기타 구형 항공기로는 미국제 F-7, F-5 A/B/E를 69대 운용하고 있다(120대 보유). 향후 이란은 요격능력과 폭격능력을 제고하기 위해 고유모델인 아자라크시와 러시아제 SU-27을 도입해 운용할 것으로 예상된다.

이란이 현재 운용 중인 수송기는 이란(Iran)-140, IL-76MD, Y-7, Y-12, AN-74, C-130 헤라클레스(Hercules), 보잉(Boeing) 747 및 KC-707 탱커(tanker), ARO 커맨더(Commander) 690, 도르니에(Dornier) Do-228, 포커(Fokker) F-27 400M/600, 미스테르 팔콘(Mystere-Falcon) 20, 젯스타(Jet-star) 등 13종 이상에 이르며, 보유 대수는 총 114대이고 이 중 80대를 운용하고 있다.

이란군이 현재 운용 중인 헬기는 공격헬기, 해상전투헬기, 수송헬기 등으로 구성되어 있다. 공격용 헬기는 AH-1J 코브라(Cobra)/샤바비즈(Shabaviz) 2091, AB-206 젯레인저(Jetranger)/샤바비즈 206-1 등을 110대 운용 중이다(190대 보유). 해상전투헬기는 RH-53D/SH-53D 및 AB-212/샤바비즈 2-75 등을 23대 운용하고 있다(40대 보유). 수송기로는 AB-214A, AB-205, Mi-171, SA-330/IAR-330 퓨마(Puma), AS-61 등의 중형

구 분	보유 대수	운용 대수
전투기	341대	203대
수송기	114대	~80대
헬기	570대	~340대

수송기 170대를 운용 중이며(300대 보유), IAR-316, IAR-317 등의 경수송기를 12대 이상 보유·운용하고 있다. 향후 이란군은 수송기를 증강하기 위해 자체 개발모델인 샤바비즈-274, 샤바비즈 2-75/샤헤드(Shahed) 5 및 샤바비즈 206-1 등을 자체 생산해 조달할 것으로 예상된다.

기타 항공기로는 훈련기, 해상초계기, UAV 등을 들 수 있다. 여기서 훈련기는 생략하고 해상초계기와 UAV만을 소개하도록 하겠다. 이란의 해상초계기는 미국제 도르니에 DO-228 4대, P-3 오리온(Orion) 2대(5대 보유), RC-130 3대, 포커 F-27 4대 등을 운용 중이다. UAV(Unmanned Aerial Vehicle)는 문자 그대로 사람이 타지 않고 조종하는 항공기다. 이란이 운용 중인 UAV는 애바빌(Ababil)-S, 애바빌-T, 모헤이저(Mohajer) III, 모헤이저 IV 등이 있으며, 운용 대수는 밝혀지지 않은 상태다.

이러한 이란의 항공기들이 탑재하고 있는 공대공 미사일 및 공대지 또는 공대함 미사일 등의 항공무장은 다음과 같다. 공대공 미사일로는 러시아제 AA-10(알라모, Alamo), AA-11(아처, Archer)과 중국제 PL-2, PL-7, 그리고 미국제 AIM-54A 피닉스(Phoenix), AIM-9L 사이드윈더(Sidewinder), AIM-7 스패로(Sparrow) 등이 있다. 이들 미사일의 유도방식은 수동 호밍방식, 반능동 호밍방식, 능동 호밍방식 등이 모두 망라되어 있다. 공대지 또는 공대함 미사일로는 AGM-65 매버릭(Maverick), AS-10 카렌(Karen), AS-12, C-801K, 파즈레-다리아(Fajre-Darya) C-701, FL-10, 타우잔, 투판 등 미국제, 러시아제 및 자체 고유모델이 혼재해 있다. 이 중 자체 모델인 C-801은 최근 훈련에서 선보인 모델로 함정공격에 매우 효과적인 미사일이라고 한다.

이란군의 방공전력은 1만 5,000명의 방공군으로 구성되어 있으나 비교적 전력이 약한 것으로 알려져 있다. 1996년 〈에어포스 어소시에이션(Air Force Association)〉에 게재된 빌 거츠(Bill Gertz)의 논문 및 최근 인터넷 자료에 따르면 이란은 아직 통합 방공체계가 구축되어 있지 않다고 한다. 레이더망은 장거리 레이더와 단거리 레이더가 상호보완적으로 중첩되어야 하는데 현재 이란은 그런 능력을 구축하지 못한 것으로 평가되고 있다.

이란의 방공체계는 지대공 미사일인 SAM과 대공포로 구성되어 있다. SAM은 수량이 부족해 수도 테헤란 및 핵시설과 생화학무기 시설 등을 중점 방어하고 있는 것으로 알려져 있다. SAM 전력은 사정거리 300km의 장거리 미사일인 러시아제 SA-5 4개 포대를 비롯해 중거리 미사일인 미국제 개량형 HAWK 15개 포대, 중국제 HQ-2J 10개 포대에 크게 의존하고 있다. 중단거리 SAM으로는 SA-6가 있으며 단거리 SAM으로는 고유모델인 샤하브 Thaqeb, 영국제 레이피어(Rapier)(30기), 타이거캣(Tiger-cat)(15기), 스웨덴제 RBS-70(50기) 등 95기 이상을 운용하고 있다. 어깨에 메고 발사하는 휴대용 SAM은 러시아제 SA-7, SA-14, SA-16(이글라, Igla) 등 325기와 미국의 스팅거(Stinger) FIM-92A, 그리고 중국의 HN-5A 등을 소량 보유한 것으로 알려져 있다. 이란은 최근 들어 취약한 방공망을 보완하기 위해 첨단 무기체계로 알려진 사정거리 100km 이상의 S-300PMU 장거리 SAM(수량은 미상)과 사정거리 12km급의 단거리 SAM 토르-M1(SA-15) 30개 포대, SA-16 700기를 러시아로부터 획득하는 방안을 협상하고 있거나 도입 중인 것으로 알려져 있다.

이란 방공군이 운용 중인 대공포는 스위스 오리콘사의 스카이가드(Skyguard) ADS 24문, 35mm GDF 100문을 비롯해 러시아제 57mm ZSU 57 자주 대공포 100문, 57mm S-60 50문, 23mm ZSU 23 75문, 23mm

ZU 23 500문, 그리고 기타 서방국가의 40mm L-70 95문, 40mm M1 20문 등으로 구성되어 있으며 총 960여 문을 운용 중이다.

이란의 해군전력

이란 해군은 최근 잠수함 및 최신형 함대함 미사일 도입 등으로 전력증강에 박차를 가하고 있다. 이란은 최근 러시아로부터 어뢰 및 기뢰를 탑재할 수 있는 3000톤급 잠수함(Kilo class) 3대를 러시아로부터 도입했다. 전투함은 미사일 호위함, 미사일 탑재 초계함, 함포탑재 초계함, 어뢰 탑재함 등으로 구성되어 있으며 총 56척으로 매우 미약한 실정이다. 미사일 탑재 호위함으로는 알반드 클래스(Alvand class) 3척이 배치되어 있으며 C-802 및 시킬러(Seakiller) 대함 미사일을 탑재하고 있다. 미사일 탑재 초계함은 카만(Kaman)급 10척, 쏜더(Thondor)급 10척, 차이나(China)급 6척 등 모두 26척이 배치되어 있다. 이들 미사일 탑재 초계함은 C-802 또는 C-701 대함 미사일을 탑재하고 있으며 이 중 후동(Houdong)으로 알려진 중국제 쏜더급 함정은 항해속도가 매우 빠른 것으로 보도되고 있다.

　함포 탑재 초계함은 76mm 함포에서 40mm, 20mm 등의 함포를 탑재하고 있으며 2척 정도를 보유한 것으로 알려져 있다. 어뢰 탑재함은 경량의 어뢰를 탑재한 공격함으로 티르(Tir)급 함정 10척, 페이캡(Peykaap)급 함정 10척, 티동(Teedong) B 2척, 티동 C 3척 등 모두 25척으로 구성되어 있다. 그 밖에 단순히 순찰기능만 할 수 있는 함정은 모두 160여 척 수준이다. 상륙정 및 지원함은 소개범위를 넘어서므로 생략하도록 하겠다. 마지막으로 이란 해군은 해안방어를 위해 우리에게도 잘 알려진 HY-2 실크웜 미사일 5개 포대와 C-801/802 대함미사일 15~25개 포대 등을 운용하고 있다.

미국 또는 연합군의 무기체계

이란의 무기체계는 보유량을 비롯한 전력도 소개했으나 향후 있을지 모를 이란전에 투입될 미군 또는 다국적군의 규모 및 무기체계 수량은 판단하기 어렵다. 따라서 여기서는 최근 발발한 이라크전에 투입됐던 무기체계를 중심으로 소개하도록 하겠다.

미국 또는 연합군의 지상전력

사정거리의 지상무기 체계도 전차, 장갑차, 차량 등으로 분류할 수 있다. 이라크전에서 선보인 대표적인 전차는 역시 미국의 M1A1 아브람스(Abrams)다. 이 전차는 120mm 포, 50구경 M2 기관총, 7.62 M240 기관총 등을 탑재하고 있다. 챌린저(Challenger) II는 영국의 전차로 우라늄탄을 발사할 수 있는 120mm 포 및 7.62mm 기관총을 탑재하고 있으며 화생방 공격에 대비한 장비를 구비하고 있다. 장갑차로는 브래들리 전차(Bradley Fighting Vehicle), M6 브래들리 라인배커(Bradley Linebacker), 경장갑 차량(Light Armored Vehicle), 워리어(Warrior), 색슨(Saxon) 등이 있다. 브래들리 전차는 25mm 포와 7.62mm M240 기관포, TOW 미사일 등을 탑재하고 있다. 이 장갑차의 M2 버전은 보병부대가 운용하며 화력 및 기동작전 시 활용된다. M3 비전은 기계화 부대에서 유용하며 정찰 및 경계임무에 활용된다. 라인배커는 스팅거 SAM과 25mm 기관포를 탑재하고 있어 대공임무에도 활용된다. 경장갑 차량은 차륜형의 장갑차로 해병대에서 운용하며 25mm 기관포를 탑재하고 있다. 워리어와 색슨은 영국군 장갑차로 각각 궤도형, 차륜형으로 운용되며, 워리어는 30mm 포와 7.62mm 기관포를, 색슨은 7.62mm 기관포만을 탑재하고 있다. 미국 보병이 운용하는 보편적인 차량은 험비(Humvee) 계열의 차량으로 기관총, 스팅거 미사일, TOW 미사일 등을 탑재할 수 있다. 스팅거 미사일을 탑재한 대표적인 형태가 어벤저(Avenger)다. 어벤저는 스팅거 미사일과 12.7mm 기관포를 탑재하며 사단 및 여단의 지대공 방어를 임무로 하고 있다. M1114 모델은 지뢰나 폭탄의 폭발 또는 파편으로부터 보호할 수 있도록 장갑을 한 험비의 한 형태다.

미 육군 포병이 보유한 야포로는 M109A6 팔라딘(Paladin) 자주포와 M270 다련장 로켓이 있다. 이들은 모두 기동형으로 설계되어 있다. 팔라딘 자주포는 155mm 구경이며, M270 다련장 로켓은 227mm 로켓이다. M270 다련장 로켓은 12발의 탄을 탑재해 발사할 수 있다. 현재 사정거리 45km급의 ERR탄을 운용하고 있으며 최근 생산을 개시한 사정거리 80km급의 GMLRS탄을 탑재할 경우 장거리 타격능력은 더욱 향상될 것이다. 또한 MLRS 개량형은 사정거리 165km급의 에이타킴스(ATACMS) BK I 및 300km급의 에이타킴스 BK IA를 탑재 운용할 수 있어 미군의 종심 타격능력은 더욱 향상될 것으로 전망된다.

지상군이 주로 운용하는 TOW 미사일은 대전차 미사일로 사정거리가 3.7km이며 광섬유에 의한 시선지령 유도방식을 채택하고 있다. 스팅거 미사일은 SAM으로 휴대용 미사일 형태이며 사정거리는 대략 5km 미만이고 적외선 및 자외선 추적 호밍방식을 채택하고 있다.

미 육군이 보유하고 있는 유일한 중장거리 SAM은 패트리엇(Patriot)이다. 패트리엇 미사일은 1개 포대에 6개 또는 8개 발사대로 구성되어 있으며 1개 발사대당 미사일 4발을 탑재한다. 패트리엇 미사일은 최대 항공기 요격거리가 100km가 넘으며 탄도탄도 방어할 수 있다. 패트리엇 운용부대는 이라크전에서 우세한 항공력을 바탕으로 탄도탄 방어에 주력할 수 있었다. 탄도탄 방어능력은 록히드 마틴(Lockheed Martin)사가 PAC-3 미사일의 개발에 성공함으로써 더욱 진전됐다. 현재 미군은 패트리엇 미사일에 PAC-3 미사일을 탑재할 수 있도록 성능을 개량 중인 것으로 알려졌다. 따라서 향후 이란전에 투입될 패트리엇은 PAC-3 미사일을 발사할 수 있는 체계가 될 것이다. 미군은 원정군 개념의 작전을 구사하기 때문에 기동장비를 중심으로 운용하고 있으며 공수능력이 떨어지는 대공포, 견인 야포 등은 별도로 운용하지 않고 있다.

미국 또는 연합군의 항공전력

이라크전쟁 당시 항공기에 의한 발진은 총 4만 회에 이르렀다고 보고되고 있다. 미국은 우세한 항공력을 바탕으로 이라크의 주요 조기경보망, 지휘통제 시설, SAM 포대를 파괴 또는 마비시킴으로써 승리의 기틀을 마련했다.

따라서 이란전에도 이라크전에 사용됐던 비슷한 기종의 항공기들이 투입될 것으로 전망되고 있다. 미국 및 연합군의 항공전력은 폭격기, 전폭기, 대전차 공격기, 조기경보기 및 정찰기, 전자전기, 수송기, 헬기 및 UAV 등으로 구분된다. 여기에서는 주로 공격작전에 가담할 수 있는 항공 무기체계를 중심으로 소개하도록 하겠다.

폭격기에는 B1, B1B 랜서(Lancer), B2, B52 등이 있으며 이들의 특징은 장거리 비행능력을 구비하고 있다는 것이다. B1B는 단거리 공격 미사일, 폭탄 및 순항 미사일을 탑재하고 있다. B2 스피릿(Spirit)은 재래식 또는 핵폭탄을 탑재할 수 있다. B52 스드래토포트레시즈(Stratofortresses)는 35톤 정도의 재래식 폭탄, 성밀 유도폭단 등을 탑재할 수 있다. 이라크전에서 등장한 전폭기는 F-18, F-15, F-16, F-14, F-117, A-10, AV-88, 해리어(Harrier), AC-130, 토네이도(Tornado), 재규어(Jaguar) 등이 있다. F-18은 C/D 호넷(Hornet)을 기본형으로 하며 규모가 좀더 크고 항속거리가 연장된 슈퍼 호넷(Super Hornet)이 있다. 'Hornet'은 우리나라에서는 호박벌로 불리는 큰 벌이다. F-18은 해군에서 운용하며, 발칸포를 탑재한 채 요격 및 폭격 등 다목적 임무를 수행할 수 있다. F-14 톰캣은 항공모함을 기지로 운용하고 있는 전폭기로 함대의 방공 또는 지상 표적에 대한 정밀폭격을 주 임무로 하고 있다. 이 항공기는 발칸포를 장착하고 있으며 6톤 정도의 재래식 폭탄 또는 정밀 미사일을 탑재할 수 있다.

F-117A 스텔스 파이터(Stealth Fighter)는 마이크로파 대역의 레이더망을 회피할 수 있는 전폭기로 항속은 다른 전폭기의 절반 정도로 비교적 느리다. 이 항공기는 미 공군이 운용하고 있으며 레이저 유도폭탄 및 GBU-27 벙커버스터(Bunker buster)를 탑재할 수 있다. F-15C 이글(Eagle)은 미 공군에서 운용하며 공대공 요격기로 주요 무장은 공대공 미사일이다. F-16 팰콘(Falcon)은 공대공뿐만 아니라 공대지 임무도 수행할 수 있는 다목적 전투기로 미 공군에서 운용 중이다.

A-10과 AC-130은 적의 지상군을 공격하기 위한 근접지원용 항공기다. 항속은 F-117A보다 느리다. 이들 항공기에는 기관포 및 재래식 폭탄을 탑재할 수 있다. 재규어기는 영국군의 전천후 공격기로 30mm 기관포를 2문 탑재하고 있으며 공대공 미사일 이외에도 분산형 폭탄, 레이저 유도폭탄 등을 탑재할 수 있다. 영국군 전폭기의 경우 대표적인 것이 해리어기다. 해리어기는 근접항공 공격지원기로 25mm 기관포를 탑재하고 있으며 재래식 폭탄 이외에도 패이브웨이(Paveway) 레이저 유도폭탄, AGM-65, 브림스톤(Brimstone) 대전차 미사일 등을 탑재할 수 있고 사이드윈더나 ASRAAM과 같은 공대공 무장도 장착할 수 있다. 영군군의 토네이도는 공격기로서 27mm 기관포를 탑재하고 있으며, 9톤 가량의 폭탄 및 공대공 미사일을 탑재할 수 있다. 토네이도에는 기본형인 GR1이 있고 성능개량형인 GR4가 있다. 신형 토네이도 GR4에는 스톰 섀도(Storm Shadow) 원거리 발사 미사일을 추가로 탑재할 수 있으며 정찰용 장비도 탑재할 수 있다.

연합군 항공기 전력에 있어 전적으로 지원되어야 하는 사항이 지휘통제와 정보수집, 그리고 전자전이다. 미국은 타국에서 싸워야 하기 때문에 공중상황을 항공기에서 통제한다. 이러한 역할을 수행하는 것이 E-

2C 호크아이(Hawkeye)와 E-3C 센트리(Sentry)(AWACS)다. 이 항공기들은 공중에 체공하면서 탑재된 레이더를 통해 공중을 감시하고 통신장비를 이용해 연합군 항공기와 교신하고 이들을 통제한다. AWACS의 경우 재급유 없이 8시간 동안 공중에 체공할 수 있다. U-2기는 정보수집기의 대명사다. U-2기는 고공에서 정찰활동을 하며 탑재된 무장은 없다. 연합군 전력에서 대표적인 전자전기는 EA-6B 프라우러(Prowler)다. 이 항공기는 적의 레이더망을 교란할 수 있으며 레이더에서 방출되는 전파를 따라 레이더를 파괴할 수 있는 AGM-88A HARM 미사일을 탑재하고 있다.

연합군의 헬기는 지상전력 공격, 수송, 정찰 등에 활용된다. 공격용 헬기로 대표적인 기종은 AH-64D 아파치 롱보(Apache Longbow)와 UH-60 블랙호크(Black Hawk)다. 아파치는 대전차 헬기로 30mm 기관포를 장착하고 있으며 70mm 히드라 로켓(Hydra rocket), 헬파이어(Hellfire) 대전차 미사일, 사이드암(Sidearm) 대방사 미사일, 사이드윈더 공대공 미사일 등을 탑재할 수 있다. 블랙호크는 다목적 헬기로서 2문의 7.62 기관포를 장착하고 있으며 M134 7.62 미니 개틀링 포(Gatling gun)를 장착하고 있다. 여기서 개틀링 포란 포를 발사할 때 소모된 탄피는 젖혀지고 탄이 장전된 부위가 회전되어 장착됨으로써 연속적으로 사격할 수 있는 포를 말한다. 그밖에 공격용으로 활용될 수 있는 헬기로는 영국군의 링스(Lynx)가 있다. 이 헬기에는 포와 로켓, 미사일, HOT나 TOW 대전차 미사일을 탑재할 수 있다. 병력 및 화물 운송용 헬기로는 CH-53E 슈퍼 스델리온(Super stallion), UH-1 휴이(Huey), 퓨마, 멀린(Merlin) 등이 있다.

그 밖의 항공전력으로는 UAV를 들 수 있다. 대표적인 UAV로는 RQ-4A 글로벌 호크(Global Hawk)와 프레데터(Predator)가 있다. 이들은 15km 정도의 고공에서 실시간 정찰활동을 하며 24시간 정도 체공할 수 있다.

미국 또는 연합군의 해군전략

이라크전에서 미군 전력 근거지의 상당 부분은 항공모함이었다. 이라크
전에 참전했던 항공모함은 USS 에이브러햄 링컨(Abraham Lincoln)(CVN
72), USS 컨스텔레이션(Constellation)(CV 64), USS 키티호크(Kitty Hawk)(CV
63), USS 해리 트루먼(Harry Truman)(CVN 75), USS 테오도르 루즈벨트
(Teodore Roosevelt)(CVN 71) 등 모두 5척이다. 이들은 모두 아라비아 해,
지중해, 홍해, 페르시아 만에 주둔하고 있기 때문에 이란전쟁에 참여할
가능성이 매우 높다. 이들 각 항모에 승선하는 인원은 8,000명 정도이며
75~85대 정도의 항공기를 탑재하고 있다. 이들 항모에 탑재되는 항공기
의 기종은 대략적으로 유사한데 F-14D, F-18 C/E, E-2C, EA-6B, S-3B,
SH-60F/HH-60H, C-2A 등이다.

에이브러햄 링컨호는 2003년 1월 배치된 핵추진 항모로 고속잠수함
인 USS 호놀루루(Honolulu), 미사일 순양함 USS 모바일 베이(Mobile Bay)
와 USS 샤일로(Shiloh), 미사일 구축함 USS 폴 해밀턴(Paul Hamilton), 구
축함 USS 플레처(Fletcher), 미사일 호위함 USS 르우벤(Reuben), USS 크로
멜린(Crommelin), 전투지원함 USNS 캠던(Camden)호 등을 수반하고 있다.
USS 컨스텔레이션호는 2002년 11월 배치된 증기터빈 추진방식의 항모
로 고속잠수함인 USS 컬럼비아(Columbia), 미사일 순양함 USS 밸리포지
(Valley Forge)와 USS 벙커힐(Bunker Hill), 미사일 구축함 USS 밀리어스
(Milius), USS 히긴스(Higgins), 구축함 USS 플레처, 미사일 호위함 USS 태
치(Thach) 등을 수반하고 있다. USS 키티호크는 2003년 2월 배치된 증기
터빈 추진방식의 항모로 고속잠수함인 USS 브레머턴(Bremerton), 미사일
순양함 USS 빈세네스(Vincennnes)와 USS 챈스로스빌(Chancellorsville), 미
사일 구축함 USS 커티스 윌버(Curtis Wilbur), USS 존 매케인(John S. Mac-
Cain), 구축함 USS 오브라이언(O' Brien), USS 쿠싱(Cushing), 미사일 호위
함 USS 게리(Gary), USS 밴디그리프트(Vandegrift) 등을 수반하고 있다.

USS 해리 트루먼(Harry Truman)호는 2002년 12월 배치된 핵추진 항모로 고속잠수함인 USS 피츠버그(Pittsburgh), USS 몬트필리어(Montpelier), 미사일 순양함 USS 산 하신토(San Jacinto), 미사일 구축함 USS 오스카 어스틴(Oscar Austin), USS 미첼(Mitcher), 그리고 USS 도널드 쿡(Donald Cook), 구축함 USS 오브라이언, USS 브리스코(Briscoe), 그리고 USS 데요(Deyo), 미사일 호위함 USS 휴즈(Hawes), 전투지원함 카나와(Kanawha)와 마운트 베이커(Mount Baker) 등을 수반하고 있다.

USS 테오도르 루즈벨트호는 2003년 1월 배치된 핵추진 항모로 고속잠수함은 없고 미사일 순양함 USS 안지오(Anzio)와 USS 케이프 성 조지(Cape St. George), 미사일 구축함 USS 알레이버크(Arleigh Burke), USS 윈스턴 처칠(Winston S. Churchill), USS 포터(Porter), 구축함 USS 스텀프(Stump), 미사일 호위함 USS 카르(Carr), 전투지원함 USS 악틱(Arctic) 등을 수반하고 있다. 참고로 미국의 항공모함들은 자체방호를 위해 시 스패로(Sea Sparrow) 대공 미사일과 20mm 팔랑크스(Phalanx) 근접방어 시스템을 배치하고 있다.

미국 또는 연합군의 주요 미사일

마지막으로 항공기와 항공모함에서 발사되는 주요 공대지 미사일 및 정밀 유도폭탄, 공대공 미사일, 그리고 순항 미사일에 대해 소개하겠다. 정밀 유도폭탄에는 합동정밀직격폭탄(Joint Direct Attack Munition : JDAM), 통합 원거리용 무기(Joint Standoff Weapon : JSOW), GBU-10/12/16/24, GBU-28/37 페네트레이터(Penetrator), BLU-118/B 열기압 무기(Thermobaric Weapon) 등이 있고 가장 큰 재래식 폭탄에는 공중폭발 초대형 폭탄(Massive Ordnance Air Blast Bomb : MOAB)이 있다. JDAM과 JSOW는 GPS 유도폭탄이며 GBU 계열 폭탄은 레이저 유도방식으로 폭탄을 표적으로 유도한다. 무게가 10톤 정도인 MOAB는 세계에서 가장 큰 재래식 폭탄으로 C-130 수송기에서 투하된다. 이 폭탄은 2003년도 3월 플로리다에서 성공적으로 시험됐으나 이라크전에서 사용됐는지는 확실하지 않다. 이 폭탄의 투하시 피해는 소형 원자폭탄과 맞먹는다고도 한다.

공대지 미사일로는 순항 미사일인 AGM-86C 토마호크, AGM-142 해브 냅(Have Nap), AGM-65 매버릭, AGM-88 HARM, 헬파이어 등이 있다. 토마호크는 사정거리가 1,600km 정도이고 지형대조 및 GPS 유도방식을 이용한다. 해브 냅은 사정거리 70km 정도이며 TV 유도방식의 공대지 미사일이다. 매버릭은 사정거리는 알려져 있지 않지만 TV 유도방식을 이용할 수도 있고 레이저 유도방식을 이용할 수도 있는 다양한 버전을 가진 공대지 미사일이다. HARM은 사정거리 50km 정도이며 레이더 전파를 탐지해 호밍해가는 방식을 취하는 대방사 미사일이다. 헬파이어는 사정거리 8km 정도이며 레이저 유도방식을 가진 공대지 대전차 미사일이다.

공대공 미사일로는 AIM-9 사이드윈더, AIM-7 스패로, AIM-120 AMRAAM 등이 있다. 사이드윈더는 적외선 호밍방식의 단거리 공대공 미사일이며, 스패로는 항공기 레이더로 유도해 주는 반능동 호밍방식을 취하는 중거리 공대공 미사일이다. AMRAAM은 가장 최근에 개발된 공대공 미사일로 능동 호밍방식을 취하며 이상 세 가지 공대공 미사일 중 사정거리가 가장 길다.

참고문헌

1. www.tau.ac.il/jcss/balance/4. Iran
2. Military Balance 2004-2005, IISS.
3. '이란의 군사력 및 무기개발능력', 유용원의 군사세계 게재물.
4. "An Israeli Attack Against Iran", *Time*, 2006. 2. 6.
5. '이란 첨단무기 시위와 기술습득 논란', 연합뉴스, 2006. 4. 5.
6. Robins Hughes, *Iranian resistance group alleges Tehran is developing new medium range ballistic missile*, London.
7. Walker's World : Iran's Really Big Weapon, United Press International.
8. Iran's Point Defense Upgraded, 인터넷 게재물, 2005. 12. 7.
9. Uzi Rubin, Iran's new "Baby Bottle" Shihab, 인터넷 게재물.
10. Iran Va Jahan, U.S. sees Iran's Weapon system as a real threat, 인터넷 게재물, 2002. 2. 4.
11. Bill Gertz, "Iran's regional powerhouse", *J. Air Force Association*, 1996. 6.
12. Yiftah Shapir, "Iranian Missiles : The nature of the threat", T*AU Notes*, No. 83, 2003. 7. 9.
13. Missiles of the World, Missilethreat.com
14. 각종 CNN 이라크전쟁 관련 인터넷 보도자료.
15. 김재두, 김상범, 《이라크전쟁 분석과 전망》, 한국국방연구원, 2002. 11.

이란을 읽으면 북한이 보인다

지은이 | 김재두 외
기   획 | 한국국방연구원
펴낸이 | 김경태
펴낸곳 | 한국경제신문 한경BP

제1판 1쇄 인쇄 | 2007년 1월 10일
제1판 1쇄 발행 | 2007년 1월 15일

주소 | 서울특별시 중구 중림동 441
기획출판팀 | 3604-553~6
영업마케팅팀 | 3604-561~2, 595 FAX | 3604-599
홈페이지 | http://www.hankyungbp.com
전자우편 | bp@hankyung.com
등록 | 제 2-315(1967. 5. 15)

ISBN 89-475-2600-2
값 11,000원

파본이나 잘못된 책은 바꿔 드립니다.